Die rechtliche Einordnung und der Umfang der Schadensersatzhaftung aus dem Abbruch von Vertragsverhandlungen

Europäische Hochschulschriften

European University Studies

Publications Universitaires Européennes

Reihe II **Rechtswissenschaft**

Series II Law

Série II Droit

Band/ Volume **5962**

Daegyu Sung

Die rechtliche Einordnung und der Umfang der Schadensersatzhaftung aus dem Abbruch von Vertragsverhandlungen

PL ACADEMIC RESEARCH

Bibliografische Information der Deutschen Nationalbibliothek
Die Deutsche Nationalbibliothek verzeichnet diese Publikation in der Deutschen Nationalbibliografie; detaillierte bibliografische Daten sind im Internet über http://dnb.d-nb.de abrufbar.

Zugl.: Halle-Wittenberg, Univ., Diss., 2017

3
ISSN 0531-7312
ISBN 978-3-631-72981-6 (Print)
E-ISBN 978-3-631-73008-9 (E-PDF)
E-ISBN 978-3-631-73009-6 (EPUB)
E-ISBN 978-3-631-73010-2 (MOBI)
DOI 10.3726/b12093

PL Academic Research ist ein Imprint der Peter Lang GmbH.
Peter Lang – Frankfurt am Main · Bern · Bruxelles · New York · Oxford · Warszawa · Wien

Diese Publikation wurde begutachtet.

www.peterlang.com

Vorwort

Die vorliegende Arbeit wurde im Sommersemester 2017 von der Rechtswissenschaftlichen und Wirtschaftswissenschaftlichen Fakultät der Martin-Luther-Universität Halle-Wittenberg als Dissertation angenommen.

Mein Dank gilt allen, die zum Gelingen dieser Arbeit beigetragen haben.

Mein besonderer Dank gilt meinem Doktorvater, Herrn Prof. Dr. Wolfhard Kohte, der die Anregung zu diesem Thema gab und die Fertigstellung dieser Arbeit in vielfältiger Weise unterstützte. Bedanke möchte ich mich auch herzlich bei Herrn PD. Dr. Daniel Klocke für die rasche Erstattung des Zweitgutachtens und bei Herrn Prof. Dr. Hans Lilie für seine Unterstützung im Prüfungsausschuss.

Mein größter Dank gilt meinen Familien, insbesondere meinen lieben Eltern. Sie haben allzu lange mich unbeschränkt und geduldig unterstützt. Ihre Unterstützung hat die Anfertigung dieser Arbeit erst ermöglicht. Ihnen ist die vorliegende Arbeit gewidmet.

Halle (Saale), Juni 2017 Daegyu Sung

Inhaltsverzeichnis

Einleitung ... 1

A. Einführung ... 1

B. Problemstellung ... 2

1. Teil: Dogmatische Grundlagen

1. Abschnitt: Dichotomisches Haftungssystem im Privatrecht ... 9

A. Einführung ... 9

B. Die Vertragshaftung und die Deliktshaftung als dichotomisches System ... 10

- I. Geschichtliche Entwicklung des dichotomischen Haftungssystems ... 10
  - 1. Das dichotomische System im römischen Recht ... 10
  - 2. Die weiteren Entwicklungen im deutschen Recht ... 13
- II. Die Dichotomie zwischen der Vertrags- und Deliktshaftung im BGB ... 16
  - 1. Einführung ... 16
  - 2. Die Vertragshaftung und die Deliktshaftung im BGB ... 17
  - 3. Die unterschiedlichen Regelungsinhalte nach dem dichotomischen Gedanken ... 19
    - a) Das Verhältnis zwischen der Vertrags- und Deliktshaftung ... 19
    - b) Die unterschiedlichen Rechtsfolgen ... 20

C. Resümee ... 23

2. Abschnitt: Die Vertragsfreiheit und ihre Schranken ... 25

A. Einführung ... 25

B. Die gesetzliche Bedeutung der Vertragsfreiheit ... 25

C. Die Inhalte der Vertragsfreiheit ... 27

- I. Die Abschlussfreiheit ... 27
- II. Die Gestaltungs- und Formfreiheit ... 28

D. Die Schranken der Vertragsfreiheit 28
I. Einführung 28
II. Die gesetzlichen Schranken der Vertragsfreiheit 29
III. Der Kontrahierungszwang 30
1. Die Legitimationsgründe 30
2. Der unmittelbare und mittelbare Kontrahierungszwang 32
a) Unmittelbarer Kontrahierungszwang 32
b) Mittelbarer Kontrahierungszwang 32
3. Die Beschränkung der Vertragsfreiheit im BGB 34
E. Resümee 36

2. Teil: Die rechtliche Einordnung der Schadensersatzhaftung aus dem Abbruch von Vertragsverhandlungen

Einleitung 39

1. Abschnitt: Die Anwendbarkeit des Deliktsrechts 43
A. Einführung 43
B. Die Grundlegung des Deliktsrechts 43
I. Die Bedeutung des Deliktsrechts 43
II. Die historische Entwicklung des Deliktsrechts 45
1. Die strafrechtliche Quelle des Deliktsrechts 45
2. Die lex Aquilia 46
a) Die lex Aquilia im römischen Recht 46
b) Die Rezeption der *lex Aquilia* und ihre Einflüsse 48
C. Der Anwendungsbereich des Deliktsrechts 50
I. Grundlegendes Konzept von §§ 823 ff. BGB 50
II. Der Schutzbereich nach geltendem Deliktsrecht 53
1. Überblick 53
a) §§ 823 Abs. 1 und Abs. 2 BGB 53
b) § 826 BGB 55
c) Zusammenfassung 56

2. Der mögliche Vermögensschutz durch die Verkehrspflichten........ 57
a) Der Schutzbereich des § 823 BGB... 57
i) Die Entwicklung von Verkehrspflichten................................ 57
ii) Die Funktion von Verkehrspflichten im Deliktsrecht........... 58
iii) Das Problem der Überbewertung von Verkehrspflichten...... 59
1) Die Überbewertung von Verkehrspflichten 59
2) Stellungnahme 62
iv) Zusammenfassung.. 64
b) Der Schutzbereich des § 826 BGB... 64
i) Das Verhältnis zwischen der Sittenwidrigkeit und dem Vorsatz.. 64
ii) Die anwendbaren Fälle des § 826 BGB.................................. 67
iii) Zusammenfassung.. 69
D. Resümee...70

2. Abschnitt: Das rechtsgeschäftsähnliche Schuldverhältnis im vorvertraglichen Stadium............................73
A. Einführung...73
B. Die *culpa in contrahendo* als Rechtsinstitut 74
I. Die Entwicklung der culpa in contrahendo.............................. 74
1. Die Lehre der culpa in contrahendo *Jherings* 74
2. Die Bedeutung der Theorie *Jherings* zur Kodifikation des BGB 75
II. Fallgruppierung... 76
1. Erste Fallgruppe.. 77
2. Zweite Fallgruppe... 79
III. Zusammenfassung... 80
C. Die Schutzpflichten und die Sonderverbindung...........................81
I. Die Schutzpflichten 81
1. Geschichtliche Entwicklung.. 81
2. Die gesetzlichen Regelungen und Inhalte von Schutzpflichten...... 82

II. Die Sonderverbindung 84
1. Geschichtliche Entwicklung 84
2. Der Begriffsinhalt der Sonderverbindung und ihr Bedürfnis 85
a) Der Begriffsinhalt 85
b) Das Erfordernis der Sonderverbindung 86
III. Zusammenfassung 89
D. Der Vertrauensgedanke und die Vertrauenshaftung 90
I. Einführung 90
II. Der Vertrauensgedanke 90
1. Die Begriffsbestimmung des Vertrauens 90
a) Die verschiedenen Bedeutungen des Vertrauens 90
i) Philosophische Begriffsbestimmung 91
ii) Soziologische Begriffsbestimmung 91
iii) Psychologische Begriffsbestimmung 92
iv) Zusammenfassung 93
b) Schutzwürdiges Vertrauen in der Rechtsordnung 93
2. Die Vertrauenshaftung in der Rechtsprechung 96
a) Die Vertrauenshaftung in der Rechtsprechung des Reichsgerichts 96
b) Die Vertrauenshaftung in der Rechtsprechung des Bundesgerichtshofs 98
3. Zusammenfassung 101
III. Dogmatische Grundlagen der Vertrauenshaftung 102
1. Die Lehre von sozialem Kontakt 102
a) Die Lehre von *Dölle* 102
b) Die Lehre von *Ballerstedt* 103
c) Zusammenfassung 104
2. Die Lehre von geschäftlichem Kontakt 105
a) Die Lehre von *Larenz* 105
b) Zusammenfassung 106
3. Die Lehre vom einheitlichem gesetzlichen Schutzverhältnis 107
a) Die Vertrauenshaftung in der Lehre von *Canaris* 107

b) Das einheitliche gesetzliche Schutzverhältnis in der Vertrauenshaftung von *Canaris* 108
c) Der Legitimationsgrund der Vertrauenshaftung im einheitlichen gesetzlichen Schutzverhältnis von *Canaris* 109
d) Zusammenfassung 110
4. Die Lehren von einseitigem Handeln 111
a) Die Lehre vom einseitigen Leistungsversprechen *Hans Stolls* 111
b) Die Lehre vom einseitigen Rechtsgeschäft *Heinrich Stolls* 112
c) Zusammenfassung 113
5. Die Lehre der Selbstbindung ohne Vertrag 115
a) Die Begriffsbestimmung der Selbstbindung 115
b) Die Vertrauenshaftung in der Lehre von *Köndgen* 115
c) Zusammenfassung 117
IV. Zusammenfassung 118
E. Resümee 121

3. Teil: Der Umfang der Schadensersatzhaftung aus dem Abbruch von Vertragsverhandlungen *de lege lata*

1. Abschnitt: Tatbestandliche Voraussetzungen der Schadensersatzhaftung 125
A. Die geltende Rechtsstruktur und die anwendbaren Vorschriften für den Fall des „Abbruchs von Vertragsverhandlungen" 125
I. Die Verankerung von §§ 311 Abs. 2 und Abs. 3 BGB 125
II. § 311 Abs. 2 Nr. 1 BGB in Verbindung mit § 241 Abs. 2 BGB 127
1. Einführung 127
2. Das Schuldverhältnis und die Pflichten in § 241 Abs. 2 BGB 127
a) Das Schuldverhältnis im Sinne des § 241 Abs. 2 BGB 127
i) Die Begriffsbestimmung 127
ii) Die Bedeutung des Wortlauts „*kann*" 129
iii) Die Sonderverbindung als schuldverhältnisbegründetes Merkmal 130

b) Die Pflichten aus § 241 Abs. 2 BGB ... 132
i) Das Pflichtenprogramm des Schuldverhältnisses ... 132
ii) Die Schutzpflichten im Sinne des § 241 Abs. 2 BGB ... 135
c) Zusammenfassung ... 137
3. § 311 Abs. 2 Nr. 1 BGB ... 138
a) Die Struktur des § 311 BGB ... 138
b) § 311 Abs. 2 Nr. 1 BGB ... 139
i) Die Aufnahme von Vertragsverhandlungen ... 139
ii) Das Verhältnis der Nr. 1 zur Nr. 2 in § 311 Abs. 2 BGB ... 143
III. Zusammenfassung ... 143
B. Tatbestandliche Voraussetzungen der Haftung ... 144
I. Einführung ... 144
II. Tatbestandliche Voraussetzungen der Haftung ... 145
1. Das Vertrauensschuldverhältnis aus Vertragsverhandlungen ... 145
a) Das Erwecken eines Vertrauens ... 145
b) Das Erwecken des Vertrauenstatbestandes „in zurechenbarer Weise“ ... 147
c) Die Voraussetzungen aufseiten des Vertrauenden und des Vertrauenswerbers ... 149
2. Der Abbruch von Vertragsverhandlungen ohne triftigen Grund ... 150
a) Die Funktion des triftigen Grundes ... 150
b) Das Fehlen eines triftigen Grundes ... 151
i) Die Aufklärungspflicht zum triftigen Grund ... 151
ii) Das Bestehen des triftigen Grundes ... 154
1) Objektive Betrachtung des triftigen Grundes ... 154
2) Einzelsituationsbedingte Bestimmung des triftigen Grundes ... 156
c) Zusammenfassung ... 160
3. Verschulden ... 160
C. Resümee ... 164

2. Abschnitt: Der Umfang der Schadensersatzhaftung ... 167
A. Die Erscheinungsformen des Verhandlungsabbruchs ... 167
B. Der Umfang des Schadensersatzes ... 169
I. Die Arten und Begriffsbestimmungen des Schadens ... 169
II. Der Ersatz des negativen und positiven Interesses ... 173
1. Einführung ... 173
2. Der Ersatz des negativen Interesses ... 174
a) Schuldhaftes Erwecken des Vertrauens ... 174
b) Das Bestehen eines Grundes vom Verhandlungsabbruch ... 175
3. Der Ersatz des positiven Interesses ... 176
a) Exzeptionelle Anerkennung des Anspruchs auf Vertragsschluss ... 176
b) Die Aushandlung der wesentlichen Vertragspunkte ... 178
i) Die Bedeutung „aller Punkte" im Sinne des § 154 Abs. 1 BGB ... 178
ii) Die Entscheidung aller wesentlichen Vertragspunkte ... 180
III. Das Verhältnis des negativen Interesses zum positiven Interesse ... 182
IV. Die Beschränkungsmöglichkeit der Haftung nach § 276 BGB ... 184
V. Mitverschulden ... 185
C. Resümee ... 186

Ergebnis ... 187

Literaturverzeichnis ... 191

Einleitung

A. Einführung

Nach dem Grundsatz der *Vertragsfreiheit* entscheiden die potenziellen Parteien eines Vertrags selbstständig darüber, ob es zu einem Vertragsabschluss kommt oder nicht. Wenn aufgrund der Einigung derjenigen Parteien ein Vertrag zustande kommt, so ergeben sich die durch die Vertragsverhandlungen inhaltlich bestimmten Rechte und Pflichten erst aus dem Vertrag. Dementsprechend können die Parteien von Vertragsverhandlungen grundsätzlich vor dem Zustandekommen eines Vertrags jederzeit die Verhandlungen abbrechen und müssen nur selbst für den Schaden, der vor dem Zustandekommen des angestrebten Vertrags verursacht wurde, aufkommen.[1] Dies bedeutet erstens, dass die Parteien von Vertragsverhandlungen auf jede eigene Gefahr für den Schaden aus Vertragsverhandlungen aufkommen.[2] Zweitens hat die Vertragsfreiheit folglich nicht nur die Freiwilligkeit des Nichtabschlusses eines Vertrags zum Inhalt, sondern auch die Präsupposition, dass jede Partei selbst bei Nichtzustandekommen eines Vertrags für die eigenen, entstandenen Kosten haftet. Dennoch kann insbesondere die Schadensersatzhaftung aus dem Abbruch von Vertragsverhandlungen ausnahmsweise in Betracht kommen: Wenn eine Partei bei den Vertragsverhandlungen aufseiten der anderen Partei die glaubwürdige Erwartung, sprich das Vertrauen darauf erweckt, dass es wirksam zu dem Abschluss eines Vertrags kommen wird, und dieselbe Partei gleichwohl *ohne triftigen Grund* die Vertragsverhandlungen abbricht, so haftet sie „unter bestimmten

1 Siehe beispielsweise BGH NJW 1996, 1885; Palandt-Grüneberg, § 311 Rn. 30. Bei einer Vertragsverhandlung fehlt es daher z. B. gemäß § 154 Abs. 1 BGB grundsätzlich an einer Bindung zum Vertragsabschluss zwischen den Parteien. In diesem Sinne lässt sich nach einigen Ansichten beim „Abbruch von Vertragsverhandlungen“ prinzipiell kein Anspruch auf Abschluss des angestrebten Vertrags anerkennen, sondern ausnahmsweise ein Anspruch auf Schadensersatz, dazu siehe Flume, S. 617; Grunewald, JZ 1984, S. 708, 711; Kaiser, JZ 1997, S. 448, 449; HK-BGB/Schulze, § 311 Rn. 32. Bei einem bestimmten Fall kann jedoch ausnahmsweise und einschränkend ein Anspruch auf Abschluss des angestrebten Vertrags unter dem Gesichtspunkt der Schranken der Vertragsfreiheit, der reinen Auslegung des § 249 BGB und der Abwägung von Interessen anzuerkennen sein, dazu siehe 1. Teil 2. Abschnitt D und 3. Teil 2. Abschnitt B II 3.

2 BeckOK/Gehrlein/Sutschet BGB § 311 Rn. 57.

Voraussetzungen"[3] für den Schaden, den die andere Partei im Vertrauen auf den Abschluss des Vertrags erlitten hat.

B. Problemstellung

Der gerade hergestellte Fall des „Abbruchs von Vertragsverhandlungen" bezeichnet im Allgemeinen vom Rechtsinstitut der *culpa in contrahendo (= Verschulden bei Vertragsschluss)*[4], die wiederum ein *vorvertragliches Stadium* voraussetzt: Im Fall des vorvertraglichen Stadiums kommt herkömmlich vor allem die Ersatzhaftung von sog. *reinen*, *bloßen* oder *primären* Vermögensschäden infrage (im Folgenden einheitlich bezeichnet als *„reine"* Vermögensschäden), und in heutigen unterschiedlichen Gesetzen[5] ist diese Ersatzhaftung tatsächlich anzuerkennen; solche Schadensersatzhaftung kann aber auch aus verschiedenen Unterfällen im vorvertraglichen Stadium entstehen, wobei die Schadensersatzhaftung aus culpa

---

3 Siehe z. B. BeckOK/Gehrlein/Sutschet BGB § 311 Rn. 58; und zu konkreten tatbestandlichen Voraussetzungen siehe 3. Teil 1. Abschnitt B.

4 Die Lehre der „culpa in contrahendo" wurde eigentlich von der Lehre des „Verschuldens bei Vertragsschluss" abgegrenzt. Bei der Lehre des „Verschuldens bei Vertragsschluss" Leonhards waren die vorvertraglichen Pflichten allein als vorwirkende Folge des später zustande gekommenen Vertrags anzuerkennen: Da bei Leonhard die vorvertraglichen Pflichten davon ausgingen, dass die Vertragsverhandlungen und der dadurch entstehende Vertrag als „einheitliches Ganzes" ausgestaltet werden, war seiner Auffassung nach endgültig die Entstehung von vorvertraglichen Pflichten abhängig davon, ob der angestrebte Vertrag später zustande gekommen war. Dazu siehe Leonhard, S. 544 ff. und insbesondere S. 553; aber auch siehe RG JW 1912, S. 743 ff.; RGZ 88, 103, 105. Bei der Lehre der culpa in contrahendo, die auf dem Gedanken Jherings beruht, bedarf es hingegen zur Anerkennung von vorvertraglichen Pflichten, mit Ausnahme von einigen Fällen aus z. B. §§ 122 und 179 BGB sowie §§ 307 und 309 BGB a. F., keines Abschlusses eines Vertrags. Der Unterschied zwischen „Verschulden bei Vertragsschluss" und „culpa in contrahendo" wurde jedoch in späterer Rechtsprechung klar aufgehoben, und somit werden die Haftung aus „Verschulden bei Vertragsschluss" und solche aus „culpa in contrahendo" in heutiger Dogmatik als gleichbedeutend verstanden. Dazu siehe RGZ 95, 58, 60; 98, 325, 327 und 336, 339; 104, 265, 267 f.

5 Siehe z. B. § 311 Abs. 2 BGB in Verbindung mit § 241 Abs. 2 BGB; Art. 2:301 Europäisches Vertragsrecht; § 535 Koreanisches Bürgerliches Gesetzbuch etc. Im Europäischen Vertragsrecht ist der Fall des „ungerechtfertigten Abbruchs von Vertragsverhandlungen" unmittelbar geregelt: Jede Vertragsverhandlungspartei kann sich gemäß Artikel 2:301 Abs. 2 Europäisches Vertragsrecht zum Schadensersatz dann verpflichten, wenn eine Verhandlungspartei entgegen den Geboten von Treu und Glauben die Vertragshandlungen abgebrochen hat. Zum Artikel 2:301 Europäisches Vertragsrecht eingehend siehe v. Bar/Zimmermann, Europäisches Vertragsrecht, S. 215 ff.

in contrahendo berechtigterweise zu diesen Fällen gehört. Dabei stellen sich die folgenden Fragen:

a) Nach welchem Rechtsgrund kann eine Schadensersatzhaftung im Rahmen des vorvertraglichen Stadiums anerkannt werden?
b) Wie viel Schadensersatz kann dabei vom Schädiger verlangt werden?

Anzuknüpfen ist hier „die Frage a)" an die rechtliche Einordnung der Schadensersatzhaftung und „die Frage b)" an ihren Umfang.

Bemerkenswert ist hierbei, dass die obigen zwei Fragen in unterschiedlichen Gesetzen als ungleich behandelt werden. Eine Schadensersatzhaftung aus vorvertraglichem Stadium ist in Deutschland heute gemäß § 311 Abs. 2 BGB in Verbindung mit § 241 Abs. 2 BGB (und damit auch § 242 BGB) endgültig in Vertragshaftung[6] einzuordnen, indem bei den Vertragsverhandlungen die Vorschriften des Schuldverhältnisses bereits angewendet werden. Dort ergibt sich die Schadensersatzhaftung richtig aus dem Rechtsinstitut der culpa in contrahendo. Der Umfang dieser Schadensersatzhaftung geht in der Regel nicht über den Betrag desjenigen Interesses hinaus, welches der andere Teil am wirksamen Zustandekommen eines Vertrags hat[7], d. h., das sog. negative Interesse *(= Vertrauensinteresse = Vertrauensschaden)* beschränkt sich auf das sog. positive Interesse *(= Erfüllungsinteresse = Nichterfüllungsschaden)*[8].

In Korea sind diese Probleme dagegen nach wie vor umstritten. Eine Schadensersatzhaftung aus vorvertraglichem Stadium ist z. B. nach dem koreanischen obersten Gericht (im Folgenden bezeichnet als „KoGH") entweder gemäß § 535 Koreanisches Bürgerliches Gesetzbuch (im Folgenden bezeichnet als „KBGB")[9] oder gemäß § 750 KBGB[10] anzuerkennen: Eine Schadensersatzhaftung kann

---

6 Darauf eingehend unter 1. Teil 1. Abschnitt A und 2. Teil 2. Abschnitt.

7 Siehe z. B. §§ 122 Abs. 1, 179 Abs. 2 BGB; §§ 307, 306, 611a BGB a. F. etc.

8 Zum konkreten Umfang der Schadensersatzhaftung im Zusammenhang mit jedem Begriff siehe 3. Teil 2. Abschnitt.

9 Die Vorschrift des § 535 KBGB ist wie folgt geregelt: **§ 535 KBGB (Verschulden bei Vertragsschluss)** (1) Wer bei der Schließung eines Vertrags, der auf eine unmögliche Leistung gerichtet ist, die Unmöglichkeit der Leistung kannte oder hätte kennen können, ist zum Ersatz des Schadens verpflichtet, den der andere Teil dadurch erleidet, dass er auf die Gültigkeit des Vertrags vertraut, jedoch nicht über den Betrag des Interesses hinaus, welches der andere Teil an der Gültigkeit des Vertrags hat. (2) Abs. 1 tritt nicht ein, wenn der andere Teil die Unmöglichkeit kannte oder hätte kennen können.

10 Die Vorschrift des § 750 KBGB ist wie folgt geregelt: **§ 750 (Inhalt der Deliktshaftung)** Wer vorsätzlich oder fahrlässig einen anderen rechtswidrig in seinen Rechtsgütern verletzt, ist den anderen zum Ersatz des sich daraus ergebenden Schadens verpflichtet.

sich gemäß § 535 KBGB erst aus „anfänglicher Unmöglichkeit" als Unterfall der culpa in contrahendo ergeben[11]; die hier erwähnte Schadensersatzhaftung wird im Ergebnis in Vertragshaftung[12] eingeordnet; der Umfang der Schadensersatzhaftung beschränkt sich ebenso wie z. B. bei § 307 Abs. 1 BGB a. F. auf das negative Interesse, welches nicht über positives Interesse hinausgeht. Die übrige, etwaige Schadensersatzhaftung aus vorvertraglichem Stadium ist hingegen nur gemäß § 750 KBGB in Deliktshaftung einzuordnen; hierbei wird der Umfang der Schadensersatzhaftung im Allgemeinen, unabhängig vom Begriff des negativen und positiven Interesses, nach prinzipieller Kausalitätsbetrachtung[13] entschieden.

Aus diesen Gründen richten sich die zwei oben hergestellten Fragen endgültig danach, was unter „rechtlicher Einordnung" der Schadensersatzhaftung aus dem Abbruch von Vertragsverhandlungen als problematischer Unterfall des vorvertraglichen Stadiums verstanden wird und danach, wie weit ihr Umfang vor allem unter Betrachtung des Begriffs von dem negativen und positiven Interesse anzuerkennen ist: Der vorliegende Fall ist einerseits gemäß § 311 Abs. 2 BGB in Verbindung mit § 241 Abs. 2 BGB (und damit auch § 242 BGB) im Regulierungsbereich der Vertragshaftung einzuordnen; dabei beschränkt sich der Umfang der Schadensersatzhaftung überhaupt auf negatives Interesse, welches nicht über positives Interesse hinausgeht. Andererseits wird dieser jedoch gemäß § 750 KBGB in Deliktshaftung eingeordnet; hierbei kommt die Vertragshaftung nicht in Betracht, es sei denn, zwischen den Parteien von Vertragsverhandlungen ist bereits ein Schuldverhältnis anzuerkennen; dort ist der Umfang der Schadensersatzhaftung nach prinzipieller Kausalitätsbetrachtung zu entscheiden. Vor diesem

Im Gegensatz zu § 750 KBGB als sog. deliktische Generalklausel beschränkt sich der in §§ 823 ff. BGB geregelte Anwendungsbereich des deutschen Deliktsrechts bekanntermaßen auf die absoluten Rechte, die den Schutz eines anderen bezweckenden Gesetze und den in einer gegen die guten Sitten verstoßenden Weise vorsätzlich verursachten Schaden. Dazu siehe 2. Teil 1. Abschnitt C.

11 Somit kann die Vorschrift des § 535 KBGB unter dem gleichen rechtsdogmatischen Gesichtspunkt des § 307 Abs. 1 BGB a. F. verstanden werden.

12 Zudem kann die Schadensersatzhaftung hier gleichzeitig gemäß § 750 KBGB als deliktische Generalklausel freilich dann in Deliktshaftung eingeordnet werden, wenn die tatbestandlichen Voraussetzungen des Schadensersatzanspruchs nach § 750 KBGB erfüllt werden. Mithin wird für den Kläger die Konkurrenz zwischen der Vertrags- und Deliktshaftung genehmigt und dabei kann er anders als in Deutschland den vertraglichen und deliktischen Anspruch gleichzeitig geltend machen.

13 Auf die konkrete Schadensberechnung nach „prinzipieller Kausalitätsbetrachtung oder reiner Auslegung" des § 249 BGB eingehend unter 3. Teil 2. Abschnitt B.

Hintergrund sind die zwei Schwerpunkte dieser Arbeit schließlich im Rahmen des deutschen Privatrechts darauf zu fokussieren, dass die rechtliche Einordnung der Schadensersatzhaftung aus dem Abbruch von Vertragsverhandlungen unter dem scharfen Gesichtspunkt der Rechtsdogmatik klar festgestellt wird, und dass danach unter Betrachtung des Begriffs vom negativen und positiven Interesse der Umfang der Schadensersatzhaftung entsprechend festgesetzt wird.

1. Teil: Dogmatische Grundlagen

1. Abschnitt: Dichotomisches Haftungssystem im Privatrecht

A. Einführung

Der erste Schwerpunkt der Arbeit ist es, die rechtliche Einordnung der Schadensersatzhaftung aus dem Abbruch von Vertragsverhandlungen festzustellen. Klargestellt werden soll hierbei vornehmlich, dass die „ursprüngliche und entwickelte Rechtsnatur einer Haftung" in scharfer Hinsicht der Rechtsdogmatik von der „rechtlichen Einordnung von Rechtsfolgen der Haftung *de lege lata*" abgegrenzt wird.

Die ursprüngliche und entwickelte Rechtsnatur einer Haftung ist an das ganze Pflichtenprogramm im Rahmen des Privatrechts anzuknüpfen, d. h., durch die Verletzung einer Pflicht entsteht diejenige Haftung, deren Ursprung in der Rechtsnatur der verletzten Pflicht liegt. Insofern entsteht z. B. die Vertragshaftung durch die Verletzung vertraglicher Pflicht (diese Haftung ist im Folgenden nur als „echte Vertragshaftung" bezeichnet), die Quasivertragshaftung durch die Verletzung quasivertraglicher Pflicht, die Quasideliktshaftung durch das Quasidelikt und die Deliktshaftung durch das Delikt (diese Haftung ist im Folgenden nur als „echte Deliktshaftung" bezeichnet).[14]

Die rechtliche Einordnung von Rechtsfolgen der Haftung *de lege lata* richtet sich jedoch danach, welche zivilrechtliche Vorschrift im Ergebnis auf die Verletzung einer Pflicht anwendbar ist. Die Rechtsfolgen aus der Verletzung der vertraglichen oder quasivertraglichen Pflicht kommen bereits im Vorstadium der Haftungsentstehung bezüglich der Regelungen der Schuldverhältnisse in Betracht, und daher lehnen sich die Rechtsfolgen unter dem Gesichtspunkt des dichotomischen Haftungssystems berechtigterweise an die „Vertragshaftung" oder mindestens systematisch an die „außerdeliktische Haftung" an. Dafür gibt es diverse Gründe. „Erstens" wurde das vertragliche Schuldverhältnis geschichtlich „als ein solches eigentliches und typisches"[15] behandelt. „Zweitens" kann gleichwohl ein Schuldverhältnis, wie im Folgenden **2. Teil 2. Abschnitt** festgestellt wird, sowohl durch den Abschluss eines Vertrags als auch durch sonstiges, erlaubtes Verhalten sowie (insbesondere) vertragsähnliche Merkmale entstehen. „Drittens" werden dabei die so gestalteten Verhältnisse gemeinsam durch die

14 Ferner zum Verhältnis zwischen „Schuld (oder schuldrechtlicher Pflicht)" und „Haftung" siehe 2. Teil Einleitung.

15 Vgl. Krebs, 2000, S. 47.

schuldrechtliche „*Relativität*" qualifiziert und charakterisiert (in diesem Sinne stellt die Formulierung der im Folgenden geschriebenen Vertragshaftung „unter dem Gesichtspunkt des dichotomischen Haftungssystems" ebenfalls die außerdeliktische Haftung oder den vertraglichen Anspruch auf Schadensersatz dar, soweit kein anderes erwähnt wird). Im Rahmen des Delikts oder Quasidelikts befindet sich dagegen keine schuldrechtliche Pflicht, es sei denn, ein Schadensersatzschuldverhältnis entsteht bereits durch unerlaubtes Verhalten. Im Vorstadium eines deliktsrechtlichen Schadensersatzschuldverhältnisses bestehen allein die allgemeinen Sorgfaltspflichten ohne schuldrechtliche Bindung zwischen unbestimmten Menschen. Die Rechtsfolgen aus unerlaubtem Verhalten lehnen sich endgültig erst nach der Entstehung des Schadensersatzschuldverhältnisses aufgrund schuldrechtlicher Relativität an die Vorschriften über „Deliktshaftung" an (in diesem Sinne umfasst die folgende Deliktshaftung sowohl die Quasidelikts- als auch die echte Deliktshaftung, soweit nichts anderes erwähnt wird).

Bei der Kategorisierung einer Haftung kommen die soeben erwähnten begrifflichen Abgrenzungen in Betracht. Von diesem Standpunkt aus wird wie folgt festgestellt: Erstens soll die Rechtsnatur einer Pflicht unter dem Gesichtspunkt ermittelt werden, ob ein Schuldverhältnis vor allem durch das erlaubte oder unerlaubte Verhalten entsteht. Zweitens soll die rechtliche Einordnung einer Schadensersatzhaftung je nach der Rechtsnatur von verletzten Pflichten bestimmt werden. Wie bereits bekannt ist, besteht das zivilrechtliche Haftungssystem *traditionell* im Hinblick auf rechtliche Einordnung von Rechtsfolgen der Haftung *de lege lata* aus der Dichotomie zwischen der Vertrags- und Deliktshaftung. Im BGB spielen die Vertrags- und Deliktshaftung beide als zentrale Säulen der Schadensersatzhaftung eine wichtige Rolle. Die Rechtsfolgen verändern sich naturgemäß je nach der Haftung. Unter Berücksichtigung des genannten Hintergrundes wird im Folgenden die traditionelle Dichotomie des zivilrechtlichen Haftungssystems skizziert.

B. Die Vertragshaftung und die Deliktshaftung als dichotomisches System

I. Geschichtliche Entwicklung des dichotomischen Haftungssystems

1. Das dichotomische System im römischen Recht

Die historische Urquelle der Dichotomie zwischen der Vertrags- und Deliktshaftung geht vermutlich auf das römische Recht zurück.[16] Ungewiss ist jedoch der tatsächlich beweisbare Entstehungszeitpunkt des dichotomischen

16 HKK-Dorn, § 241 Rn. 75.

Haftungssystems.[17] Dennoch existierte die sichtbare Dichotomie zwischen der Vertrags- und Deliktshaftung im klassischen römischen Recht, welche spätestens seit dem römischen Juristen Gaius gefunden wurde.[18] Damals wurden alle *Obligationen* in *„ex contractu“* und *„ex delicto“* eingeteilt.[19] Die uranfängliche Bewegung zum dichotomischen Haftungssystem bestand bereits im vorklassisch-hellenistischen Zeitraum des römischen Rechts[20]: Aristoteles teilte im 5. Buch der Nikomachischen Ethik die menschlichen Beziehungen in solche aus freiem Willen und in solche aus unfreiem Willen ein.[21] Ferner bemühten sich die damalig römischen Juristen unter dem Einfluss der *Dialektik* darum, die begrifflichen Gegensatzpaare zu bilden und zu systematisieren.[22] *Quintus Mucius Scaevola pontifex*[23] wandte als Erster die griechische Dialektik auf sein juristisches Werk *„De iure civile“*[24] an.[25] Nach rekonstruierter Gliederung des nicht erhältlichen Werkes *„De iure civile“* wurde die Dichotomie zwischen vertraglicher und deliktischer Haftung durch *Quintus Mucius Scaevola pontifex* im römischen Recht eingeführt.[26] Es ist unklar, wie streng *Quintus Mucius Scaevola pontifex* im Rahmen des Werkes *„De iure civile“* die Obligationen zweiteilig in *„ex contractu“* und *„ex delicto“* einteilte.[27] Bei *Quintus Mucius Scaevola pontifex* wurde insbesondere ein interessantes und bedeutsames Faktum gefunden: Er schuf den Grundsatz von Treu und Glauben als allgemeines Rechtsinstitut[28] und wandte ihn an, um die Verhaltenspflichten zu rechtfertigen[29]; denn der Grundsatz von Treu und Glauben spielte im deutschen Privatrecht ebenfalls eine Rolle

---

17 Krebs, 2000, S. 47 ff.

18 Krebs, 2000, S. 47; Mayer-Maly, § 17, S. 81.

19 Kaser, Das römische Privatrecht I, § 122 I 2, S. 522; und damit auch ders., Das römische Privatrecht II, § 260 I, II, S. 360 f.; Honsell, §32 I, S. 102; Krebs, 2000, S. 47.

20 Krebs, 2000, S. 47 f.

21 Zu übersetzten Formulierungen von Franz, Dirlmeier siehe Krebs, 2000, S. 48 Fn. 4): Die freiwillige Beziehung stelle insbesondere die vertragliche Beziehung dar, wie z. B. Verkauf und Kauf als wechselseitige Beziehung; dagegen sei die unfreiwillige Beziehung die Art einer deliktischen Beziehung, wie z. B. Diebstahl, Ehebruch, Giftmischerei etc.

22 Wieacker, § 38 III 1, S. 630 ff.; Schulz, S. 75 ff.

23 Auf ihn eingehend siehe Wieacker, § 38 IV 3 c, S. 549 ff.

24 Dazu siehe Bretone, S. 130 f.

25 Wieacker, § 38 IV 1, S. 633 ff.

26 Krebs, 2000, S. 48.

27 Krebs, 2000, S. 48 f.

28 Kaser, Das römische Privatrecht I, § 114 IV 1, S. 486.

29 Krebs, 2000, S. 49.

als Ausgangspunkt, um die sog. Schutzpflichten zu legitimieren.[30] Sein Werk „*De iure civile*" galt später als Vorbild für Gaius.[31]

Im klassischen römischen Recht bedeutete das Rechtswort „*contractus*" im dichotomischen Haftungssystem jedes erlaubte haftungsbegründende Verhalten, welches sich außerhalb des Bereichs vom Deliktsrecht befand.[32] Die Bedeutung des „*contractus*" verengte sich jedoch später auf den Schuldvertrag; somit wurden die Obligationen nicht mehr nur in „*ex contractu*" und „*ex delicto*" unterteilt.[33] Spätestens im frühen Mittelalter wurden die Zwischenkategorien der „*obligationes quasi ex contractu* und *quasi ex delicto*" entwickelt[34]:

Wie aus dem Wort „*quasi*" entnommen wird, entsprachen erst die Entstehungstatbestände eines Quasikontraktes und die sich daraus ergebenden Obligationen aus strikter Sicht nicht völlig denen eines echten Vertrags. Ein Quasikontrakt entstand nicht aus dem Abschluss eines Vertrags, sondern aus einem erlaubten Verhalten[35]; hierbei wurde kein Erfüllungsanspruch für die Hauptleistungspflicht anerkannt; ein solcher Anspruch des Gläubigers konnte ebenso wie heute grundsätzlich durch die ausdrückliche Einigung einer Leistung entstehen. Die Vertragshaftung konnte dennoch durch die Verletzung von vertragsähnlichen Pflichten[36] aus einem Quasikontrakt entstehen, wie z. B. die

---

30 Krebs, 2000, S. 49.

31 Krebs, 2000, S. 48.

32 Kaser, Das römische Privatrecht I, § 122 I 2, S. 522; und damit auch ders., Das römische Privatrecht II, § 260 I, II, S. 360 f.

33 Siehe Kaser, Das römische Privatrecht I, § 122 I 2, 3, 4, S. 523 f.

34 Kaser, Das römische Privatrecht I, § 122 I 4, S. 524; Krebs, 2000, S. 49. Es ist jedoch umstritten, wann der Quasikontrakt und das Quasidelikt zum ersten Mal als Haftung anerkannt wurden. Nach einer Ansicht wurden der Quasikontrakt und das Quasidelikt bereits im klassischen römischen Recht anerkannt, dazu siehe Honsell, §33 , S. 106; nach anderer Auffassung seien jedoch die Obligationen ursprünglich in Dreiteilung zwischen dem Kontrakt, Delikt und den sonstigen Rechtsgründen zu unterteilen, die durch die Schaffung des Quasikontraktes und Quasidelikts von oströmischen Schuljuristen in Vierteilung unterteilt werden konnten, dazu siehe Zimmermann, Obligations, Kapital 1 II 3, S. 16 f.

35 HKK-Dorn, § 241 Rn. 75.

36 Siehe HKK-Dorn, § 241 Rn. 75 Fn. 377). Diese Pflichten beruhen unter dem Gesichtspunkt der ursprünglichen und entwickelten Rechtsnatur berechtigterweise auf der vertragsähnlichen Sonderverbindung zwischen den Beteiligten. Auf die Sonderverbindung eingehend unter 2. Teil 2. Abschnitt C II.

Geschäftsführung ohne Auftrag und ungerechtfertigte Bereicherung.[37] Beim Quasidelikt[38] konnte, auch wenn eigenes unmittelbares Verschulden nicht bestand, aufgrund von ähnlichen Tatbeständen die Deliktshaftung anerkannt werden, wie z. B. die Haftung des Prinzipals für einen Verrichtungsgehilfen.[39]

Obwohl die Obligationen damals in solche aus echtem Vertrag und einem Quasivertrag sowie in solche aus echtem Delikt und einem Quasidelikt eingeteilt werden konnten, befand sich die Dichotomie zwischen der Vertrags- und Deliktshaftung im Hinblick auf die rechtliche Einordnung von Rechtsfolgen noch im römischen Recht.

2. *Die weiteren Entwicklungen im deutschen Recht*

Die Haftungskategorisierung zwischen dem Vertrag und dem Delikt im römischen Recht setzte sich ebenfalls im deutschen Recht durch verschiedene Trennungen nach zeitlichem Verlauf durch: Das germanische Recht und damit der Sachsenspiegel sowie der Schwabenspiegel hatten erst keine schulgerechte Dichotomie zwischen der Vertrags- und Deliktshaftung.[40] Damals ergab sich insbesondere die Deliktshaftung allein aus dem Privatstrafrecht wie im römischen Recht.[41] Diese rechtlichen Konstellationen der Haftungskategorisierung veränderten sich später gradweise nach der Rezeption des römischen Rechts.

Nachdem die oben erwähnte Dichotomie des römischen Rechts erstmals in Deutschland übernommen wurde, wurde diese Rezeption im *usus modernus*

---

37 Siehe HKK-Dorn, § 241 Rn. 75 Fn. 377); Krebs, 2000, S. 50. Die beiden Haftungen sind jedoch im heutigen BGB überhaupt unter der Willenstheorie Savignys wegen des Entstehungsgrundes des Schuldverhältnisses systematisch in die Haftung aus Gesetz einzuordnen. Ferner wird als anderes Beispiel von den „Teilungsklagen bei einer Art Bruchteilsgemeinschaft" gesprochen, dazu siehe Krebs, 2000, S. 50.

38 Krebs, 2000, S. 50: Als Beispiel wird gesprochen von „der Haftung des Wohnungsinhabers, aus dessen Wohnung etwas auf die Straße geworfen oder gegossen wurde oder der Haftung der Schiffer, Gast- und Stallwirte für Diebstähle oder Eigentumsbeschädigungen durch ihre Arbeitnehmer gegenüber den Kunden oder der Haftung des Wohnungsinhabers, wenn etwas dort Aufgestelltes oder Aufgehängtes auf die Straßen fällt und dadurch jemand gefährdet wird oder der Haftung des Richters wegen Verletzung seiner Amtspflichten, speziell wegen Rechtsbeugung".

39 Siehe HKK-Dorn, § 241 Rn. 75 Fn. 377). Dem Prinzipal ist gemäß § 831 Abs. 1 S. 2 des heutigen BGB nur eine Exkulpationsmöglichkeit zulässig.

40 Krebs, 2000, S. 51.

41 Krebs, 2000, S. 51. Zur strafrechtlichen Quelle des Deliktsrechts siehe 2. Teil 1. Abschnitt B II 1.

vollendet[42]: Hiermit unterteilten sich die Obligationen in kontraktliche, quasikontraktliche, deliktische und quasideliktische Verbindlichkeiten als systematische Trennung[43]. Ferner richtete diese rechtliche Abgrenzung zwischen dem Vertrag/Quasivertrag und dem Delikt/Quasidelikt wie im römischen Recht danach, ob es sich um ein erlaubtes oder unerlaubtes Tun handelte.[44] Im Zusammenhang mit der heutigen Deliktshaftung ist es wichtig, dass mit der Rezeption des römischen Rechts die „*actio legis Aquiliae*" der Antike zur deliktischen Generalklausel umgestaltet wurde.[45]

Auf der anderen Seite war die dauernd-dichotomische Trennung der Haftung im Zusammenhang mit ihren Tatbeständen im Zeitalter des Naturrechts grundlegend fraglich[46], da in dieser Phase die verschiedenen Vorschläge zur Einteilung der Obligationen auftraten.[47] Nach einem Ansatz[48] unterteilten sich die Obligationen anders als früher nicht nach ihrer Entstehungsform, sondern nach ihrer Funktion, wie z. B. der funktionalen Systematisierung des Preußischen Allgemeinen Landrechts[49]. Trotz der Trennung von Obligationen wurde die Dichotomie zwischen der Vertrags- und Deliktshaftung weiterhin durchgeführt.

Die Zweiteilung zwischen der Vertrags- und Deliktshaftung existierte immer noch im 19. Jahrhundert, wo die Zwischenkategorien der quasikontraktlichen und quasideliktischen Haftung (nach der ursprünglichen und entwickelten Rechtsnatur) allmählich an Bedeutung verloren.[50] Da insbesondere im deliktischen Bereich die Fahrlässigkeitshaftung ganz als Regelfall galt und das Quasidelikt hauptsächlich als fahrlässige Rechtsverletzung verstanden wurde, verlor die

---

42 Krebs, 2000, S. 51.

43 Problematisch war es jedoch, aus welchem Grund insbesondere der Quasikontrakt in der Regel erkannt werden konnte. Dafür wurden überhaupt der „fiktive oder vermutete Konsens", das „Gesetz" oder „aequitas" erwähnt, dazu siehe Coing, Europäisches Privatrecht I, § 78 II, S. 394 f.

44 Coing, Europäisches Privatrecht I, § 78 II, S. 394; Krebs, 2000, S. 51.

45 Krebs, 2000, S. 51 f. In Rom stellte die Klage „actio legis Aquiliae" ursprünglich eine Strafklage dar. Diese Klage gestaltete sich jedoch im usus modernus zur reinen Ersatzklage um, die für alle Personen- und Sachschäden und die reinen Vermögensschäden galt. Zur lex Aquilia siehe 2. Teil 1. Abschnitt B II 2.N

46 Zur Naturrechtslehre siehe Harke, § 3 I, Rn. 1 ff.

47 Coing, Europäisches Privatrecht I, § 78 II, S. 394.

48 Dazu siehe Coing, Europäisches Privatrecht I, § 78 II, S. 394.

49 Krebs, 2000, S. 52.

50 Krebs, 2000, S. 52.

Abgrenzung des Quasidelikts[51] von dem (echten) Delikt an Bedeutung.[52] Dies beeinflusste naturgemäß das Vergehen des Quasikontrakts, der begrifflich als Gegenstück zum Quasidelikt verstanden wurde.[53] Die Zwischenbereichshaftung aus dem Quasikontrakt wurde jedoch anders als bei dem Quasidelikt durch die Haftung aus Gesetz ersetzt; denn die Quasikontrakte konnten erst wegen der Willenstheorie *Savignys* nicht im echten Vertragsverhältnis umfasst werden[54] und zugleich mussten die Quasikontrakte als erlaubtes Verhalten vor allem vom unerlaubten Verhalten abgegrenzt werden. Ferner mussten die „Geschäftsführung ohne Auftrag" und die „ungerechtfertigte Bereicherung" im deutschen Recht als Zwischenbereich anerkannt werden, was insbesondere im Zeitalter der Pandektistik die *„actio legis Aquiliae"*, anders als die allgemeine Tendenz in anderen Rechtsordnungen, allein auf die Beschädigungen der (körperlichen) Sachen zurückdrängte[55]; obwohl damals bereits die *„actio legis Aquiliae"* im Allgemeinen als Vorläufer der deliktischen Generalklausel galt, die auf alle außerdeliktischen Haftungen hinreichend anwendbar war, wurde ihre rechtliche Bedeutung jedoch im BGB 1900 abgelehnt.[56] Schließlich unterteilen sich die Haftungskategorien im BGB in die *echte Vertragshaftung*, welche unter dem Gesichtspunkt der ursprünglichen und entwickelten Rechtsnatur nur aufgrund des ausdrücklichen Vertragsschlusses anerkannt wird, und die *Deliktshaftung*, welche die echte Deliktshaftung und die Quasideliktshaftung umfasst, und die *Haftung aus Gesetz* der „Geschäftsführung ohne Auftrag sowie ungerechtfertigten Bereicherung", deren Rechtsnatur sich unter dem ursprünglichen und entwickelten Gesichtspunkt als Quasivertragshaftung qualifiziert.[57]

Bemerkenswert ist es, dass unter diesem bisher dichotomischen Haftungssystem von *Rudolf v. Jhering*[58] die Haftung aus *culpa in contrahendo* im Jahr

---

51 Auf die rechtliche Bedeutung des „Delikts" sowie das Verhältnis zwischen dem „Delikt" und „Quasi-Delikt" eingehend unter 2. Teil 1. Abschnitt B I.

52 Krebs, 2000, S. 52; ebenso siehe Coing, Europäisches Privatrecht I, § 78 II, S. 395.

53 Krebs, 2000, S. 53.

54 Krebs, 2000, S. 53.

55 Coing, Europäisches Privatrecht II, § 106 VI 1, S. 518 f.; Krebs, 2000, S. 53.

56 Dazu siehe 2. Teil 1. Abschnitt B II 2 b) und zum grundlegenden Konzept des deutschen Deliktsrechts siehe 2. Teil 1. Abschnitt C I.

57 Krebs, 2000, S. 53.

58 Siehe Jhering, Rudolph v., Culpa in contrahendo oder Schadensersatz bei nichtigen oder nicht zur Perfection gelangten Verträgen in „Jahrbücher für die Dogmatik des heutigen römischen und deutschen Rechts" in Jhering-Jahrbücher, 4. Band, Jena, 1861: Abgedruckt ist dieser Aufsatz Jherings, auf den aber auch im Folgenden zu verweisen

1861 entwickelt wurde[59] und sie bis heute im BGB als Rechtsinstitut angesiedelt ist. Somit ist es aus heutiger Hinsicht freilich zu verstehen, dass aufgrund dieses Rechtsinstituts bereits damals ein „*Schuldverhältnis ohne Vertragsschluss*" zwischen den noch im vorvertraglichen Stadium bestehenden Beteiligten und damit der „außerdeliktische Haftungsbereich"[60] im Allgemeinen hätte anerkannt werden können[61]; gleichwohl war nur die „*vorgebliche*" Dichotomie zwischen der Vertrags- und Deliktshaftung des 1900 in Kraft getretenen BGB zu verankern, indem „in Ablehnung der deliktischen Generalklausel"[62] auf die Generalklausel der culpa in contrahendo zurückhaltend verzichtet wurde[63]. Jedoch wurden nach der Schuldrechtsmodernisierung 2002 erst nachträglich die neuen Vorschriften des § 311 Abs. 2 und 3 BGB über rechtsgeschäftsähnliche Schuldverhältnisse im BGB verankert; mithin ist heute denkbar, dass sich das ganze Haftungssystem im Rahmen des „geltenden Rechts" dichotomisch in Vertragshaftung *(= außerdeliktische Haftung)*[64] und in Deliktshaftung einteilt.

II. Die Dichotomie zwischen der Vertrags- und Deliktshaftung im BGB

1. Einführung

Der Vertrag (oder der Abschluss eines Vertrags) ist im BGB als Grundfall eines Schuldverhältnisses anzusehen.[65] Der 3. Abschnitt des 2. Buchs über das Recht der Schuldverhältnisse widmet seine Überschrift den „Schuldverhältnissen aus Verträgen". Folglich kann ein Schuldverhältnis erst gemäß § 311 Abs. 1 BGB grundsätzlich durch den Abschluss eines Vertrags entstehen, „soweit nicht das Gesetz ein anderes vorschreibt". Obwohl das Schuldverhältnis im BGB noch seine verschiedenen Entstehungsgründe hat, werden diese Entstehungsgründe

---

ist, in: Culpa in contrahendo/Die positiven Vertragsverletzungen, Verlag Gehlen/Bad Homburg v. d. H./Berlin/Zürich, 1969, S. 7 ff.

59 Krebs, 2000, S. 53.

60 Wie oben kurz erwähnt, umfasst die außerdeliktische Haftung unter dem Gesichtspunkt der rechtlichen Einordnung von Rechtsfolgen die Haftung de lege lata begrifflich, sowohl die vertragliche Haftung als auch die vertragsähnliche Haftung; die Beteiligten befinden sich vorzugsweise außerhalb des Regelungsbereichs des Deliktsrechts. Dabei kann freilich die Konkurrenz von Ansprüchen in Betracht kommen.

61 Siehe z. B. Krebs, 2000, S. 53.

62 Zur Ablehnung der deliktischen Generalklausel siehe 2. Teil 1. Abschnitt C I.

63 Dazu siehe 2. Teil 2. Abschnitt B I.

64 Dazu unter A.

65 Krebs, 2000, S. 53 f.

abweichend vom Vertrag nicht in einem eigenen Abschnitt benannt.[66] Die einzelnen Schuldverhältnisse sind allein im 8. Abschnitt dieses Buchs geregelt. Der 8. Abschnitt besteht aus 27 Titeln, deren 13. Titel und deren letzten zwei Titel jeweils insbesondere diejenigen Ansprüche behandelt, die sich unabhängig vom Vertragsschluss aus der „Geschäftsführung ohne Auftrag“ und aus der „ungerechtfertigten Bereicherung“ und aus den „unerlaubten Handlungen“ ergeben. Der dichotomische Gedanke zwischen der Vertrags- und Deliktshaftung im BGB wird wie im römischen Recht aufgrund des kategorisierten Unterscheidungsmaßstabes zwischen dem erlaubten und unerlaubten Verhalten unter dem Gesichtspunkt der rechtlichen Einordnung von Rechtsfolgen der Haftung *de lege lata* systematisch festgehalten.[67]

2. *Die Vertragshaftung und die Deliktshaftung im BGB*

Die rechtliche Einordnung einer Haftung im Regulierungsbereich der Vertragshaftung geht in erster Linie vom Rechtsgeschäft oder dem ähnlichen Rechtsgeschäft zwischen bestimmten Beteiligten aus; durch das Rechtsgeschäft oder ähnliches Rechtsgeschäft begründet sich ein Schuldverhältnis, das sich vor allem offensichtlich durch die *relative* Beziehung als rechtliche Sonderverbindung kennzeichnet[68]; aus einem Schuldverhältnis ergeben sich die relativen Rechte und Pflichten nur zwischen den Beteiligten. Die Pflichten aus einem Schuldverhältnis können zudem in die Leistungspflichten und in die Nebenpflichten unterteilt werden[69]. Die Leistungspflichten lassen sich wiederum in die Haupt- und Nebenleistungspflichten einteilen[70]. Die Nebenpflichten unterteilen sich wieder in die Leistungstreuepflichten, Mitwirkungspflichten, Hinweispflichten, Aufklärungspflichten[71] und damit auch sog. nichtleistungsbezogene

66 Krebs, 2000, S. 54.

67 Die Ansprüche aus „Geschäftsführung ohne Auftrag“ sind nur unter dem systematischen Gesichtspunkt aufgrund des sachlichen Zusammenhangs mit dem „Auftrag“ des 12. Titels an 13. Stelle dieses Abschnitts einzusetzen, dazu siehe Krebs, 2000, S. 54.

68 Siehe vor allem BGH NJW 1992, 1511, 1512; ebenso Palandt-Grüneberg, Einl. v. § 241 Rn. 5 und § 241 Rn. 2 ff.

69 Die inhaltliche Einteilung von Pflichten aus einem Schuldverhältnis und die dadurch terminologische Einheitlichkeit setzt sich noch nicht im Schrifttum durch, dazu siehe z. B. Palandt-Grüneberg, § 242 Rn. 27 ff.

70 Palandt-Grüneberg, § 241 Rn. 5.

71 Die Aufklärungspflichten kommen beim Fall des Abbruchs von Vertragsverhandlungen insbesondere im Zusammenhang mit den tatbestandlichen Voraussetzungen und dem

Nebenpflichten[72]; diese verschiedenen Pflichten gehören im weiteren Sinne begrifflich zu den sog. Schutzpflichten *(= Rücksichtnahmepflichten)*, die als Gegenstück zu den Leistungspflichten im ganzen Pflichtenprogramm des Schuldrechts eine Rolle spielen und heute sowohl in § 242 BGB als auch in § 241 Abs. 2 BGB in Verbindung mit § 311 Abs. 2 und 3 BGB geregelt sind.[73] Bei der Verletzung von Schutzpflichten handelt es sich in der Regel um das *negative Interesse* oder das Erhaltungsinteresse *(= Integritätsinteresse)*, welches insbesondere durch „allgemeine“ Sorgfaltspflichten im Deliktsrecht geschützt werden kann. Die hier in Frage kommenden, schuldrechtlichen Schutzpflichten sind jedoch aufgrund ihrer Relativität und der erhöhten Sorgfaltspflichten von den nur im Deliktsrecht in Betracht kommenden, allgemeinen Sorgfaltspflichten abzugrenzen.[74]

Anders als die Vertragshaftung setzt die Deliktshaftung[75] ursprünglich keine relative Beziehung zwischen bestimmten Personen voraus. Die Deliktshaftung entsteht durch Verletzung derjenigen Pflicht, die überhaupt gegenüber „dem Jedermann aus einem Publikum“[76] im sozialen Lebensverhältnis auferlegt wird.[77] Jeder Mensch unterliegt nach dieser Pflicht im gleichen Grad demjenigen Gebot, in dem der Mensch kein Rechtsgut eines anderen zu verletzen hat. Gesprochen wird hierbei von „allgemeinen Sorgfaltspflichten“, die Gefahr zu vermeiden, verhindern oder vermindern[78]. Die allgemeinen Sorgfaltspflichten bezeichnen aber auch sog. Verkehrspflichten[79], welche praktisch geschaffen[80] sind und in heutiger Dogmatik als „besonders geartete allgemeine Rechtspflichten“[81] verstanden werden; die Verkehrspflicht bedeutet nach Auffassung des Reichsgerichts[82] diejenige

---

Umfang der Schadensersatzhaftung in Betracht. Darauf eingehend unter 3. Teil 1. Abschnitt B II 2 b) i) und 2. Abschnitt.

72 Palandt-Grüneberg, § 242 Rn. 23 ff.

73 MünchKomm-Bachmann, 7 Aufl., § 241 Rn. 48 ff. und 53 ff.; Palandt-Grüneberg, § 214 Rn. 6 f. und § 242 Rn. 23 ff.

74 Darauf eingehend siehe 2. Teil 2. Abschnitt A und insbesondere C.

75 Auf die Deliktshaftung eingehend unter 2. Teil 1. Abschnitt.

76 BGHZ 34, 375, 380; BGH NJW 1992, 1511, 1512; Larenz/Canaris, Schuldrecht II/2, § 75 I 4 c, S. 359.

77 BGHZ 34, 375, 380; BGH NJW 1992, 1511, 1512; KG MDR 1998, 897; Larenz/Canaris, Schuldrecht II/2, § 75 I 4 c, S. 359.

78 Siehe 2. Teil 2. Abschnitt A und C I.

79 Auf die Verkehrspflicht eingehend unter 2. Teil 1. Abschnitt C II 2.

80 MünchKomm-Wagner, 6. Aufl., § 823 Rn. 297.

81 RGZ 52, 373, 379; 54, 53, 58 f.; 102, 372, 375; Larenz/Canaris, Schuldrecht II/2, § 76 III 2 c, S. 406.

82 Auf die Ansicht des Reichsgerichts eingehend unter 2. Teil 1. Abschnitt C II 2 a) i).

Verpflichtung, insbesondere die im Verkehr bestehende Gefahr zu vermeiden[83] oder die Sicherheit des Verkehrs zu gewährleisten[84]; die Verkehrspflicht wurde aus dieser Sicht als gleichbedeutend mit der Gefahrvermeidungspflicht verstanden.[85] Die Bedeutung der Verkehrspflichten wurde aber später über den Bereich des Verkehrs hinausgehend umfassender auf allgemeine Sorgfaltspflichten ausgedehnt.[86] Somit befinden sich die allgemeinen Sorgfaltspflichten heute, obwohl es an rechtlicher Sonderverbindung fehlt, im ganzen Alltagsleben. Wenn das personelle Zusammenleben lebendig geschieht, setzt sich jeder Einzelne durch den Anderen verursachbarer, potenzieller Gefahr aus[87]; dort wird das Erhaltungs- oder Integritätsinteresse jedes Einzelnen durch allgemeine Sorgfaltspflichten geschützt.

Bemerkenswert im Zusammenhang mit dem dichotomischen Haftungssystem des BGB ist das Erhaltungs- oder Integritätsinteresse, was sowohl durch schuldrechtliche Schutzpflichten als auch durch die im Deliktsrecht in Betracht kommenden, allgemeinen Sorgfaltspflichten geschützt werden kann. Klar ist, dass sich die Haftungskategorisierung und die entsprechenden Rechtsfolgen im dichotomischen Haftungssystem je nach der Verletzung jener Pflicht verändern.

3. *Die unterschiedlichen Regelungsinhalte nach dem dichotomischen Gedanken*

a) *Das Verhältnis zwischen der Vertrags- und Deliktshaftung*

Im deutschen Zivilrecht ist anders als z. B. in Frankreich[88] grundsätzlich eine Konkurrenz zwischen vertragsrechtlichem und deliktsrechtlichem Anspruch zulässig. Die beiden Ansprüche können daher nach dem sog. *Kumulationsprinzip* nebeneinander geltend gemacht werden, soweit die eigenen Voraussetzungen jedes Anspruchs erfüllt werden.[89] Die Anerkennung des Kumulationsprinzips ist insbesondere für den Fall der Verletzung von Schutzpflichten von Bedeutung; denn bei diesem Fall handelt es sich im Allgemeinen um das Erhaltungs- oder Integritätsinteresse und dieses Interesse kann sowohl durch schuldrechtliche Schutzpflicht als auch durch allgemeine Sorgfaltspflicht geschützt werden.

---

83 Raab, JuS 2002, S. 1041, 1043.
84 RGZ 54, 53, 58.
85 Raab, JuS 2002, S. 1041, 1043.
86 Raab, JuS 2002, S. 1041, 1043.
87 Raab, JuS 2002, S. 1041, 1043.
88 Zur französischen Rechtslage siehe Wagner, Grundstrukturen, S. 189, 232 f.
89 Siehe vor allem BGHZ 46, 140, 144 ff. = NJW 1967, 42, 13 f.

Kommt dagegen, wie z. B. im KBGB[90], bei diesem Fall keine schuldrechtliche Schutzpflicht in Betracht, so hat das Kumulationsprinzip von Anfang an keine Bedeutung. Unter dem Kumulationsprinzip hat bekanntermaßen der vertragliche Anspruch freilich den Vorrang vor dem deliktischen Anspruch.[91] Die Anerkennung einer Konkurrenz zwischen dem vertragsrechtlichen und deliktsrechtlichen Anspruch dient im Ergebnis dem Rechtsbehelf des Geschädigten dahin gehend, dass er unter bestimmten Umständen den ihm günstigeren Anspruch geltend machen kann, es sei denn, die andere Vereinbarung von Parteien oder die andere gesetzliche Regelung bestimmt vorher nichts anderes[92]; die Rechtsfolgen ändern sich je nach rechtlicher Einordnung einer Haftung unter dem dichotomischem System.

b) Die unterschiedlichen Rechtsfolgen

Wenn der Schuldner eine Pflicht aus dem Schuldverhältnis verletzt, so kann ein Schadensersatzanspruch gemäß § 280 Abs. 1 BGB in Verbindung mit §§ 241, 311 und 276 BGB sowie §§ 249, 254 und 284 BGB usw. (unter bestimmten Voraussetzungen) anerkannt werden.[93] Verletzt jemand das Rechtsgut eines anderen rechtswidrig, so verpflichtet sich der Schädiger ebenfalls gemäß §§ 823 ff. BGB in Verbindung mit §§ 276 sowie 249, 253 und 254[94] BGB usw. (unter bestimmten Voraussetzungen) zum Ersatz des daraus resultierenden Schadens.[95] In beiden Fällen hat der Schädiger kraft des Endurteils den Schaden des Geschädigten zu ersetzen. Die unterschiedlichen Rechtsfolgen und Prozesse nach dichotomischem Haftungssystem zwischen der Vertrags- und Deliktshaftung sind zusammenfassend und offensichtlich in folgenden Punkten erkennbar:

Der Unterschied liegt erst in der Haftung des Hauptverpflichteten für das Verschulden des Erfüllungsgehilfen und des Verrichtungsgehilfen. Bei der Vertragshaftung hat der Schuldner gemäß § 278 BGB in der Regel ohne

---

90 Dazu siehe Einleitung B.

91 Siehe MünchKomm-Wagner, 6. Aufl., Vor § 823 Rn. 69.

92 Siehe MünchKomm-Wagner, 6. Aufl., Vor § 823 Rn. 69 und Kötz/Wagner, Deliktsrecht, Rn. 600 ff.

93 Die hier aufgezeigten Vorschriften kommen insbesondere im Zusammenhang mit den tatbestandlichen Voraussetzungen und dem Umfang der Schadensersatzhaftung aus dem Abbruch von Vertragsverhandlungen unmittelbar in Betracht. Darauf eingehend siehe 3. Teil.

94 Bei einer Deliktshaftung findet die Vorschrift des §254 Abs. 2 S. 2 BGB keine Anwendung.

95 Vgl. Kötz/Wagner, Deliktsrecht, Rn. 132 ff.

Exkulpationsmöglichkeit, sprich genauso wie das eigene Verschulden, das Verschulden des Erfüllungsgehilfen zu vertreten. Bei der Deliktshaftung steht dem Geschäftsherrn dagegen eine Entlastungsmöglichkeit zu; er kann sich gemäß § 831 Abs. 1 S. 2 BGB durch denjenigen Nachweis entlasten, wofür er für die Ausführung eigener Verrichtung eine Person sorgfältig ausgewählt, überwacht und angeleitet hat.[96] Da der Schaden des Geschädigten wegen der Exkulpationsunmöglichkeit des Schuldners gemäß § 278 BGB günstiger eingestanden werden kann, ist dieser Unterschied tatsächlich von Bedeutung.

Zudem besteht der Unterschied in der Beweislast, die an sich im Allgemeinen bei einer Entscheidung des Gerichts eine relevante Bedeutung einnehmen kann[97]: Der einen Schadensersatz verlangende Anspruchsteller hat grundsätzlich selbstständig zu beweisen, dass erst „aus seiner Ansicht" alle tatbestandlichen Voraussetzungen des begehrten Anspruchs zu erfüllen sind[98]; parallel dazu muss derjenige, der seine Exkulpation geltend macht, beweisen, dass er „ohne Verschulden" die erforderliche Sorgfalt beachtet hat.[99] Zu den tatbestandlichen Voraussetzungen eines Anspruchs gehören vornehmlich das pflichtwidrige Verhalten des Gegners, die Kausalität zwischen dem pflichtwidrigen Verhalten und dem schuldhaften Ergebnis und das „Verschulden" als subjektive Voraussetzung.[100] Hierbei ist die Beweislast des Verschuldens eindeutig unterschiedlich, auch wenn die sog. Beweislastumkehr in der Praxis eine geringere Bedeutung hat[101]: Bei der Deliktshaftung nach § 823 Abs. 1 BGB muss der Geschädigte selbst gemäß dem allgemeinen Prinzip der Beweislast nachweisen, dass ein Schaden durch den Vorsatz oder die Fahrlässigkeit des Schädigers herbeigeführt wurde[102]; bei der Vertragshaftung nach dem Maßstab des § 280 Abs. 1 BGB muss dagegen gemäß seinem 2. Satz der Schädiger *(= Schuldner = Verpflichteter)* beweisen, dass ein Schaden nicht durch seine vorsätzliche oder fahrlässige Pflichtverletzung hervorgerufen wurde[103]. Somit trägt der Schädiger eine höhere Beweislast als der Geschädigte, soweit eine Vertragshaftung anerkannt wird.

---

96 Kötz/Wagner, Deliktsrecht, Rn. 292 ff.

97 Baumgärtel, Rn. 5.

98 Baumgärtel, Schuldrecht AT, Helling, S. 49 § 249 Rn. 1.

99 Baumgärtel, Schuldrecht AT, Repgen, S. 215 § 280 Rn. 101 und insbesondere ders., Schuldrecht BT III, Luckey, S. 304 § 831 Rn. 13.

100 Baumgärtel, Schuldrecht AT, Helling, S. 49 § 249 Rn. 1.

101 Baumgärtel, Schuldrecht AT, Helling, S. 67 § 249 Rn. 46 f.

102 Baumgärtel, Schuldrecht BT III, Katzenmeier, S. 81 § 823 Abs. 1 Rn. 1.

103 Baumgärtel, Schuldrecht AT, Helling, S. 62 § 249 Rn. 32. Das heißt, wenn der Schuldner die Pflichtverletzung nicht zu vertreten hat, so trifft die Schadensersatzpflicht nicht ihn, dazu siehe BGH ZIP 2011, 2026, Rn. 13.

Darüber hinaus befindet sich die privatstrafrechtliche Eigenschaft[104] noch in deliktsrechtlichen Vorschriften. In § 253 Abs. 2 BGB geht es um das Schmerzensgeld, das nicht nur einen wegen einer Verletzung des Körpers, der Gesundheit, der Freiheit und der sexuellen Selbstbestimmung erlittenen, „immateriellen Schaden“ ersetzt, sondern auch, obwohl es teilweise kritisch ist[105], als sog. „Genugtuungsfunktion“ eine Rolle spielt.[106] Die Unzulässigkeit der Aufrechnung gegen Forderung aus unerlaubter Handlung im Sinne des § 393 BGB stellt ebenfalls ein „privatstrafrechtliches Rudiment“ dar und dazu gehören auch die verschiedenen strafrechtlichen Vorschriften im Sinne des § 823 Abs. 2 BGB.[107]

Im Übrigen sind die Unterschiede zwischen beiden Haftungen sporadisch im BGB zu finden: Die Mithaftung von Anstiftern und Gehilfen im Sinne des § 830 Abs. 2 BGB, die dem Strafrecht entlehnt wird[108], kommt freilich nicht im Rahmen der Vertragshaftung in Betracht; die Vorschrift des § 254 Abs. 2 S. 2 BGB, die allein in Verbindung mit § 278 BGB von Bedeutung ist, findet keine Anwendung auf deliktsrechtliche Schuldverhältnisse; die ausdifferenzierenden Sorgfaltsanforderungen[109], die sich nur im vertraglichen und vertragsähnlichen Schuldverhältnis abheben, sind nicht auf deliktsrechtliche Schuldverhältnisse anwendbar; die regelmäßige Verjährungsfrist beträgt gemäß § 195 BGB in der Regel drei Jahre[110]: Im Zusammenhang mit der Verjährungsfrist befinden sich dennoch die unterschiedlichen oder besonderen Bestimmungen nach wie vor zwischen der Vertrags- und Deliktshaftung, wie z. B. in den Vorschriften von §§ 199 Abs. 2, 438, 548, 606 und 634a BGB[111]; der Gerichtsstand unterscheidet sich ebenfalls je nach der rechtlichen Einordnung einer Haftung: Die Streite um ein Vertragsverhältnis sind gemäß § 29 ZPO nur im Gerichtsstand desjenigen Ortes zulässig, an welchem die streitige Pflicht erfüllt werden muss; dagegen ist der Klageanspruch

---

104 Auf die privatstrafrechtliche Eigenschaft des Deliktsrechts eingehend unter 2. Teil 1. Abschnitt B II 1.

105 Dazu siehe z. B. Jauernig-Teichmann, § 253 Rn. 3.

106 Kern, AcP 191 (1991), S. 247 ff.; Krebs, 2000, S. 54 f.

107 Krebs, 2000, S. 55.

108 Krebs, 2000, S. 54.

109 Siehe z. B. §§ 521, 599 und 680 sowie 690 und 708 BGB: Bei diesen Vorschriften hat der Verpflichtete nur den Vorsatz und grobe Fahrlässigkeit zu vertreten oder für diejenige Sorgfalt einzustehen, die er in eigenen Angelegenheiten anzuwenden pflegt.

110 Vor der Schuldrechtsmodernisierung 2002 konnte davon gesprochen werden, dass aufseiten des Geschädigten die Verjährungsfrist des Schadensersatzanspruchs aus culpa in contrahendo vorteilhafter als solche aus dem Deliktsrecht war. Dieser Vorteil wird jedoch im heutigen BGB nicht mehr betont.

111 Ferner zu Neuregelungen zum Verjährungsrecht siehe Lorenz/Riehm, S. 19 ff.

wegen unerlaubter Handlungen gemäß § 32 ZPO im Gerichtsstand des Bezirks zulässig, in dem die unerlaubte Handlung begangen ist.

C. Resümee

Obwohl seit dem römischen Recht die zivilrechtliche Haftung die verschiedenen Trennungen und Kategorisierungen durchfuhr, unterliegt sie ebenfalls nach wie vor dem „dichotomischen Gedanken" im BGB; die Vertrags- und Deliktshaftung als rechtliche Einordnung von Rechtsfolgen der Haftung *de lege lata* bilden die beiden Säulen für den Schadensersatz im Privatrecht und jede Haftung hat unterschiedliche Rechtsfolgen. Ferner liegt der zentrale Charakter jeder Haftung einerseits von Anfang an unter dem ursprünglichen und entwickelten Gesichtspunkt in voneinander abweichender Herkunft, andererseits kann der Geschädigte dabei durch rechtliche Einordnung in die Vertragshaftung *(= außerdeliktische Haftung)* teilweise eine *vorteilhafte* Stelle einnehmen.

Vor diesem Hintergrund kann die Dichotomie zwischen der Vertrags- und Deliktshaftung aber in anderen Rechtsordnungen, z. B. im KBGB, problematisch in Bezug auf die Haftung aus vorvertraglichem Stadium sein: Im KBGB ist anzuerkennen, dass, obgleich dort ebenfalls die vertragsrechtlichen Eigenschaften der Schutzpflichten im vorvertraglichen Stadium unter dem Gesichtspunkt der Dogmatik berechtigterweise in Betracht kommen könnten, die Haftung aus vorvertraglichem Stadium, in Ausnahme des Falles anfänglicher Unmöglichkeit, nur deliktischen Charakter hat[112]; dies gilt freilich auch für den Fall des Abbruchs von Vertragsverhandlungen. Im BGB hingegen kann zumindest davon gesprochen werden, dass das reine Vermögensinteresse im vorvertraglichen Stadium kraft der Schutzpflichten sowohl durch deliktische[113] als auch vertragliche Maßstäbe geschützt wird. Daher soll sich die Lösung danach richten, ob eine Pflicht, welche die Parteien von Vertragsverhandlungen zu beachten haben, sich in der Verhandlungsführung bereits durch schuldrechtliche Relativität kennzeichnet, und ob aus diesem Grund diesen Parteien die höheren Sorgfaltspflichten als allgemeine Sorgfaltspflichten berechtigterweise auferlegt werden; demnach kann freilich die rechtliche Einordnung der Ersatzhaftung von reinen Vermögensschäden bestimmt werden. Wenn ferner ein vertragsrechtlicher Anspruch des Geschädigten auf Schadensersatz unter dem Gesichtspunkt seiner ursprünglichen und entwickelten Rechtsnatur anerkannt werden kann, dann

112 Dazu siehe Einleitung B.

113 Wie im Folgenden festgestellt wird, ist der Schutzbereich nach deliktsrechtlichen Vorschriften gleichwohl so beschränkt. Dazu siehe 2. Teil 1. Abschnitt C.

soll der Anspruch, auch wenn sich z. B. die sog. deliktische Generalklausel im gleichen Gesetzbuch befindet, nicht gering geschätzt oder vernachlässigt werden. Schließlich ist von diesem Standpunkt aus im **2. Teil** zu ermitteln und festzulegen, was unter der ursprünglichen und entwickelten Rechtsnatur unter Schutzpflichten verstanden wird.

2. Abschnitt: Die Vertragsfreiheit und ihre Schranken

A. Einführung

Die zwei Aufgaben der Arbeit, in der es um die rechtliche Einordnung und den Umfang der Schadensersatzhaftung aus dem Abbruch von Vertragsverhandlungen geht, stoßen wegen des Prinzips der Vertragsfreiheit in erster Linie auf das Problem, ob sich ein Schadensersatzanspruch sogar aus dem Abbruch von Vertragsverhandlungen ergeben darf. Die Beurteilung, ob eine Pflicht verletzt wird, soll zuallererst unter Betrachtung des Grundsatzes der Privatautonomie sowie insbesondere der Vertragsfreiheit anerkannt werden können. Wie oben im **1. Abschnitt** ausgeführt wird, besteht zudem seit dem klassischen römischen Recht längst das vertragliche Rechtsverhältnis. Vermutlich könnte daher akzeptiert werden, dass sich die Privatautonomie und damit die Vertragsfreiheit neben der Schaffung von „freiwillig selbstbestimmenden" vertraglichen Rechtsverhältnissen in verschiedenen geschichtlichen Phasen befanden; die Privatautonomie wird insbesondere spätestens seit dem 17. Jahrhundert[114] lebendig diskutiert, und die Vertragsfreiheit, die im BGB nicht ausgesprochen wird, sondern bereits vorauszusetzen ist, ist als Erfolg des „politischen und *wirtschaftlichen* Liberalismus" zu verstehen.[115] Die privatrechtlichen Grundsätze, die Privatautonomie, die Vertragsfreiheit und damit auch die Selbstbestimmung[116], welche noch die modernen Rechtsordnungen beherrschen, sind im Bereich des heutigen Privatrechts vor allem durch das Grundgesetz einerseits zu gewährleisten und andererseits zu beschränken.

B. Die gesetzliche Bedeutung der Vertragsfreiheit

Die Vertragsfreiheit ist die Freiheit, bei der jeder Mensch nach freiem Willen durch den Vertragsabschluss mit einem anderen das vertragliche Rechtsverhältnis gestalten kann.[117] Aufgrund der Vertragsfreiheit entscheidet jeder Einzelne grundsätzlich ohne externe Beeinträchtigung eigenverantwortlich, ob und mit

---

114 Raiser, JZ 1958, S. 1, 2; Flume, S. 15.

115 Raiser, JZ 1958, S. 1, 2.

116 Siehe vor allem Flume, S. 17 ff.; Lorenz, S. 17.

117 Palandt-Ellenberger, Einf. v. § 145 Rn. 7. Und auch siehe Jarass/Pieroth, Grundgesetz, Art. 2 Rn. 4; Larenz, Schuldrecht I, S. 41 f.

wem und welchem Inhalt er ein Vertragsverhältnis schaffen wird.[118] In diesem Sinne wird der Vertrag in Bezug auf seine rechtliche Funktion als Hauptform privatautonomer Gestaltung verstanden.[119] Die Vertragsfreiheit spielt jedenfalls eine wichtige Rolle als rechtlicher Grundsatz im Bereich des Privatrechts und ihr liegt dogmatisch die *Privatautonomie* zugrunde.[120] Die rechtliche Bedeutung sowie gesetzliche Grundlage der Vertragsfreiheit gehen somit naturgemäß von der Privatautonomie als ihrer eigenschaftlichen Quelle aus.

Die Privatautonomie, welche als „Selbstbestimmung des Einzelnen im Rechtsleben“[121] gilt, wird gemäß Art. 2 Abs. 1 GG vornehmlich in Bezug auf die wirtschaftliche Sphäre gewährleistet.[122] Als Grundrechte aus dem Art. 2 Abs. 1 GG sind in der Regel erst das Grundrecht auf *allgemeine Handlungsfreiheit* und auf allgemeines Persönlichkeitsrecht anzuerkennen.[123] Die allgemeine Handlungsfreiheit nimmt in dogmatischer Hinsicht Abstand von dem allgemeinen Persönlichkeitsrecht; denn die allgemeine Handlungsfreiheit gilt umfassend und subsidiär als Generalklausel der Freiheitsrechte[124] und dagegen wird das allgemeine Persönlichkeitsrecht durch die einzelnen speziellen Freiheitsrechte konkretisiert[125]. Da aufgrund des Grundrechts auf allgemeine Handlungsfreiheit jede menschliche Handlung erst vor „staatlichen Eingriffen“[126] geschützt wird, bezeichnet sich dieses Grundrecht ebenfalls als „allgemeines Freiheitsrecht“[127]; daher ist es verständlich und akzeptabel, dass dieses Grundrecht grundsätzlich eine Rolle als Blockierungsmittel einer externen ungerechtfertigten Beeinträchtigung spielen kann. Die Privatautonomie und damit die Vertragsfreiheit befinden sich richtig im Schutzbereich dieses Grundrechts auf allgemeine Handlungsfreiheit.[128] In

118 Vgl. Larenz, Schuldrecht I, S. 41 f.; Höfling, S. 3 Fn. 18).

119 Dazu siehe z. B. Flume, S. 12.

120 Der Terminus „Vertragsfreiheit“ werde häufig als Synonym der Privatautonomie verwandt und die Vertragsfreiheit werde aber auch als „Haupterscheinungsform der Privatautonomie“ angesehen. Dazu siehe Flume, S. 12. Und siehe Palandt-Ellenberger, Überbl. v. § 104 Rn. 1.

121 BVerfGE 114, 1, 34; 89, 214, 231; 115, 51, 52 f.; Lorenz, S. 15.

122 Jarass/Pieroth, Grundgesetz, Art. 2 Rn. 4 f.

123 Jarass/Pieroth, Grundgesetz, Art. 2 Rn. 1.

124 Jarass/Pieroth, Grundgesetz, Art. 2 Rn. 2a.

125 Jarass/Pieroth, Grundgesetz, Art. 2 Rn. 38.

126 Jarass/Pieroth, Grundgesetz, Art. 2 Rn. 2.

127 BVerfGE 98, 218, 261; Jarass/Pieroth, Grundgesetz, Art. 2 Rn. 2. Das „allgemeine Freiheitsrecht“, von dem in BVerfGE 63, 45, 60 gesprochen wird, ist folglich als gleichbedeutend zu verstehen.

128 Jarass/Pieroth, Grundgesetz, Art. 2 Rn. 4.

diesem Sinne kann bei einer Vertragsverhandlung im Ergebnis das Selbstgestaltungsrecht eines Rechtsverhältnisses aufgrund der Vertragsfreiheit als „wichtigster Bestandteil der Privatautonomie“[129] geschützt werden. Die Privatautonomie ist im gleichen Kontext ebenfalls in der Literatur als „Teil des allgemeinen Prinzips der Selbstbestimmung des Menschen“[130] zu bezeichnen.

C. Die Inhalte der Vertragsfreiheit

I. Die Abschlussfreiheit

Die Abschlussfreiheit ist die Entscheidungsfreiheit des Einzelnen, ob er erst einen Vertrag abschließen will oder nicht.[131] Hier wird von der positiven und negativen Abschlussfreiheit gesprochen: Die Erstere ist die Freiheit, ein vertragliches Rechtsverhältnis positiv begründen zu können, und die Letztere ist dagegen die Freiheit, durch die Ablehnungserklärung sowohl den Vertragsschluss als auch die dafür weiteren Verhandlungen verweigern zu können.[132] Ob ein vertragliches Rechtsverhältnis begründet werden kann, ist grundsätzlich davon abhängig, wie die positive oder negative Abschlussfreiheit ausgeübt wird. Die Pflichten und Rechte aus einem abgeschlossenen Vertrag werden zudem allein nach den übereinstimmenden Rechtsfolgewillen zwischen den Vertragsparteien, durch die staatliche Zulassung als qualifizierte, privatrechtliche Rechtsnormen einer Rechtsordnung, gewährleistet.[133] Somit können grundsätzlich die vertraglichen Pflichten und Rechte nicht entstehen, es sei denn, von der positiven Abschlussfreiheit wird Gebrauch gemacht oder auf die negative Abschlussfreiheit wird verzichtet.[134] Bei einer Verhandlungsführung kann gleichwohl die Schadensersatzhaftung in Betracht kommen, insofern die negative

---

129 Larenz, Schuldrecht I, S. 41.

130 Flume, S. 1; Palandt-Ellenberger, Überbl. v. § 104 Rn. 1.

131 Medicus/Lorenz, Schuldrecht AT, Rn. 60; Brox/Walker, Schuldrecht AT, S. 30 Rn. 6.

132 Lorenz, S. 17; Staudinger-Bork, Vorbem. zu §§ 145–156 Rn. 13 f.

133 Staudinger-Bork, Vorbem. zu §§ 145–156 Rn. 13.

134 In anderer Hinsicht gehört zur Abschlussfreiheit auch die sog. Vertragspartner- oder Kontrahentenwahlfreiheit: Die wichtigste Zielsetzung eines Vertragsabschlusses liegt vor allem darin, dass beide Vertragsparteien durch den abgeschlossenen Vertrag ein jeweils eigenes Interesse verwirklichen wollen. Dabei richtet sich die Verwirklichung jedes individuellen Interesses nicht nur nach jeglicher eigener Pflichterfüllung, sondern auch danach, wie loyal der Vertragspartner seinen vertraglichen Pflichten nachkommt. Die Frage ist freilich abhängig von der Persönlichkeit sowie den individuellen Umständen jedes Einzelnen. Bei dem Abschluss eines Vertrags ist es daher von großer Bedeutung, wer als Vertragspartner ausgewählt wird. Siehe z. B.

Abschlussfreiheit ausnahmsweise aufgrund des Grundgesetzes sowie den gesetzlichen Regelungen unzulässig ist.[135]

II. Die Gestaltungs- und Formfreiheit

Darüber hinaus kann der Einzelne selbstständig über den vertraglichen Inhalt entscheiden. Dies ist als Gestaltungs- oder Inhaltsfreiheit zu bezeichnen.[136] Die vertraglichen Pflichten und Rechte werden regelmäßig durch die Verhandlungen zwischen beiden potenziellen Vertragsparteien gestaltet und konkretisiert. Der Abschluss eines Vertrags ist somit gemäß § 154 Abs. 1 BGB grundsätzlich nur dann zu begründen, wenn alle wesentlichen Punkte über den angestrebten Vertrag durch die übereinstimmenden Rechtsfolgewillen der Verhandlungsparteien festgelegt werden können. Die Vertragsparteien verfolgen gemeinsam das vertragliche Ziel „auf Grund der Gestaltungsfestlegung des angestrebten Vertrags".

Außerdem ist die Formfreiheit im Zusammenhang mit der Vertragsfreiheit zu nennen. Die Parteien, die einen Vertrag abschließen wollen, sind grundsätzlich an keine Formbedürftigkeit gebunden. Ein Vertrag zwischen beiden Parteien kann mündlich ausreichend abgeschlossen werden, sofern die Übereinstimmung beider Willenserklärungen anerkannt wird.[137]

D. Die Schranken der Vertragsfreiheit

I. Einführung

Obwohl die Vertragsfreiheit grundsätzlich gemäß Art. 2 Abs. 1 GG gewährleistet wird, ist sie nicht unbeschränkt zulässig. Die Vertragsfreiheit kann sich aus dem tatsächlichen Grund oder durch das Gesetz beschränken. Es handelt sich z. B. bei einer Verhandlungsführung tatsächlich um die Gestaltungsfreiheit jeglicher Partei: Bei der Verhandlung eines Vertrags stoßen die zwei vollkommenen Gestaltungsfreiheiten beider Parteien aufeinander, da jede Partei bei der Verhandlungsführung beabsichtigt, ihre Interessen zu maximieren. Hierbei kann das Interesse der einen Partei naturgemäß, abhängig vom Interesse des

---

Fikentscher/Heinemann, Schuldrecht, Rn. 112 ff.; Busche, S. 67 und 129; Staudinger-Bork, Vorbem. zu §§ 145–156 Rn. 8.

135 Darauf eingehend unter D.

136 Flume, S. 12; Brox/Walker, Schuldrecht AT, S. 32 Rn. 12; Fikentscher/Heinemann, Schuldrecht, Rn. 114.

137 Auf die Formbedürftigkeit eines Vertrags eingehend siehe z. B. Brox/Walker, Schuldrecht AT, S. 34 Rn. 16 ff.

Kontrahenten und dem Erfolg von Verhandlungen, eingeschränkt oder ausgedehnt werden. Die Vertragsfreiheit der einen Partei wird folglich durch die Vertragsfreiheit des Kontrahenten kontrolliert oder beschränkt. Darüber hinaus ist die Vertragsfreiheit vor allem durch die verfassungsrechtliche Ordnung bzw. nach positiven Rechtsnormen zu beschränken, und es handelt sich dabei um den sog. *Kontrahierungszwang* und damit den Anspruch auf Schadensersatz.

II. Die gesetzlichen Schranken der Vertragsfreiheit

Zunächst normiert Art. 2 Abs. 1 GG von selbst die Schranken in seinem Inhalt: Jeder Einzelne darf gemäß Art. 2 Abs. 1 GG nicht aufgrund der eigenen Vertragsfreiheit die Rechte eines anderen verletzen, und zugleich darf die Ausübung der Vertragsfreiheit ebenfalls nicht gegen die verfassungsmäßige Ordnung sowie das Sittengesetz verstoßen. Art. 2 Abs. 1 GG ist auch durch die *Subsidiarität* gegenüber anderen Freiheitsrechten gekennzeichnet[138]; mithin spielt Art. 2 Abs. 1 GG insofern keine Hauptrolle, soweit die konkreten Inhalte und Schranken von anderen speziellen Freiheitsrechten bereits im Grundgesetzbuch zu normieren sind.[139] Von der allgemeinen Gewährleistung des Freiheitsrechts aus Art. 2 Abs. 1 GG kann folglich erst durch die anderen grundgesetzlichen Freiheitsrechte gesprochen werden, die z. B. durch Art. 9, 12, 14 Abs. 1, 18 und 21 GG konkretisiert und begrenzt sind.[140] Solche verfassungsrechtlichen Normen schützen vornehmlich unter der sog. *Wesensgehaltsgarantie* im Sinne des Art. 19 Abs. 2 GG die einzelnen Grundrechte.[141]

Das Grundrecht auf Vertragsfreiheit im Sinne des Art. 2 Abs. 1 GG kann sich insbesondere gemäß Art. 19 Abs. 1 GG durch „positives Recht“ *direkt* oder *indirekt* begrenzen. Die direkten Schranken der Vertragsfreiheit befinden sich z. B. im Betriebsverfassungsgesetz (im Folgenden bezeichnet als „BetrVG“) und Bundespersonalvertretungsgesetz (im Folgenden bezeichnet als „BPersVG“): Ein unbefristetes Arbeitsverhältnis zwischen dem Auszubildenden und dem Arbeitgeber gilt gemäß § 78a Abs. 2 BetrVG sowie § 9 Abs. 2 BPersVG aufgrund des innerhalb der letzten drei Monate vor Beendigung des Berufsausbildungsverhältnisses schriftlich vorgelegten Verlangens eines in Abs. 1 jeglicher Vorschrift genannten Auszubildenden nach der Weiterbeschäftigung „unabhängig von dem

138 Jarass/Pieroth, Grundgesetz, Art. 2 Abs. 1 Rn. 2a.

139 Jarass/Pieroth, Grundgesetz, Art. 2 Abs. 1 Rn. 2a.

140 Jarass/Pieroth, Grundgesetz, Art. 2 Abs. 1 Rn. 2 f. bzw. 17 ff.

141 Siehe Lorenz, S. 20.

Willen des Arbeitgebers"[142] als begründet. Die beiden Vorschriften sind als sog. unmittelbarer Kontrahierungszwang zu verstehen.[143] Dagegen gehört der sog. mittelbare Kontrahierungszwang zur indirekten Schranke, und hierbei handelt es sich um z. B. diejenige Schadensersatzhaftung aus dem Abbruch von Vertragsverhandlungen, die gemäß § 280 Abs. 1 BGB in Verbindung mit §§ 311 Abs. 2 Nr. 1, 241 Abs. 2, 276, 249 und 284 BGB im Rahmen des Privatrechts anerkannt und im Ergebnis als indirekte Schranke oder mittelbarer Kontrahierungszwang der Vertragsfreiheit verstanden wird[144]. Bei direkter oder indirekter Schranke der Vertragsfreiheit darf allerdings der Wesensgehalt der Vertragsfreiheit nach Art. 19 Abs. 2 GG nicht beeinträchtigt werden.[145]

III. Der Kontrahierungszwang

1. Die Legitimationsgründe

Bestimmt werde der Begriff des Kontrahierungszwangs nach der Definition *Nipperdeys* wie folgt: Der Kontrahierungszwang ist „die auf Grund einer Norm der Rechtsordnung einem Rechtssubjekt ohne seine Willensbildung im Interesse eines Begünstigten auferlegte Verpflichtung, mit diesem einen Vertrag bestimmten oder von *unparteiischer Seite* zu bestimmenden Inhalt abzuschließen"[146]. Als Grund, warum der Kontrahierungszwang im Rahmen der Privatrechtsordnung anerkannt werden soll, wird im Allgemeinen von dem Ausgleich eines *Machtungleichgewichts*[147] zwischen den Rechtssubjekten und dem ihr zugrundeliegenden *Sozialstaatsprinzip*[148] gesprochen.

Die Funktion des Staats bezüglich der Vertragsfreiheit liegt grundsätzlich darin, dass hinsichtlich der Interessen beider Parteien der bereits ausgeglichene

---

142 Däubler-Bachner, BetrVG, § 78a Rn. 18.

143 Zu sonstigen Vorschriften zusammenfassend siehe z. B. Staudinger-Bork, Vorbem. zu §§ 145–156 Rn. 17.

144 Dazu siehe III. Aber ablehnend siehe v. Bar, JuS 1982, S. 637, 639. Nach v. Bar ist es problematisch, unter dem Gesichtspunkt des Vertragsrechts die Verweigerung des Abschlusses des angestrebten Vertrags durch die partielle Korrektur des § 145 BGB eine Einstandspflicht des Vertrauensschadens und demnach einen mittelbaren Kontrahierungszwang herbeizuführen.

145 Diese eingeschränkte Beeinträchtigung der Vertragsfreiheit hat gleichzeitig nach der Verhältnismäßigkeit zu erfolgen. Dazu siehe Jarass/Pieroth, Grundgesetz, Art. 2 Abs. 1 Rn. 21.

146 Nipperdey, S. 7.

147 Staudinger-Bork, Vorbem. zu §§ 145–156 Rn. 15.

148 Fitting, BetrVG, § 78a Rn. 2.

und übereinstimmende Vertragsinhalt zu respektieren und zugleich das Grundrecht jedes Einzelnen zu gewährleisten ist und vor Verletzung des anderen Teils schützt.[149] Der Schutz des Rechts, jede Vertragspartei anhand des eigenen Interesses vor dem Zustandekommen eines Vertrags jederzeit nach dem eigenen freien Willen die Verhandlungsführung abbrechen oder den Vertragsschluss verweigern zu können, gehört ebenfalls zur staatlichen Funktion *(= staatliche Gewährleistung der negativen Abschlussfreiheit).* Somit kann die Anerkennung des Kontrahierungszwangs grundsätzlich ein grundlos staatlicher Eingriff in die Vertragsfreiheit sein. Hierbei müssen gleichwohl die Gesamtheit[150] sowie der Gemeinnutz, den beiden Vorstellungen ursprünglich das Sozialstaatprinzip[151] zugrunde liegt, in Betracht kommen. Soweit z. B. eine schwächere Seite und ein anderer stärkerer Partner vor der Entstehung eines Rechtsverhältnisses bereits auf dem wirtschaftlichen oder sozialen Machtungleichgewicht stehen, so kann sich die schwächere Seite bei dem Gestaltungsvorgang des Rechtsverhältnisses mit demjenigen stärkeren Partner wegen des Machtungleichgewichts nicht umhin entmutigen lassen. Wenn dabei dieses Machtungleichgewicht zwangsweise nicht ausgeglichen wird und im Ergebnis allein die Vertragsfreiheit des stärkeren Partners gemäß Art. 2 Abs. 1 GG geschützt werden soll, so kann insofern vielmehr das bestehende Recht oder Interesse der schwächeren Seite schwerwiegend verletzt werden. Diese Folge muss im Hinblick auf die *Verwirklichung der gemeinsamen Gerechtigkeit*[152] selbstverständlich als ungerechtfertigt bewertet werden. Aus diesem Grund bedarf es der angemessenen, durch positives Recht beschränkten Beeinträchtigung des Staats: Ihre Erscheinungsformen sind der „unmittelbare und mittelbare Kontrahierungszwang", und damit kommt unter dem Gesichtspunkt des staatlichen Schutzes des wirtschaftlichen Grundrechts vor dem Eingriff des anderen Teils, die Schadensersatzhaftung in Betracht; wie im Folgenden in **2 und 3** dargelegt wird, bedarf es jedoch bei mittelbarem Kontrahierungszwang berechtigterweise der zusätzlichen Betrachtungspunkte, anders als bei unmittelbarem Kontrahierungszwang.

---

149 Siehe BVerfGE 103, 89, 100; 114, 1, 34.

150 Nipperdey, S. 2.

151 Fitting, BetrVG, § 78a Rn. 2.

152 Zum Verhältnis von Vertragsfreiheit und Gerechtigkeit siehe vor allem Canaris, FS Lerche, S. 873, 881 ff.

2. *Der unmittelbare und mittelbare Kontrahierungszwang*

a) *Unmittelbarer Kontrahierungszwang*

Zur Bejahung des Kontrahierungszwangs ist vor allem die rechtliche Grundlage notwendig, da dabei sonst die Vertragsfreiheit als Grundrecht durch den Kontrahierungszwang positiv verletzt werden kann. Wie im obigen **II** genannt wird, ist dies erst im Art. 19 Abs. 1 GG geregelt; die Vertragsfreiheit als Grundrecht kann sich gemäß Art. 19 Abs. 1 GG durch das Einzelgesetz begrenzen. Dieses Einzelgesetz darf jedoch gemäß Art. 19 Abs. 2 GG nicht den Wesensgehalt der Vertragsfreiheit beeinträchtigen. Die beiden Aufgaben sind in der Regel dem Gesetzgeber aufzuerlegen, weil bei der Gesetzgebung der Gesetzgeber an Art. 1 Abs. 3 GG gebunden wird. Dabei hat der Gesetzgeber zugleich den Verhältnismäßigkeitsgrundsatz zu befolgen.[153] Aus diesem Grund kann der unmittelbare Kontrahierungszwang, soweit er bereits vom Gesetzgeber im Gesetzbuch verankert wurde, aufgrund dieses positiven Rechts unproblematisch anerkannt werden. Beim Kontrahierungszwang handelt es sich daher hauptsächlich um den *mittelbaren* Kontrahierungszwang.

b) *Mittelbarer Kontrahierungszwang*

Wie z. B. in § 78a Abs. 2 BetrVG und § 9 Abs. 2 BPersVG geregelt ist, kann durch die einzelnen gesetzlichen Anordnungen mit Gültigkeit des unmittelbaren Kontrahierungszwangs ein Rechtsverhältnis zwischen den Beteiligten oder zumindest eine dazu gesetzlich geregelte Ermächtigung unter bestimmten Voraussetzungen[154] entstehen. Problematisch ist es jedoch, ohne diese direkte Gesetzesregelung die zwanghafte Entstehung eines Rechtsverhältnisses oder eine gesetzliche Ermächtigung zu genehmigen. Hierbei handelt es sich um den mittelbaren Kontrahierungszwang.

Den mittelbaren Kontrahierungszwang entwickelte die Rechtsprechung eigentlich für den Anwendungsbereich des § 826 BGB[155], d. h., der mittelbare Kontrahierungszwang ist zunächst an das Deliktsrecht anzuknüpfen: Aus dem Deliktsrecht ergibt sich dann die zwanghafte Abschlusspflicht des Schädigers, wenn die Verweigerung des Vertragsabschlusses als unerlaubte Handlung zu

---

153 Zur Schranke des Eingriffs in die Vertragsfreiheit siehe Canaris, FS Lerche, S. 873, 878 ff.

154 Däubler-Bachner, BetrVG, § 78a Rn. 17; Ilbertz, § 9 Rn. 11.

155 Palandt-Ellenberger, Einf. v. § 145 Rn. 9; Loewenheim, Kartellrecht, § 20 Rn. 3. Zum allgemeinen Kontrahierungszwang aus § 826 BGB vor allem siehe Nipperdey, S. 53 ff.

bewerten ist.[156] Obwohl heute insbesondere im Rahmen des Rechtsverhältnisses zwischen den Unternehmern das Kartellrecht fast die Anwendbarkeit des § 826 BGB unterdrückt[157], ist es überzeugend, dass die privatrechtliche Bedeutung des mittelbaren Kontrahierungszwangs in Bezug auf das verbotene Verhalten im Sinne des § 20 Abs. 1 und 2 GWB in Verbindung mit § 33 Abs. 3 GWB erfasst werden kann.[158] Die Vorschriften des § 20 Abs. 1 und Ab. 2 GWB, in denen es um das Diskriminierungsverbot geht, unterliegen erst dem Ausgleichsgedanken des wirtschaftlichen Machtungleichgewichts zwischen den am Markt beteiligten Unternehmern[159], und dabei handelt es sich insbesondere um den Schutz derjenigen kleinen oder mittleren Unternehmen, die relativ abhängig von anderen Unternehmen sind[160]. Da § 20 Abs. 1 und 2 GWB zweifellos für ein Schutzgesetz im Sinne des § 33 Abs. 1 GWB gehalten wird[161], liegt dem Schadensersatzanspruch, der durch den Verstoß gegen das Diskriminierungsverbot im Sinne des § 20 Abs. 1 und 2 GWB entsteht, die Vorschrift des § 33 Abs. 3 GWB zugrunde. Die zwanghafte Abschlusspflicht als Inhalt des Schadensersatzanspruchs kommt dabei zuerst in Betracht, weil hier der Schadensersatzanspruch prinzipiell auf dem Grundsatz der Naturalrestitution im Sinne des § 249 BGB beruht[162]; zu beachten ist jedoch, dass die persönliche Reichweite des § 20 Abs. 1 und 2 GWB sich nur auf den in derselben Vorschrift genannten Normadressatenkreis beschränkt.[163] Somit kann der mittelbare Kontrahierungszwang dann als Rechtsfolge anerkannt werden, wenn es sich erstens um ein Rechtsverhältnis zwischen den in § 20 Abs. 1 und 2 GWB genannten Unternehmern als Normadressaten handelt und zweitens der eine Unternehmer mit relativer oder überlegener Marktmacht gegen das Diskriminierungsverbot im Sinne des § 20 Abs. 1 und 2 GWB verstößt und zugleich diejenige Diskriminierung in der Ablehnung eines Vertrags besteht und sich drittens daraus der Schadensersatzanspruch ergibt. Die

---

156 Palandt-Ellenberger, Einf. v. § 145 Rn. 9.

157 Palandt-Ellenberger, Einf. v. § 145 Rn. 9. Bei dem Fall des in § 20 GWB geregelten, verbotenen Verhaltens hat daher § 20 GWB in Verbindung mit § 33 GWB den Vorrang vor § 826 BGB.

158 Siehe z. B. Palandt-Ellenberger, Einf. v. § 145 Rn. 9; Staudinger-Bork, Vorbem. zu §§ 145–156 Rn. 18 f.

159 Loewenheim, Kartellrecht, § 20 Rn. 1.

160 Loewenheim, Kartellrecht, § 20 Rn. 19 f.

161 BGHZ 36, 91, 100; 49, 90, 98; Loewenheim, Kartellrecht, § 20 Rn. 106; Staudinger-Bork, Vorbem. zu §§ 145–156 Rn. 19.

162 BGHZ 107, 273, 279; 36, 91, 100; 49, 90, 98; BGH NJW 1976, 801, 802.

163 Loewenheim, Kartellrecht, § 20 Rn. 2 und 59.

Rechtsnatur des mittelbaren Kontrahierungszwangs wird mithin als Schadensersatzanspruch verstanden[164], obgleich es nach wie vor umstritten ist; da dort der Ursprung des mittelbaren Kontrahierungszwangs im Deliktsrecht liegt, finden §§ 823 ff. BGB und §§ 249 ff. BGB und insbesondere § 254 BGB Anwendung.[165]

Durchzusetzen ist nach dem Diskriminierungsverbot im Sinne des § 20 Abs. 1 und 2 GWB und dem sich aus dessen Verstoß ergebenden Schadensersatzanspruch im Sinne des § 33 Abs. 3 GWB *(= kraft des mittelbaren Kontrahierungszwangs)* die Zielsetzung dahin gehend, dass ein fairer Wettbewerb im Markt vor dem Machtmissbrauch eines relativen oder überlegenen Unternehmers geschützt und endgültig die gerechtfertigte Marktordnung begründet werden soll. Vor diesem Hintergrund kommt es infrage, ob das Gleiche auch für den Fall des Abbruchs von Vertragsverhandlungen gelten kann.

3. Die Beschränkung der Vertragsfreiheit im BGB

Aufgrund der Definition *Nipperdeys* und des Falles vom Diskriminierungsverbot können erst die zwei folgenden Kernpunkte hergestellt werden: Im ersten Kernpunkt geht es ausdrücklich darum, dass der unmittelbare Kontrahierungszwang grundsätzlich nur dann anerkannt werden kann, wenn bereits ein schwerwiegendes Machtungleichgewicht zwischen dem Anbieter und dem Nachfrager besteht[166] und eine entsprechende Norm der Rechtsordnung gleichzeitig den Ausgleich dieses Machtungleichgewichts regelt[167]; im zweiten Kernpunkt geht es in Anlehnung an die stillschweigende und angemessene Vermutung darum, dass der Kontrahierungszwang *mittelbar* dann anzuerkennen ist, wenn bei einer Verhandlungsführung die Ausübung der Vertragsfreiheit der einen Partei die Rechtsgüter der anderen Partei verletzt und als Ergebnis Schaden entsteht.

Bei vorliegendem Fall, der im Rahmen der zivilrechtlichen Rechtsnorm in Betracht kommt, dehnt sich somit erst der Bereich von Normadressaten auf diejenigen Personen aus, welche die Verhandlung eines Vertrags führen. Ferner ist zu verstehen, dass das Machtungleichgewicht zwischen den Beteiligten im vorliegenden Fall kein notwendiges Merkmal zur Anerkennung des mittelbaren Kontrahierungszwangs darstellt; der mittelbare Kontrahierungszwang kann gleichwohl insofern anerkannt werden, dass das Grundrecht auf Vertragsfreiheit der einen Partei vor dem Zustandekommen des angestrebten Vertrags

---

164 Staudinger-Bork, Vorbem. zu §§ 145–156 Rn. 20.
165 Loewenheim, Kartellrecht, § 20 Rn. 39.
166 Staudinger-Bork, Vorbem. zu §§ 145–156 Rn. 15.
167 Siehe Nipperdey, S. 8.

„ohne triftigen Grund“ ausgeübt wird und dadurch das Rechtsgut der anderen Partei verletzt und endgültig der Schaden verursacht wird; diese Ausübung des Grundrechts auf Vertragsfreiheit ohne triftigen Grund stellt die Verweigerung der Weiterverhandlungen oder des Abschlusses des angestrebten Vertrags dar. Wie im folgenden **3. Teil 1. Abschnitt B II 2 b) i)** dargelegt wird, setzt zwar die Schadensersatzhaftung aus dem Abbruch von Vertragsverhandlungen ohne triftigen Grund unter dogmatischem Gesichtspunkt freilich die Aufklärungspflicht voraus; daher muss die eine Partei, die einseitig diejenigen Informationen beherrscht oder diejenigen Umstände kennt oder kennen muss, die das Selbstbestimmungsrecht der anderen Partei beeinflussen können, der anderen Partei die Informationen oder Umstände „rechtzeitig“ erteilen; anderenfalls hat das zur Folge, dass die Ausübung der Vertragsfreiheit der einen Partei in das Grundrecht auf Selbstbestimmung sowie das Vermögen der anderen Partei eingreift.[168] Dieses Verständnis im Zusammenhang mit dem vorliegendem Fall kann aber auch unter der Betrachtung der Rechtsnatur des mittelbaren Kontrahierungszwangs zugestimmt werden: „Eine etwa begründete Verpflichtung zum Ersatz des Vertrauensschadens kann einem indirekten Zwang zum Vertragsabschluss nahekommen“[169]; insofern ist es ebenfalls problematisch, dass der Anspruch auf Abschluss des angestrebten Vertrags als positives Interesse anerkannt werden kann. Hierbei kommt der Fall in Betracht, in dem alle wesentlichen Punkte des angestrebten Vertrags bereits ausgehandelt wurden und im Ergebnis der Abschluss des Vertrags nur als Formsache anzusehen ist; dies ist eingehend im folgenden **3. Teil 2. Abschnitt B II 3** darzulegen.

Da im Übrigen die allgemeinen schadensrechtlichen Vorschriften des BGB im Fall des Diskriminierungsverbotes Anwendung finden, ist die rechtliche Eigenschaft dieses Schadensersatzanspruchs in Deliktshaftung einzuordnen.[170] Zweifelhaft ist jedoch, dass der Schadensersatzanspruch aus § 33 Abs. 3 GWB in Verbindung mit § 20 Abs. 2 GWB nur durch deliktischen Charakter qualifiziert wird: Die rechtliche Funktion des § 20 Abs. 2 GWB als mittelbarer Kontrahierungszwang liegt im Ausgleich der Gerechtigkeit, und die Abschlusspflicht im Sinne des § 20 Abs. 2 GWB nimmt gleichwertig Abstand von allgemeinen Sorgfaltspflichten. Die Antwort auf die Frage, in welche Haftung der Schadensersatzanspruch aus dem Abbruch von Vertragsverhandlungen einzuordnen ist, richtet

168 Wenn trotz des Bestehens des triftigen Grundes die Aufklärung dazu nicht rechtzeitig erteilt wird, so kann der Schadensersatzanspruch im Rahmen des negativen Interesses anerkannt werden. Dazu siehe 3. Teil 2. Abschnitt.

169 DStR 2001, 802; aber auch WM 1996, 1728.

170 Loewenheim, Kartellrecht, § 20 Rn. 39.

sich sowohl nach dem Ausgleich der Gerechtigkeit als auch nach der Sonderverbindung zwischen den Beteiligten nach geltendem Recht. Dies ist im folgenden **2. Teil** offensichtlich festzustellen.

E. Resümee

Der Grundsatz der Vertragsfreiheit und ihre Schranken sind wie folgt zusammengefasst: Neben dem Bestehen des vertraglichen Rechtsverhältnisses befindet sich bereits in längeren geschichtlichen Phasen die Vertragsfreiheit, deren Erscheinungsformen die Abschluss-, Gestaltungs- und Formfreiheit darstellen. Das Grundrecht auf Vertragsfreiheit in heutiger Rechtsordnung ist vor allem durch das Grundgesetz garantiert, und dasselbe Grundrecht ist gleichwohl nicht unbeschränkt zulässig. Die konkrete Erscheinungsform der Beschränkung der Vertragsfreiheit ist der Kontrahierungszwang, welcher sich wiederum in unmittelbaren und mittelbaren Kontrahierungszwang unterteilt. Um den Kontrahierungszwang anzuerkennen, bedarf es grundsätzlich entweder einer entsprechenden unmittelbaren oder mittelbaren Rechtsnorm, wie z. B. die einzelne verfassungsrechtliche Regelung oder positives Recht; hierbei werden insbesondere die Vorschriften über den Schadensersatz berechtigterweise für die Rechtsnorm zum mittelbaren Kontrahierungszwang gehalten. Im Privatrecht kann folglich ein Schadensersatzanspruch als Rechtsfolge des mittelbaren Kontrahierungszwangs aus dem Abbruch von Vertragsverhandlungen insofern anerkannt werden, soweit die Ausübung der Vertragsfreiheit der einen Partei „ohne triftigen Grund" über ihre Schranken hinausgeht und gleichzeitig der sich daraus ergebende Schaden anerkannt wird; dabei ist ebenfalls problematisch, ob der Anspruch auf Abschluss des angestrebten Vertrags anzuerkennen ist.

2. Teil: Die rechtliche Einordnung der Schadensersatzhaftung aus dem Abbruch von Vertragsverhandlungen

Einleitung

In diesem Teil geht es um die Feststellung der rechtlichen Einordnung der Schadensersatzhaftung aus dem Abbruch von Vertragsverhandlungen. Dafür müssen zunächst die Pflichten aus einem Schuldverhältnis von sog. allgemeinen Sorgfaltspflichten abgegrenzt werden. Ferner muss der Schuldbegriff von dem Haftungsbegriff unterschieden werden.

Unter dem Schuldbegriff werden erst das Verpflichtetsein, die Verbindlichkeit, die Leistungspflicht oder das Leistungssollen verstanden.[171] Der Verpflichtete hat gegenüber der anderen Partei seine Pflichten aus dem jeweiligen Schuldverhältnis zu erfüllen oder zu beachten. Diese Pflicht kennzeichnet essentiell die relative Beziehung zwischen bestimmten Beteiligten. Eine vertragsrechtliche Haftung lässt sich schließlich durch die Verletzung dieser Pflicht verursachen. Abzugrenzen sind jedoch die Pflichten aus einem Schuldverhältnis von denjenigen Pflichten, die sich als allgemeine Sorgfaltspflichten bezeichnen. Die allgemeine Sorgfaltspflicht wird anders als bei dem Schuldverhältnis „Jedermann aus dem Publikum" auferlegt. Eine deliktsrechtliche Haftung lässt sich durch die Verletzung allgemeiner Sorgfaltspflicht herbeiführen.

Die Haftung ermöglicht hingegen, einen Schadensersatz zu verlangen, wenn der Verpflichtete seinen Pflichten aus einem Schuldverhältnis nicht entsprechend nachkommt und demnach die Pflichtverletzung des Schuldners durch das Endurteil des Gerichts festgesetzt wird.[172] Aus diesem Grund bezeichnet *Medicus* die Haftung als „Schatten der Schuld".[173] Eine Schadensersatzhaftung lässt sich aber auch durch die Verletzung einer allgemeinen Sorgfaltspflicht herbeiführen. Eine Haftung setzt immer bestimmte Pflichten voraus. Die rechtliche Einordnung von Rechtsfolgen der Haftung *de lege lata* richtet sich daher endgültig nach der Eigenschaft von auferlegten Pflichten; wie im **1. Teil 1. Abschnitt** dargelegt wird, ist das dichotomische Haftungssystem schließlich in „Vertrags- und Deliktshaftung" oder in „außerdeliktische und deliktische Haftung" eingeteilt.

Beim Vertragsrecht ist erst gemäß § 311 Abs. 1 BGB „zur Begründung eines Schuldverhältnisses durch Rechtsgeschäft" (sowie zur Änderung des Inhalts eines Schuldverhältnisses) ein „Vertrag" zwischen den Beteiligten erforderlich, soweit nicht das Gesetz ein anderes vorschreibt. Der Gläubiger kann gemäß § 241

171 Borx/Walker, Allgemeines Schuldrecht, S. 14 Rn. 19.

172 MünchKomm-Ernst, 7. Aufl., Einleitung §§ 241–432 Rn. 31 ff.

173 Medicus/Lorenz, Schulrecht AT, Rn. 19.

Abs. 1 BGB berechtigterweise kraft des Schuldverhältnisses vom Schuldner eine Leistung fordern. Mit der Schuldrechtsmodernisierung 2002 kann ebenfalls gemäß § 241 Abs. 2 BGB das Schuldverhältnis nach seinem Inhalt jeden Teil zur Rücksicht auf die Rechte, Rechtsgüter und Interessen des anderen Teils verpflichten, und dabei bezeichnen sich die Pflichten als sog. Schutzpflichten *(= Rücksichtnahmepflichten)*. Die einzelnen Entstehungsgründe dieses Schuldverhältnisses im weiteren Sinne sind *„zusätzlich"* in § 311 Abs. 2 BGB geregelt. Eine vertragsrechtliche Schadensersatzhaftung wird gemäß § 280 Abs. 1 BGB dann anerkannt, wenn der Schuldner eine Pflicht aus jedem Schuldverhältnis verletzt.[174] Hierbei geht es in dieser vertragsrechtlichen Schadensersatzhaftung um die sog. „Sekundärpflichten" aus dem Schadensersatzschuldverhältnis, die sich daraus ergeben, dass die Leistungspflicht *(= Primärpflicht)* sowie die Schutzpflichten *(= Rücksichtnahmepflichten)* aus jedem Schuldverhältnis verletzt werden; somit kann davon gesprochen werden, dass eine „vertragsrechtliche *(= außerdeliktische)* Schadensersatzhaftung" einerseits die vertragliche Pflicht aus rechtsgeschäftlichem Schuldverhältnis, andererseits die vertragsähnliche Pflicht aus rechtsgeschäftsähnlichem Schuldverhältnis zwischen bestimmten Beteiligten voraussetzt.

Beim Deliktsrecht dagegen kann erst dann eine Schadensersatzhaftung gemäß § 823 Abs. 1 BGB entstehen, wenn durch vorsätzliche oder fahrlässige Handlung das Leben, der Körper, die Gesundheit, die Freiheit, das Eigentum oder ein sonstiges Recht eines anderen widerrechtlich verletzt werden. Sie kann ebenfalls gemäß § 823 Abs. 2 BGB dann anerkannt werden, wenn jemand gegen ein den Schutz eines anderen bezweckendes Gesetz verstößt. Außerdem kann sie gemäß § 826 BGB dann entstehen, wenn ein Schaden durch vorsätzliches Verhalten in einer gegen die guten Sitten verstoßenden Weise verursacht wird. Diese deliktsrechtliche Schadensersatzhaftung setzt anders als die vertragsrechtliche Schadensersatzhaftung, zur Entstehung einer Schadensersatzpflicht kein rechtsgeschäftliches oder rechtsgeschäftsähnliches Schuldverhältnis zwischen bestimmten Personen voraus. Bei der Deliktshaftung bedarf es in der Regel einer allgemeinen Sorgfaltspflicht, durch deren Verletzung sich eine deliktsrechtliche Schadensersatzhaftung herbeiführen lässt. Somit wird ein deliktsrechtliches Schadensersatzschuldverhältnis zwischen bestimmten Beteiligten erst ausgestaltet, wenn ein Schaden durch unerlaubte Handlung ausgelöst wird. Die

174 BGH ZIP 2011, 2026, Rn. 13.

Deliktshaftung beruht ursprünglich nicht auf der Schuld, sondern allein auf der „Verletzung von Verhaltensregeln“[175].

Der Fall des „Abbruchs von Vertragsverhandlungen“ gehört zum Unterfall aus dem vorvertraglichen Stadium. Bei vorliegendem Fall handelt es sich vor allem um den Ersatz von reinen Vermögensschäden. Wie in der „Einleitung“ der Arbeit erwähnt wird, können die reinen Vermögensschäden aus dem Abbruch von Vertragsverhandlungen, z. B. in Deutschland von dem Rechtsinstitut der culpa in contrahendo im Vertragsrecht oder teilweise von dem Deliktsrecht reguliert werden, in Korea hingegen nur im Rahmen des Deliktsrechts.[176] Obwohl diese reinen Vermögensschäden bei beiden staatlichen Haftungssystemen voneinander abweichend behandelt werden, setzen die beiden Haftungssysteme zugleich diejenigen „Schutzpflichten“ als ‚*die zu beachtenden Pflichten* im vorvertraglichen Stadium‘ voraus, die in beiden Staaten in der Regel auf den Schutz des *negativen Interesses* oder des Erhaltungsinteresses *(= Integritätsinteresses)* zielen; unter dem Gesichtspunkt des Erhaltungsinteresses *(= Integritätsinteresses)* können die Schutzpflichten insbesondere im vertragsrechtlichen oder deliktsrechtlichen Bereich eingeordnet werden; hierbei ist eine Grenzziehung zwischen den im vertragsrechtlichen Bereich in Betracht kommenden, erhöhten Schutzpflichten und den im deliktsrechtlichen Bereich zu beachtenden, allgemeinen Schutzpflichten „notwendig“.[177]

Im Folgenden geht es im Zusammenhang mit reinen Vermögensschäden erstens darum, ob und in welchem Grad das geltende Deliktsrecht auf den Fall des Abbruchs von Vertragsverhandlungen anwendbar ist (**1. Abschnitt**), und zweitens um den Grund, warum deliktsrechtliche Regelungen im vorliegendem Fall keine allgemeine Anwendung finden, und drittens um den Grund, warum die erhöhten Schutzpflichten *(= die erhöhten Sorgfaltspflichten)* den Parteien von Vertragsverhandlungen auferlegt werden sollen (**2. Abschnitt**). Nachdem diese Fragen klargestellt sind, werden im Fall des Abbruchs von Vertragsverhandlungen die Tatbestände zur Entstehung des Schadensersatzanspruchs und der Umfang der Schadensersatzhaftung *de lege lata* festgestellt (**3. Teil**).

---

175 Kötz/Wagner, Deliktsrecht, Rn. 10.

176 Siehe Einleitung B.

177 Gesprochen wird davon, warum das Rechtsinstitut der culpa in contrahendo in Deutschland entwickelt wurde. Der Grund liegt darin, dass das BGB keine Generalklausel über die Deliktshaftung kennt. Dieser Standpunkt erscheint jedoch in heutiger Dogmatik nicht plausibel. Zur kritischen Auffassung über die culpa in contrahendo und weiterer Kritik daran siehe 1. Abschnitt C II 2 a) iii).

1. Abschnitt: Die Anwendbarkeit des Deliktsrechts

A. Einführung

Bei dem Fall des Abbruchs von Vertragsverhandlungen entsteht grundsätzlich aufgrund des Prinzips der Vertragsfreiheit kein Schadensersatzanspruch. Ein Schadensersatzanspruch kann jedoch ausnahmsweise unter bestimmten Voraussetzungen[178] anerkannt werden; hierbei ist dieser naturgemäß an mittelbaren Kontrahierungszwang anzuknüpfen. Wie im **1. Teil 2. Abschnitt D III 2 b)** erwähnt wird, entwickelte sich der mittelbare Kontrahierungszwang für den Anwendungsbereich des § 826 BGB. Die Vorschrift des § 826 BGB wird für die typische deliktische Vorschrift zusammen mit § 823 Abs. 1 und 2 BGB gehalten.[179] Vor diesem Hintergrund kommt daher zunächst infrage, ob die deliktsrechtlichen Vorschriften auf den Fall des Abbruchs von Vertragsverhandlungen anwendbar sind. Die Frage kann abhängig davon aufgelöst werden, ob die Schutzpflicht, die bei dem Fall des Abbruchs von Vertragsverhandlungen in Betracht kommt, als deliktsrechtliche allgemeine Sorgfaltspflicht qualifiziert wird und damit trotz der Abwesenheit der deliktischen Generalklausel eine Verpflichtung zum Ersatz des reinen Vermögensschadens aus dem Abbruch von Vertragsverhandlungen im deliktsrechtlichen Schutzbereich anerkannt wird; die Lösung geht endgültig von der historischen Entwicklung des Deliktsrechts und dem im BGB geregelten deliktsrechtlichen Schutzbereich aus.

B. Die Grundlegung des Deliktsrechts

I. Die Bedeutung des Deliktsrechts

Das Deliktsrecht gilt bekanntlich insbesondere im Rahmen des Haftungsrechts als wichtigste Rechtsnorm zusammen mit dem Vertragsrecht; es richtet sich im Bereich des Schadensersatzrechts grundsätzlich auf den Ausgleich eines Schadens[180], der durch die Verletzung von den bereits zwischen unbestimmten Menschen

178 Dazu siehe 3. Teil 1. Abschnitt B.

179 Kötz/Wagner, Deliktsrecht, Rn. 250.

180 Auf die Ausgleichsfunktion und damit Präventions- und Straffunktion des Deliktsrechts eingehend siehe MünchKomm-Wagner, 6. Aufl., Vor § 823 Rn. 38 ff.; Kötz/Wagner, Deliktsrecht, Rn. 56 ff.

bestehenden Pflichten entsteht. Hierbei beruhen diese bereits bestehenden Pflichten nicht auf vertraglichen oder vertragsähnlichen Grundlagen, insbesondere wie in § 241 BGB in Verbindung mit § 311 BGB; insofern bezeichnen sich diese bereits bestehenden Pflichten und die sich aus deren Verletzung ergebende Haftung als allgemeine Sorgfaltspflicht und als „Jedermann-Haftung", d. h., zur Entstehung einer Deliktshaftung ist keine vorherige „Schuld", sprich keine Sonderverbindung[181] zwischen bestimmten Personen vorauszusetzen. Die deliktischen Rechtsfolgen treten nach den in §§ 823 ff. BGB geregelten Gesetzesbestimmungen ein.

Die Deliktshaftung wird in „begrifflicher" Hinsicht und im Hinblick auf die Haftungstatbestände bekanntermaßen von der Gefährdungshaftung abgegrenzt. Bei dieser Abgrenzung handelt es sich um den Zurechnungsgrund[182] als Haftungstatbestand. Nach den herrschenden Ansichten[183] ist die Gefährdungshaftung anders als bei der Deliktshaftung unabhängig von der Rechtswidrigkeit anzuerkennen: Nach diesen Ansichten bezieht sich die Rechtswidrigkeit begrifflich nicht auf das Erfolgsunrecht (oder Schutzbereichsunrecht), sondern auf das Handlungsunrecht; von diesem Standpunkt aus wird daher die Rechtswidrigkeit eines Verhaltens in der Regel bei dem Verstoß von Sorgfaltspflichten anerkannt.[184] Die Gefährdungshaftung stellt jedoch keinen solchen Fall dar; ihr Zurechnungsgrund liegt anders als z. B. bei § 823 Abs. 1 BGB nicht im Sorgfaltspflichtverstoß des Ersatzpflichtigen, sondern darin, dass er bei der Kontrolle und Leitung der Gefahrquelle (z. B. der technischen Anlage) „ein sog. besonderes Schadensrisiko"[185]geschaffen hat. Die Gefährdungshaftung ist aus diesem Grund

181 Auf die Sonderverbindung *(= Sonderbeziehung)* eingehend unter 2. Abschnitt C II.

182 Nach Auffassung von Canaris ist der Zurechnungsgrund von dem Haftungsgrund abzugrenzen, und die Gefährdungshaftung wird seiner Auffassung nach dem Haftungsgrund zugeordnet; dazu siehe Canaris, Vertrauenshaftung, S. 469 f. und anschließend F. 7).

183 Dazu siehe z. B. Larenz/Canaris, Schuldrecht II/2, § 84 I 3 a), S. 610; Kötz/Wagner, Deliktsrecht, Rn. 491; Fuchs, S. 233; Deutsch, Rn. 644; und damit auch BGHZ 34, 355, 361=NJW 1961, 655, 657; BGHZ 105, 65, 68=NJW 1988, 3019. Nach anderer Auffassung, welche die Rechtswidrigkeit als rechtswidriger Erfolg versteht, könne hingegen „die Rechtswidrigkeit im Bereich der unerlaubten Handlungen nicht unterschiedlich beantwortet werden", dazu siehe BGHZ 117, 110, 111=NJW 1992, 1389.

184 MünchKomm-Wagner, 6. Aufl., Vor § 823 Rn. 19 f. Dass die Rechtswidrigkeit sich auf das Handlungsunrecht bezieht, hat ebenfalls eine wichtige Bedeutung für die Tatbestände der Haftung aus dem Abbruch von Vertragsverhandlungen, und zwar das Erfordernis des Verschuldens als Haftungstatbestand. Darauf eingehend unter 3. Teil 1. Abschnitt B II 3.

185 Kötz/Wagner, Deliktsrecht, Rn. 491; Larenz/Canaris, Schuldrecht II/2, § 84 I 2 a), S. 606; Fuchs, S. 233; Deutsch, Rn. 635.

„als Ausnahme von dem Grundsatz der Verschuldenshaftung" anzuerkennen, weil es dem Schadenserfolg an einem Sorgfaltspflichtverstoß des Ersatzpflichtigen an der Rechtswidrigkeit seines Verhaltens fehlt; somit kann betont werden, dass die Gefährdungshaftung nach dem geltenden Recht notwendigerweise im Voraus geregelt sein soll[186].

Dagegen ist die Quasi-Deliktshaftung nicht strikt von echter Deliktshaftung abzugrenzen.[187] Obwohl die Zurechenbarkeit der Quasi-Deliktshaftung so ähnlich wie bei der Gefährdungshaftung in der „Schaffung sowie Kontrolle der erhöhten Gefahr" liegt[188], bezieht sich der Begriff der „Quasi-Deliktshaftung" im Rahmen des BGB, z. B. wie bei § 833 S.1 BGB, nicht auf verschuldensunabhängige Haftung, sondern auf den Begriff des Fahrlässigkeitsdelikts, der im Sinne des Code Civil oder des „torts" aus dem englischen Recht als Tatbestand der sog. strikten Haftung erfasst wird.[189]

Die Deliktshaftung, welche (wie wiederholt betont wird) als Gegenstück der Vertragshaftung gilt und zugleich begrifflich von der Gefährdungshaftung abgegrenzt wird, stützt sich auf den Grundsatz der Verschuldenshaftung, der sich im Rahmen des Deliktsrechts ursprünglich und eigenschaftlich durch den allgemeinen Sorgfaltspflichtverstoß kennzeichnet.

II. Die historische Entwicklung des Deliktsrechts

1. Die strafrechtliche Quelle des Deliktsrechts

Der Ursprung des Deliktsrechts geht auf die Epoche des klassischen römischen Rechts zurück. Im klassischen Rom wurde das Deliktsrecht als privates Recht nicht vom Strafrecht als öffentliches Recht abgegrenzt[190], d. h., das Deliktsrecht und das Strafrecht befanden sich damals in einem gleichen Rechtsgebiet, in dem die privatrechtlichen und öffentlich-rechtlichen Charaktere ineinander

---

186 Kötz/Wagner, Deliktsrecht, Rn. 491.

187 MünchKomm-Wagner, 6. Aufl., Vor § 823 Rn. 1. Wie bereits im 1. Teil 1. Abschnitt B I 2 erwähnt, verschwand ca. im 19. Jahrhundert fast die begriffliche Bedeutung der Quasi-Deliktshaftung.

188 MünchKomm-Wagner, 6. Aufl., Vor § 823 Rn. 1.

189 MünchKomm-Wagner, 6. Aufl., Vor § 823 Rn. 1. Dementsprechend kann davon gesprochen werden, dass sich bei der Haftung des Tierhalters im Sinne des § 833 S. 1 BGB der Begriff der Rechtswidrigkeit auf das Erfolgsunrecht bezieht, dazu siehe BGHZ 117, 110, 111 f. = NJW 1992, 1389.

190 MünchKomm-Wagner, 6. Aufl., Vor § 823 Rn. 2 und 62; Coing, Europäisches Privatrecht I, § 100 I, S. 503; Kaser, Das römische Privatrecht I, § 39, S. 146 ff.

verwoben waren.[191] Das unerlaubte Handeln wurde dabei als Straftat angesehen; somit wurde gegenüber dem Verletzten keine privatrechtliche Klage (*actiones rei persecutoriae)* anerkannt, sondern strafrechtliche Klage (*actiones poenales*), wobei das Bußgeld anerkannt werden konnte.[192] Obgleich in der Kaiserzeit das öffentlich-rechtliche Strafverfahren ins ordentliche Gerichtsverfahren aufgenommen wurde,[193] spielte die Klage auf Bußgeld noch im Prozess zwei Rollen: einerseits durch die Vergeltung durch Buße und andererseits durch die Genugtuungsfunktion des Schadensersatzes in Geld[194]; allerdings wurde hierbei die (strafrechtliche) Verfolgung durch privaten Antrag[195] im Zivilprozess[196] eingeklagt. Eine strikte Abgrenzung des privaten Deliktsrechts vom öffentlichen Strafrecht wurde jedoch später in der frühen Neuzeit vorgenommen.[197]

2. Die lex Aquilia

a) Die lex Aquilia im römischen Recht

Schon ca. 450 vor Christus wurde im altrömischen Recht eine Gesetzgebung versucht, die als Folge die sog. „Zwölf Tafeln" (*lex duodecim tabularum*) als juristisches Werk entstehen ließ.[198] Bemerkenswert ist, dass dieses Zwölftafelgesetz bereits die nicht allgemeinen, sondern einige einzelne deliktische Tatbestände enthielt und insbesondere die Geldbußen als „älteste staatliche Sanktionen"[199] in den „Zwölf Tafeln" beschrieben wurden.[200] In Bezug auf heutiges Deliktsrecht ist hauptsächlich die sog. *lex Aquilia* bedeutsam, welche erst sprachlich von dem Zwölftafelgesetz überliefert wurde[201] und im Zusammenhang mit der Sachschädigung „die *kasuistischen Einzelbestimmungen* des Zwölftafelgesetzes durch

191 MünchKomm-Wagner, 6. Aufl., Vor § 823 Rn. 2.

192 Coing, Europäisches Privatrecht I, § 100 I, S. 503.

193 Coing, Europäisches Privatrecht I, § 100 I, S. 503; Kaser, Das römische Privatrecht I, § 142, S. 611.

194 Kaser, Das römische Privatrecht I, § 142, S. 611 f.; MünchKomm-Wagner, 6. Aufl., Vor § 823 Rn. 2.

195 Kaser, Das römische Privatrecht I, § 142, S. 611.

196 Kaser, Das römische Privatrecht II, § 271, S. 425.

197 MünchKomm-Wagner, 6. Aufl., Vor § 823 Rn. 2.

198 Zu den „Zwölf Tafeln" siehe Jansen, § 4, S. 189 ff.; Hausmaninger/Selb, S. 46 ff.; Liebs, S. 191 ff.; Kötz/Wagner, Deliktsrecht, Rn. 15.

199 Liebs, S. 198.

200 Dazu z. B. siehe Kötz/Wagner, Deliktsrecht, Rn. 15; Jansen, § 4, S. 191 ff.; Hausmaninger/Selb, S. 48; Liebs, S. 198.

201 Siehe Jansen, § 4, S. 203 f.

eine relativ allgemein gehaltene Regelung ersetzt wurde“[202] und heute ferner als Keimzelle der deliktischen Generalklausel zu bewerten ist[203].

Die *lex Aquilia* wurde ca. 286 vor Christus geschaffen; sie besteht aus drei Kapiteln[204], wovon sich jedoch nur das 1. und das 3. Kapitel auf sachliche Schädigung beziehen.[205] Das erste Kapitel lautete wahrscheinlich wie folgt:

> *‘si quis servum servamque alienum alienamve quadrupedem vel pecudem iniuria occiderit, quanti id in eo anno plurimi fuit, tantum aes dare domino damnas esto’*[206].

Wurde nach dem 1. Kapitel ein fremder Sklave oder eine fremde Sklavin oder ein vierfüßiges Herdentier zu Unrecht getötet, so entstand die Verpflichtung zum Schadensersatz in Geld, dessen Betrag nicht über den Höchstwert der Sache im letzten Jahr hinausging; damals wurden wegen der generellen Sklavenhaltung[207] die Sklaven nicht als Gegenstand einer Körper- oder Persönlichkeitsverletzung behandelt, sondern als Sache zusammen mit vierfüßigem Herdentier[208]. Im 3. Kapitel ging es ferner um die sonst sachlichen Beschädigungen:

> *‘ceterarum rerum praeter hominem et pecudem occisos si quis alteri damnum faxit, quod usserit fregerit ruperit iniuria, quanti ea fuit in diebus triginta proximis, tantum aes ero dare damnas esto’*[209].

Nach dem 3. Kapitel wurde ebenfalls die Verpflichtung zum Schadensersatz in Geld dann anerkannt, wenn durch Brennen (*urere*), Brechen (*frangere*) oder Verstümmelung (*rumpere*) ein Schaden zu Unrecht verursacht wurde. Dabei hing

202 Diese Formulierung stammt aus Kötz/Wagner, Deliktsrecht, Rn. 15.

203 Coing, Europäisches Privatrecht I, § 100 II, S. 506 und § 102 III, S. 511; Krebs, 2000, S. 52; MünchKomm-Wagner, 6. Aufl., Vor § 823 Rn. 3.

204 Jansen, § 4, S. 202.

205 Jansen, § 4, S. 202 f.; MünchKomm-Wagner, 6. Aufl., Vor § 823 Rn. 3.

206 „Wer einen fremden Sklaven oder eine fremde Sklavin oder ein vierfüßiges Herdentier zu Unrecht getötet hat, soll verpflichtet sein, dem Eigentümer den Höchstwert der Sache während des letzten Jahres in Geld zu zahlen“, der originale und übersetzte Text stammen aus Jansen, § 4, S. 202 und Fn. 138).

207 MünchKomm-Wagner, 6. Aufl., Vor § 823 Rn. 3.

208 Jansen, § 4, S. 204.

209 „Wenn jemand wegen anderer Sachen außer erschlagenem Sklaven und Vieh einem anderen eine Einbuße zugefügt haben wird, indem er widerrechtlich brannte, brach oder riss, soll er so viel Kupfer dem Eigentümer zu geben belastet sein, wie viel diese Sache in den 30 Tagen davor wert gewesen ist“, der originale und übersetzte Text stammt aus Liebs, S. 199.

der Umfang des Geldbetrags vom Wert der Sache in den letzten 30 Tagen[210] ab. Da damals im Regelungsbereich dieser Vorschrift die „allen sonstigen Schädigungen“ einschließlich der bloßen Verletzung des „Sklaven und Großviehs“[211] sowie ferner die körperlichen Verletzungen von Personen[212] umfassten, konnte der anwendbare Bereich der *lex Aquilia* später auf die „Verletzung freier Menschen“ ausgeweitet werden[213].

Ferner orientierte sich die *lex Aquilia* im Zusammenhang mit dem Verschulden zuerst an dem vorsätzlichen Verhalten *(dolus)*[214]; gleichwohl waren im vorklassischen römischen Recht die fahrlässigen Rechtsverletzungen *(culpa)* in ganzheitlicher Hinsicht als Unrecht *(iniuria)* anzuerkennen[215]; dies zeigt, dass im rechtswidrig-schuldhaften Verhalten sowohl vorsätzliches als auch fahrlässiges Handeln umfasst wurden[216] und dass die *lex Aquilia* zuletzt unter dem Gesichtspunkt von Rechtsfolgen nicht mehr auf den Strafgedanken abzielte, sondern auf das Naturalrestitutionsprinzip in Verbindung mit der Sanktion[217].

b) Die Rezeption der lex Aquilia *und ihre Einflüsse*

Nachdem mit der Rezeption des römischen Rechts erstmals die *lex Aquilia* überliefert wurde, gestaltete sie sich zur allgemeinen Klage auf Schadensersatz um. Eine Schadensersatzpflicht konnte durch die Körperverletzung, die Sachbeschädigung und damit auch die Vermögensbeschädigung[218] entstehen; die *actio legis Aquiliae* wurde *im usus modernus* von der Bußklage zur reinen Ersatzklage umgewandelt.[219] Dadurch verlor damals die *actio legis Aquiliae* fast ihre sträfliche Eigenschaft[220]

---

210 Nach anderer Übersetzung richtet sich im 3. Kapitel der Geldbetrag des Schadensersatzes nicht nach den „letzten“ 30 Tagen, sondern nach den „folgenden“ 30 Tagen, dazu siehe Jansen, § 4, Fn. 140). Unter dem Gesichtspunkt der Formulierung des „letzten Jahres“ im 1. Kapitel und des Zusammenhangs damit scheint diese Übersetzung unzweckmäßig zu sein.

211 Kaser, Das römische Privatrecht I, § 41 IV 2, S. 161; Liebs, S. 204.

212 MünchKomm-Wagner, 6. Aufl., Vor § 823 Rn. 3.

213 MünchKomm-Wagner, 6. Aufl., Vor § 823 Rn. 3; Kaser, Das römische Privatrecht I, § 144 III 3, S. 622.

214 Kötz/Wagner, Deliktsrecht, Rn. 15.

215 Kaser, Das römische Privatrecht I, § 144 II 1, S. 620; Kötz/Wagner, Deliktsrecht, Rn. 15.

216 MünchKomm-Wagner, 6. Aufl., Vor § 823 Rn. 3.

217 MünchKomm-Wagner, 6. Aufl., Vor § 823 Rn. 3.

218 Coing, Europäisches Privatrecht I, § 102 I, II, S. 511.

219 Coing, Europäisches Privatrecht I, § 102 I, II, S. 509.

220 Coing, Europäisches Privatrecht I, § 102 I, II, S. 509.

und ihr Anwendungsbereich wurde einigermaßen vergrößert. Bei einer Körperverletzung wurde folglich die Tötung und Verletzung von freien Menschen als Anwendungsbereich der *actio legis Aquiliae* anerkannt, und damit war das Schmerzensgeld ebenfalls im Umfang des Schadensersatzes zu umfassen.[221] Vorgenommen wurde diese Umformung jedoch nicht in Wissenschaft[222], sondern in Praxis, in dem es sich namentlich um die *actio directa*, die *actio utilis* und die *actio in factum* handelte[223]. Die Umbildung der *actio legis Aquiliae* wurde hauptsächlich vom rationalistischem Naturrecht des 18. Jahrhunderts beeinflusst.[224]

Diese *actio legis Aquiliae* als allgemeine Schadensersatzklage beeinflusste später maßgeblich verschiedene Gesetzgebungen des ca. 19. Jahrhunderts[225]; in verschiedenen Gesetzbüchern wurde überhaupt kein „einzelner deliktischer Tatbestand“ akzeptiert, sondern „deliktischer Universaltatbestand“ wie folgt:

> Art. 1382 Code civil von 1804:
> „*Tout fait quelconque de l'homme, qui cause à autrui un dommage, oblige celui par la faute duquel il est arrive, à le réparer.*“[226]
>
> § 1295 ABGB von 1811:
> „*Jedermann ist berechtigt, von dem Beschädiger den Ersatz des Schadens, welchen dieser ihm aus Verschulden zugefügt hat, zu fordern; der Schaden mag durch Übertretung einer Vertragspflicht oder ohne Beziehung auf einen Vertrag verursacht worden sein.*“

Das Preußische Allgemeine Landrecht von 1794 (im Folgenden bezeichnet als „ALR“) regelte ebenfalls in seinem 1. Teil 6. Titel die deliktischen Vorschriften unter allgemeinem Prinzip; somit wurde damals eine Schadensersatzpflicht demjenigen auferlegt, der aus Vorsatz oder Versehen einen Schaden zugefügt hat.[227] Das deutsche Deliktsrecht von 1900 regelte dennoch anders als in soeben genannten Gesetzen[228] den deliktischen Tatbestand nicht als Universaltatbestand.

---

221 Coing, Europäisches Privatrecht I, § 102 I, II, S. 511.

222 MünchKomm-Wagner, 6. Aufl., Vor § 823 Rn. 4.

223 Coing, Europäisches Privatrecht I, § 102 I, II, S. 509 und 511.

224 Kötz/Wagner, Deliktsrecht, Rn. 16 f.; Coing, Europäisches Privatrecht I, § 102 I, II, S. 510.

225 Dazu zusammenfassend siehe z. B. Kötz/Wagner, Deliktsrecht, Rn. 17.

226 Der originale Text stammt aus Kötz/Wagner, Deliktsrecht, Rn. 17. Das Wort „fait“ bedeutet jedoch tatsächlich das Vorsatzdelikt. Vielmehr spielt Art. 1383 Code civil eine Rolle als Generalklausel für fahrlässiges Delikt (négligence), dazu siehe Kötz/Wagner, Deliktsrecht, Rn. 17; Wagner, Grundstrukturen, S. 189, 200.

227 Kötz/Wagner, Deliktsrecht, Rn. 17.

228 Siehe Kötz/Wagner, Deliktsrecht, Rn. 21 ff.

C. Der Anwendungsbereich des Deliktsrechts

I. Grundlegendes Konzept von §§ 823 ff. BGB

Der Vorentwurf zum BGB hatte zuerst unter der Überschrift „Schuldverhältnisse aus unerlaubten Handlungen" eine deliktische Vorschrift wie folgt:

> *„Hat Jemand aus Vorsatz oder Fahrlässigkeit durch eine widerrechtliche Handlung – Thun oder Unterlassung – einem Anderen einen Schaden zugefügt, so ist er diesem zum Ersatze desselben verpflichtet".*[229]

Diese Vorschrift wird nach ihrem Wortlaut offensichtlich als sog. „deliktische Generalklausel" verstanden; sie verfolgte nicht das sog. „Enumerationsprinzip", das im klassischen römischen Recht und in der Pandektenjurisprudenz des 19. Jahrhunderts akzeptiert wurde[230]; der Redaktor *Franz Philipp v. Kübel* beabsichtigte im Vorentwurf eine einzige, eigenständige und universale Rechtsnorm über die Verpflichtung zum Schadensersatz, sodass der Haftungsbereich erweitert wurde und gleichzeitig das schutzwürdige Interesse durch Schadensersatz in der Rechtsordnung gewährleistet und wiedergutgemacht wurde[231]; hierbei wurden vornehmlich sowohl das absolute Recht als auch die reinen Vermögens- und Persönlichkeitsinteressen im gesetzlichen Schutzbereich umfasst.[232] Diese exzessiv-aufgestellte Absicht wandelte sich jedoch stufenweise in späterer Entwicklung nach dem Verständnis der Rechtswidrigkeit *(= Widerrechtlichkeit)* um.

Die Erste Kommission verfolgte erst nicht völlig den Gedanken *v. Kübels*; gleichwohl wurde aufgrund des Grundgedankens *v. Kübels* nur die Lösung der modernistischen Gesetzgebung aufgenommen. Dies führte dazu, dass „die Schadensersatzpflicht nicht an einzelne bestimmte, möglicherweise nicht erschöpfend gestaltete Delikte geknüpft, sondern allgemein als mögliche Folge einer jeden unerlaubten Handlung hingestellt"[233] wurde. Zudem wollte *Windscheid* mittels der Anknüpfung an französisches Recht die damals überall herumliegenden

229 Abgedruckt sind dieser Urtext und § 698 Abs. 2 und § 699 und damit auch andere deliktische Vorschriften des Vorentwurfs zum BGB bei Schubert, Anlagen, S. 188 ff.

230 MünchKomm-Wagner, 6. Aufl., Vor § 823 Rn. 9. Zur allgemeinen Tendenz des 19. Jahrhunderts im Deliktsrecht siehe Kötz/Wagner, Deliktsrecht, Rn. 21 ff.

231 MünchKomm-Wagner, 6. Aufl., Vor § 823 Rn. 9.

232 Entnommen werden kann diese Zielsetzung insbesondere aus der folgenden Norm: „Wegen eines anderen Schadens als eines Vermögensschadens kann eine durch das freie Ermessen des Richters zu bestimmende Entschädigung in Geld gefordert werden", dazu siehe MünchKomm-Wagner, 6. Aufl., Vor § 823 Rn. 9 und Fn. 21).

233 Motive II S. 725. Auf die hier und im Folgenden verwiesenen Motive und Protokolle, welche sich auf die historische Entwicklung des BGB-Deliktsrechts beziehen, gehen

Schutzlücken ausfüllen[234]; geregelt werden sollte folglich seiner Meinung nach die deliktische Vorschrift genau wie folgt: „Wer wissentlich oder fahrlässig einem Anderen Schaden zufügt, ist diesem zum Ersatz des Schadens verpflichtet“[235]; er behauptete vor allem die Streichung der Rechtswidrigkeit als Tatbestand.[236] Schließlich hielt jedoch die Widerrechtlichkeit im Ersten Entwurf von 1887 an einer Stelle als deliktische Voraussetzung fest, um die Beziehung auf das Verschulden zu verkürzen[237]. Aufgebaut wurden demzufolge §§ 704 Abs. 1 und 2 sowie 705[238] des Ersten Entwurfs[239] wie folgt:

> § 704 des Ersten Entwurfs
> Absatz 1: „*Hat Jemand durch eine aus Vorsatz oder Fahrlässigkeit begangene widerrechtliche Handlung – Thun oder Unterlassen – einem Anderen einen Schaden zugefügt, dessen Entstehung er vorausgesehen hat oder voraussehen musste, so ist er dem Anderen zum Ersatz des dadurch verursachten Schadens verpflichtet, ohne Unterschied, ob der Umfang des Schadens vorauszusehen war oder nicht.*“
> Absatz 2: „*Hat Jemand aus Vorsatz oder Fahrlässigkeit durch widerrechtliche Handlung das Recht eines Anderen verletzt, so ist er den durch die Rechtsverletzung dem Anderen verursachten Schaden diesem zu ersetzen verpflichtet, auch wenn die Entstehung des Schadens nicht vorauszusehen war. Als Verletzung eines Rechts im Sinne der vorstehenden Vorschrift ist auch die Verletzung des Lebens, des Körpers, der Gesundheit, der Freiheit und der Ehre anzusehen.*“
>
> § 705 des Ersten Entwurfs
> „*Als widerrechtlich gilt auch die kraft der allgemeinen Freiheit an sich erlaubte Handlung, wenn sie einem Anderen zum Schaden gereicht und ihre Vornahme gegen die guten Sitten verstößt.*“

In § 704 des Ersten Entwurfs wurden in dieser Vorschrift der Gesetzesverstoß ihres Abs. 1 und die Rechtsgutsverletzung ihres Abs. 2 getrennt[240] und ferner bei jedem Absatz ebenfalls die Bezogenheit des Verschuldens sachlich voneinander

---

von MünchKomm-Wagner, 6. Aufl., Vor § 823 Fn. 22) ff. aus. Im Folgenden sind sie nur als „Motive“ und „Protokolle“ bezeichnet.

234 MünchKomm-Wagner, 6. Aufl., Vor § 823 Rn. 10.

235 Jakobs/Schubert, S. 873, 875.

236 MünchKomm-Wagner, 6. Aufl., Vor § 823 Rn. 10.

237 MünchKomm-Wagner, 6. Aufl., Vor § 823 Rn. 10.

238 Abgedruckt sind diese Vorschriften bei Schubert, Anlagen, S. 849 f.

239 Angeknüpft wurde § 704 Abs. 1 des Ersten Entwurfs an § 698 Abs. 1 des Vorentwurfs, § 704 Abs. 2 des Ersten Entwurfs an § 698 Abs. 2 des Vorentwurfs und § 705 des Ersten Entwurfs an § 699 des Vorentwurfs.

240 MünchKomm-Wagner, 6. Aufl., Vor § 823 Rn 10.

abgegrenzt; während sich insbesondere beim Letzteren das Verschulden im Sinne des Abs. 1 durch die vorherige Kenntnis oder das Kennenmussten des Schadenseintritts kennzeichnete, bedurfte bei Abs. 2 das Verschulden der Beziehung der widerrechtlichen Handlung.[241] § 705 des Ersten Entwurfs regelte insbesondere, anders als die heutige Vorschrift des § 826 BGB, sowohl die vorsätzliche als auch die fahrlässige Handlung als tatbestandliche Voraussetzung.

Bemerkenswert ist hierbei, dass die Vorschrift des § 704 Abs. 1 des Ersten Entwurfs nach ungezwungener Auslegung als Generalklausel zu verstehen ist[242], obwohl sie den Vorläufer des heutigen § 823 Abs. 2 BGB darstellt; der in § 704 Abs. 1 des Ersten Entwurfs geregelte Gegenstand beschränkte sich allein auf den Verstoß gegen objektives Gesetz.[243] Vielmehr konnte die Vorschrift des § 705 des Ersten Entwurfs als Generalklausel eine Rolle spielen, weil in dieser Rechtsnorm sowohl das vorsätzliche als auch fahrlässige Verhalten als „ein solches gegen die guten Sitten verstoßendes, illoyales" galt[244] und im Ergebnis diese Vorschrift anders als § 704 Abs. 1 und 2 des Ersten Entwurfs Anwendung auf diejenigen Handlungen finden konnte, wodurch sich die reinen Vermögensschäden verursachen ließen. Das bedeutet im Ganzen wie folgt: Entweder spielte im Ersten Entwurf zum BGB die Vorschrift seines § 705 selbst als deliktische Generalklausel eine Rolle, oder sie galt zumindest im Zusammenspiel mit seinem § 704 Abs. 1 und 2 als solche.

Die deliktischen Vorschriften von §§ 704 Abs. 1 und 2 sowie 705 des Ersten Entwurfs wurden später aufgrund des Tatbestandsmerkmals der „sich verengenderen Rechtswidrigkeit" durch die Zweite Kommission zu heutigen Figuren durchgesetzt: Die Zweite Kommission hat die deliktische Haftung im Ersten Entwurf als „solche umfassende und hochgesteckte" empfunden[245], und diese Vorstellung stützte sich auf die Aufgabe des Deliktsrechts, dass „die Rechtskreise des Einzelnen, innerhalb derer diese ihre individuelle Freiheit entfalten und ihre Interessen verfolgen dürfen, voneinander abgegrenzt werden müssen"[246]; von diesem Standpunkt aus dürfe somit jedes Individuum als Subjekt des eigenen Lebens im Sozialverhältnis „selbstständig und höchstmöglich" sein Leben führen und gestalten. Aus diesem Grund sollte der deliktsrechtliche Schadensersatzanspruch nur für denjenigen anerkannt werden, der den unmittelbaren

241 MünchKomm-Wagner, 6. Aufl., Vor § 823 Rn 11.
242 Larenz/Canaris, Schuldrecht II/2, § 75 I 3, S. 354.
243 Vgl. Schwitanski, S. 112.
244 Motive II S. 727.
245 Protokolle II S. 571 f.
246 Protokolle II S. 567.

Nachteil erlitten hat; und der mittelbare Schaden, der vom Eingriff eines Dritten ausgeht, sollte im gleichen Kontext nach Ausnahmevorschriften nur beschränkt anerkannt werden.[247] Abgelehnt wurde somit offensichtlich die Einführung der „großen, das gesamte Deliktsrecht beherrschenden Generalklausel"[248] ins BGB, die direkt auf die reinen Vermögensschäden anwendbar ist.[249] Dies führte dazu, dass sich der Gegenstand der Gesetzesverstoßung im Sinne des § 704 Abs. 1 des Ersten Entwurfs allein auf die „Normen mit dem Individualschutzzweck"[250] beschränkte und der Abwendungsbereich des § 705 des Ersten Entwurfs sich aus gleicher Absicht selbst auf den gegen die guten Sitten *vorsätzlichen* Verstoß verengte[251]. Schließlich spielte § 704 Abs. 1 und 2 des Ersten Entwurfs insofern im Zusammenspiel mit § 705 des Ersten Entwurfs keine Rolle als Haftungsausdehnung, sondern allein als Haftungsbeschränkung; denn die reinen Vermögensinteressen wurden ebenfalls in der Vorschrift des § 704 Abs. 2 des Ersten Entwurfs nicht nach ihrem Wortlaut geschützt.[252]

Durch das Verfahren dieser Konzeptionsgestaltung wurden die heutigen deliktischen Rechtsformen konstituiert: „§ 823 Abs. 1 BGB (also absolute Rechtsverletzung, § 704 Abs. 2 des Ersten Entwurfs)", „§ 823 Abs. 2 BGB (also Gesetzesverstoß, § 704 Abs. 1 des Ersten Entwurfs)" und „§ 826 BGB (also vorsätzlicher Sittenverstoß, § 705 des Ersten Entwurfs)". Problematisch ist es, ob im Zusammenhang mit dem Fall des „Abbruchs von Vertragsverhandlungen" die reinen Vermögensinteressen unter den Tatbeständen von §§ 823 Abs. 1 und Abs. 2 sowie 826 BGB insbesondere durch *„dogmatische Auslegung"* ausreichend geschützt werden können. Denn die „reinen Vermögensschäden aus dem Abbruch von Vertragsverhandlungen" scheinen dem Augenschein nach über den Schutzbereich von §§ 823 Abs. 1 und Abs. 2 sowie 826 BGB hinauszugehen.

II. Der Schutzbereich nach geltendem Deliktsrecht

1. Überblick

a) §§ 823 Abs. 1 und Abs. 2 BGB

Der Schadensersatzanspruch aus § 823 Abs. 1 BGB entsteht erst, wenn sog. „absolutes Recht" als Schutzobjekt verletzt wird. Das absolute Recht ist im Sinne

247 MünchKomm-Wagner, 6. Aufl., Vor § 823 Rn 13.
248 Diese Formulierung stammt aus MünchKomm-Wagner, 6. Aufl., Vor § 823 Rn. 7.
249 Protokolle II S. 573 f.
250 Jakobs/Schubert, S. 893.
251 Protokolle II S. 576.
252 MünchKomm-Wagner, 6. Aufl., Vor § 823 Rn 13.

des § 823 Abs. 1 BGB beschränkt, d. h., jedes absolute Recht ist enumerativ in der Vorschrift geregelt: Das Leben, der Körper, die Gesundheit, die Freiheit, das Eigentum und damit auch die sonstigen Rechte als ein solches gehören zum Schutzobjekt. Hierbei stellen die sonstigen Rechte insbesondere diejenigen Rechte dar, die dicht neben dem Eigentum herausgebracht werden können und schließlich dem Eigentum ähneln müssen.[253] Somit sind die reinen Vermögensschäden nicht im Schutzbereich des § 823 Abs. 1 BGB umfasst.[254]

Eine Schadensersatzpflicht wird gemäß § 823 Abs. 2 BGB demjenigen auferlegt, der „gegen ein den Schutz eines anderen bezweckendes Gesetz verstößt". Hierbei sind diejenigen Rechtsnormen auszuschließen, die „allein" mittelbar dem Schutz der Allgemeinheit dienen.[255] Unter dem Schutzgesetz im Sinne des § 823 Abs. 2 BGB fallen daher diejenigen strafrechtlichen Vorschriften[256], welche „den Schutz eines Einzelnen" bezwecken und gleichzeitig wie z. B. § 263 StGB[257], deren Verstoß sich auf das schutzwürdige Vermögensinteresse beziehen[258]; zum Schutzgesetz gehört ebenso eine Reihe von verschiedenen Rechtsnormen im Sinne des Grundgesetzes, des bürgerlichen Rechts[259], des Handelsrechts, des Arbeitsrechts, des Prozessrechts und des sonstigen öffentlichen Rechts[260], wobei ihr Zweck im unmittelbaren Schutz eines Einzelnen liegt und zugleich durch ihren Verstoß einen Vermögensschaden verursacht. Folglich setzt sich der *„allgemeine"* Schutz von reinen Vermögensinteressen ebenfalls nicht im Bereich des § 823 Abs. 2 BGB durch.

---

253 Zu sonstigen Rechten siehe Kötz/Wagner, Deliktsrecht, Rn. 159 ff.; Brox/Walker, Schuldrecht BT, S. 527 Rn. 9 ff.

254 BGHZ 27, 137, 140=NJW 1958, 1041, 1042; BGHZ 41, 123, 126 f.=NJW 1964, 720, 722; BGHZ 86, 152, 155=NJW 1983, 2313, 2314.

255 BGHZ 12, 146; 116, 13; BGH NJW 2004, 356, 357; Kötz/Wagner, Deliktsrecht, Rn. 228; Brox/Walker, Schuldrecht BT, S. 557 Rn. 4.

256 Brox/Walker, Schuldrecht BT, S. 557 Rn. 5.

257 In § 263 StGB sind unter „Betrug" Vermögensdelikte zu verstehen; wenn jemand gegen § 263 StGB verstößt und dadurch einem anderen einen Vermögensschaden zufügt, so ist er demjenigen anderen zum Ersatz des Vermögensschadens verpflichtet.

258 Kötz/Wagner, Deliktsrecht, Rn. 223.

259 BGH NJW 2009, 2530, 2531: „Das Verbot der Eigenmacht nach § 858 BGB dient dem Schutz des unmittelbaren Besitzers".

260 RGZ 128, 298, 300; 138, 165, 168; Kötz/Wagner, Deliktsrecht, Rn. 227; Brox/Walker, Schuldrecht BT, S. 557 Rn. 6.

b) § 826 BGB

Im Allgemeinen funktioniert § 826 BGB systematisch im Rahmen des Deliktsrechts als umfangreiches, aber dennoch selektives Gewährleistungsinstrument für „deliktsrechtlichen Vermögensschutz“.[261] Diese Funktion wäre zumindest insofern möglich, soweit die Vorschrift des § 826 BGB etwa je nach dem vielfältigen rechtlichen Verständnis als Generalklausel über „allgemeine Fahrlässigkeitshaftung für reine Vermögensschäden“[262] bewertet werden kann.[263] Hierbei bedarf es bezüglich der reinen Vermögensschäden zunächst des Verständnisses unter den Tatbestandsmerkmalen im Sinne des § 826 BGB; der „*Sittenwidrigkeit*“ und dem „*Vorsatz*“.

Die Sittenwidrigkeit, die sich nach der Anschauung im wirklich betroffenen Verkehrsbereich richtet[264], wird erst nach dem Reichsgericht als „Anstandsgefühl aller billigen und gerechten Denkenden“[265] verstanden. Ein Unterlassen kann daher gegen die guten Sitten verstoßen, sofern das Tun selbstverständlich im Rahmen des sittlichen Gebotes[266] gefordert wird. Ob ein Verhalten gegen die guten Sitten verstößt, wird vor allem aus früherer Sicht bewertet.[267] Zu beachten ist hierbei, dass das „Anstandsgefühl der billigen und gerechten Denkenden als abstrakter Begriff“, wie im Schrifttum kritisiert wird, in der Praxis und der Rechtsprechung nicht unmittelbar die Rechtsanwendung bindet; daher soll es notwendigerweise in Bezug auf die *konkretisierenden* Fälle aus früherer Sicht objektiv in Betracht kommen.[268]

---

261 Siehe z. B. Kötz/Wagner, Deliktsrecht, Rn. 250; und ähnlich Larenz/Canaris, Schuldrecht II/2, § 78 II 2 a), S. 452.

262 Die Formulierung stammt aus MünchKomm-Wagner, 6. Aufl., § 826 Rn. 18.

263 Siehe v. Caemmerer, FS Juristentag, S. 49, 67 f.; Deutsch, Rn. 67; Staudinger-Oechsler, § 826 Rn. 20.

264 MünchKomm-Wagner, 6. Aufl., § 826 Rn. 8.

265 RGZ 48, 114, 124.

266 Das sittliche Gebot beruht sowohl auf rechtlichen Pflichten als auch auf besonderen Umständen, „die das schädigende Verhalten wegen seines Zwecks oder wegen des angewandten Mittels oder mit Rücksicht auf die dabei gezeigte Gesinnung nach den Maßstäben der allgemeinen Geschäftsmoral und des als ‚anständig‘ Geltenden verwerflich machen“, dazu siehe BGH VersR 2001, 1431, 1432.

267 Soergel-Hönn, § 826 Rn. 10: „Ermittelt werden solle vom Richter aufgrund der Standardformel des Anstandsgefühls aller billig und gerecht Denkenden zunächst, welche Grundgebote des zwischenmenschlichen Anstandes in der bestehenden pluralischen Rechtsgemeinschaft allgemein akzeptiert und zur Richtschnur des äußeren Verhaltens erhoben werden“. Und siehe BGHZ 7, 111, 114; 100, 353, 359.

268 Darauf eingehend siehe Kötz/Wagner, Deliktsrecht, Rn. 254 ff.

Der Schadensersatzanspruch aus § 826 BGB setzt auch einen Eingriff im Rechtsgut eines anderen durch „vorsätzliches Verhalten" voraus. Das vorsätzliche Verhalten, welches nicht an die Sittenwidrigkeit, sondern an die Schadensfolgen anzuknüpfen ist, wird nach Ansicht der Rechtsprechung bedingt[269] ausgelegt; insofern sei das „grob fahrlässige oder leichtfertige oder gewisse" Verhalten ebenfalls als ein solches anzuerkennen[270]; hingegen genüge beispielsweise der „bloß fahrlässige Aufklärungsmangel"[271] nicht. Erforderlich ist ferner nicht, dass der Umfang sowie die Höhe eines Schadens dem Schädiger bewusst war[272], und dabei genügt nur die Kenntnis des Schädigers für sein eigenes Verhalten im potenziellen Bereich der Schadensherbeiführung.[273] Darüber hinaus genügt die Kenntnis von den Umständen, unter denen die Sittenwidrigkeit des Verhaltens begründet wird.[274] Bemerkenswert im Zusammenhang mit solchem Vorsatz ist im Sinne des § 826 BGB, dass, obwohl der Schaden grundsätzlich im Rahmen des bedingten vorsätzlichen Verhaltens verursacht werden soll, dieses tatbestandliche Kriterium häufig in der Rechtsprechung übergangen wird.[275]

c) Zusammenfassung

Wie gerade kurz skizziert wurde, werden die reinen Vermögensschäden anscheinend nicht im Schutzbereich des § 823 Abs. 1 und 2 BGB umfasst und daher ergibt sich nur eine Möglichkeit aus § 826 BGB: Im Fall des § 823 Abs. 1 BGB handelt es sich zuerst um den sog. objektiven Zurechnungsgrund einer Schadensersatzpflicht, der dann infrage kommt, wenn die absoluten Rechtsgüter im Sinne des § 823 Abs. 1 BGB mittelbar verletzt werden. Im Anschluss daran sind

---

269 Siehe z. B. BGH NJW 1984, 2284; 1986, 180, 182; 1987, 3205, 3206; 2001, 3187; Deutsch, Rn. 67; MünchKomm-Wagner, 6. Aufl., § 826 Rn. 26 f.

270 BGHZ 10, 228, 233; WM 1956, 1229; 1962, 934; 1966, 1149; 1975, 559; NJW 1986, 180, 181; 1987, 1758; 1990, 389, 390; Palandt-Sprau, § 826 Rn. 10.

271 Palandt-Sprau, § 826 Rn. 9; Küpper, S. 168 f. Im gleichen Fall kann jedoch „der Anspruch auf Ersatz des Schadens aus dem Abbruch von Vertragsverhandlungen wegen der nicht rechtzeitigen Aufklärung für triftigen oder nicht triftigen Grund" im Rechtsinstitut der culpa in contrahendo unter bestimmten Voraussetzungen anerkannt werden, dazu siehe die Fallunterteilung und demnach Schadensersatzhaftung unter 3. Teil 2. Abschnitt.

272 BGH NJW 2004, 446, 448; Küpper, S. 169.

273 BGH NJW 1951, 596, 597 f.; VersR 1956, 641; 1966, 1032, 1034; WM 1975, 754; 1984, 744, 745.

274 Darauf eingehend unter 2 b) i).

275 Als kritische Auffassung zu tatbestandlichen Schranken des § 826 BGB siehe Canaris, FS Larenz, S. 27, 39.

aber auch die reinen Vermögensschäden dann fraglich, wenn sie sogar durch dogmatische Auslegung weder im Schutzbereich oder Schutzobjekt des § 823 Abs. 1 BGB noch in solchen des § 823 Abs. 2 BGB umfasst werden. Im Zusammenhang damit, ob die reinen Vermögensinteressen unter den Schutzbereich des § 826 BGB fallen können, handelt es sich außerdem um das Verhältnis zwischen der Sittenwidrigkeit und dem Vorsatz im Sinne des § 826 BGB. Bei diesen Fragestellungen können die sog. Verkehrspflichten *(= Verkehrssicherungspflicht)* als zentraler Maßstab zur Lösung aufgestellt werden.

2. Der mögliche Vermögensschutz durch die Verkehrspflichten

a) Der Schutzbereich des § 823 BGB

i) Die Entwicklung von Verkehrspflichten

Die Verkehrspflichten entwickelten sich bereits durch das Reichsgericht in Bezug auf „vorsätzliche oder fahrlässige" Verletzung von den in § 823 Abs. 1 BGB geregelten Rechtsgütern.[276] Im BGB werden die Verkehrspflichten nicht schriftlich verankert[277] und nur als Schaffung der Praxis und Literatur anerkannt.[278] Vom Reichsgericht wurde 1902 ein rechtlicher Grundsatz wie folgt hingestellt:

> *„ein jeder solle für die Beschädigung durch seine Sachen insoweit aufkommen, als er dieselbe bei billiger Rücksichtnahme auf die Interessen des anderen hätte verhüten müssen"*[279].

Die Terminologie der Verkehrspflicht ergab sich erst, weil sich die zusammenhängenden Reichsgerichtsentscheidungen zu Beginn auf die Nutzung von

---

276 Medicus/Petersen, Bürgerliches Recht, Rn. 641. Umstritten ist jedoch wie immer, in welche Vorschrift die Verkehrspflichten systematisch eingeordnet werden sollen. Nach der Rechtsprechung und herrschenden Meinung basieren die Verkehrspflichten im Allgemeinen auf § 823 Abs. 1 BGB, dazu siehe BGH VersR 1956, 419, 420; NJW 1987, 2671, 2672; Canaris, FS Larenz, S. 27, 77 ff.; Lanrenz/Canaris II/2 § 76 III 2b, S. 405; Deutsch, Rn. 62; Erman-G. Schiemann, 14. Aufl., § 823 Rn. 75 f.; Jauernig-Teichmann, § 823 Rn. 35 ff.; Fikentscher/Heinemann Rn. 1591; Kötz/Wagner, Deliktsrecht, Rn. 126. Nach anderer Ansicht stützt sich der rechtliche Grund von Verkehrspflichten auf den § 823 Abs. 2, dazu siehe vor allem v. Bar, Verkehrspflichten, S. 157 ff.

277 Nach anderen Ansichten gehören die Verkehrspflichten jedoch zum Teil in einige deliktische Vorschriften, die z. B. in § 823 Abs. 2 BGB oder § 836 BGB geregelt sind, dazu siehe v. Bar, Verkehrspflichten, 157 f.; Brox/Walker, Schuldrecht BT, S. 540 Rn. 33.

278 Zusammenfassend zu den Verkehrspflichten siehe Kötz/Wagner, Deliktsrecht, Rn. 124 ff., 165 ff. und 226.

279 RGZ 52, 373, 379.

öffentlichen Orten bezogen; nach Ansicht der Rechtsprechung des Reichsgerichts verpflichteten sich alle Menschen im *öffentlichen Verkehr* zur „billigen Rücksichtnahme auf die Interessen des anderen“[280]. Der anwendbare Bereich dieser Pflichten wurde jedoch später umfassend auf die Fälle des Schutzes *vor* „dem Produkt[281] und der Tätigkeit[282]“ mit gefährlichen Quellen ausgedehnt. Im Fall der „Notschlachtung eines kranken Rindes“[283] bezeichneten sich die Verkehrspflichten insbesondere als „besonders geartete allgemeine Rechtspflichten“[284]. Schließlich können die Verkehrspflichten *„nur im Rahmen des Deliktsrechts“* als diejenigen allgemeinen Sorgfaltspflichten definiert werden, die dem in der Öffentlichkeit und damit dem Verkehr geforderten Verhalten entsprechen.[285]

ii) Die Funktion von Verkehrspflichten im Deliktsrecht

Die Verkehrspflichten kommen erst im Zusammenhang mit objektivem Zurechnungsgrund einer Schadensersatzpflicht in Betracht, wenn die in § 823 Abs. 1 BGB geregelten Rechtsgüter *mittelbar* verletzt werden.[286] Verletzt jemand mittelbar die fremden Rechtsgüter im Sinne des § 823 Abs. 1 BGB, so kann sich unter dem Gesichtspunkt des in der Öffentlichkeit und damit dem Verkehr geforderten Verhaltens die Verpflichtung zum Schadensersatz auf denjenigen erstrecken, der die Quelle einer Gefährdung vor deren Verwirklichung kontrollieren und vorkehren könnte[287]. Hierbei spielen die Verkehrspflichten als deliktsrechtlicher Maßstab *(= deliktische Sorgfaltspflichten)* eine Rolle, an dem zu ermessen ist, ob die absoluten Rechte und Rechtsgüter im Sinne des § 823 Abs. 1 BGB „aus Fahrlässigkeit“ verletzt wurden.[288]

Ferner ist umstritten, dass die Verletzung von Verkehrspflichten im Schutzbereich des § 823 BGB als allgemeiner Entstehungstatbestand des Anspruchs

280 MünchKomm-Wagner, 6. Aufl., § 823 Rn. 297.
281 RG DR 1940, 1293, 1294.
282 RGZ 102, 372, 373, 375.
283 MünchKomm-Wagner, 6. Aufl., § 823 Rn. 297.
284 RGZ 102, 372, 375; Larenz/Canaris, Schuldrecht II/2, § 76 II 2 c), S. 406.
285 Siehe z. B. Canaris, FS Larenz, S. 27, 82 f.
286 Siehe z. B. Kötz/Wagner, Deliktsrecht, Rn. 174 ff.
287 BGH NJW 2008, 3775, 3776; 2007, 762, 763; 2006, 3268, 3269; 2004, 1449, 1450; Canaris, FS Larenz, S. 27, 83; Brox/Walker, Schuldrecht BT, S. 540 Rn. 34 ff.
288 MünchKomm-Wagner, 6. Aufl., § 823 Rn. 312. Die Verkehrspflichten sind unter demjenigen Rechtssystem unbedeutend, in welchem die „einheitlichen Fahrlässigkeitsdelikte“ als tatbestandliche Voraussetzung der Deliktshaftung zu akzeptieren sind, dazu siehe Wagner, Grundstrukturen, S. 189, 215 ff.

auf Ersatz von reinen Vermögensschäden anerkannt werden kann. Die Lösung richtet sich erst nach dem systematischem Zusammenspiel von §§ 823 Abs. 1 und Abs. 2 BGB und damit vornehmlich danach, ob die Verkehrspflichten als Schutzgesetz im Sinne des § 823 Abs. 2 BGB anerkannt werden können: Wie oben erwähnt wird, beschränkt sich das Schutzobjekt des § 823 Abs. 1 BGB nur auf die in sich geregelten Rechtsgüter. Der deliktsrechtliche Schutzbereich des § 823 BGB kann gleichwohl durch § 823 Abs. 2 BGB ausgedehnt werden.[289] Anders als in § 823 Abs. 1 BGB kann das Vermögensinteresse grundsätzlich im Schutzbereich des § 823 Abs. 2 BGB umfasst werden, soweit die einschlägige Rechtsnorm als Schutzgesetz im Sinne des § 823 Abs. 2 BGB anerkannt wird. Wenn im Ergebnis die Verkehrspflichten als Schutzgesetz im Sinne des § 823 Abs. 2 BGB anerkannt werden, so kann der Schutz von reinen Vermögensinteressen im Rahmen des § 823 BGB in Betracht kommen; die Verkehrspflichten, die dem in der Öffentlichkeit und damit dem Verkehr geforderten Verhalten entsprechen, können nach bloßer Auslegung sowohl unmittelbar dem Schutz eines Einzelnen als auch mittelbar dem Schutz der Allgemeinheit dienen[290]; dies führt endgültig dazu, dass der Schutzbereich des § 823 BGB unbeschränkt ausgeweitet wird. Diese unbeschränkte Ausweitung scheint jedoch im Rahmen des Deliktsrechts unvernünftig und unsicher zu sein.

iii) Das Problem der Überbewertung von Verkehrspflichten

1) Die Überbewertung von Verkehrspflichten

Wie gerade gesagt wurde, ist es möglich, den Schutzbereich des § 823 BGB aufgrund der Verkehrspflichten im Allgemeinen auf die reinen Vermögensinteressen zu erstrecken, soweit die Verkehrspflichten als ein Schutzgesetz im Sinne des § 823 Abs. 2 BGB anerkannt werden. Hierbei müssen dennoch sog. Voraussehbarkeit und Rechtssicherheit in den Rechtsordnungen in erster Reihe in Betracht kommen. Deswegen sind die Verkehrspflichten zugleich „kein dogmatisches Pendant"[291] der allgemeinen und einheitlichen Rechtspflichten, welches die ganzen Rechtsordnungen beherrschen kann. Folglich beschränken sich die rechtliche Bedeutung und Funktion von Verkehrspflichten im Deliktsrecht nur darauf, eine etwaige Gefährdung zu vermeiden und abzuwenden[292]. Trotzdem

289 Siehe MünchKomm-Wagner, 6. Aufl., § 823 Rn. 306.

290 MünchKomm-Wagner, 6. Aufl., § 823 Rn. 3.

291 MünchKomm-Wagner, 6. Aufl., § 823 Rn. 312; Wagner, Grundstrukturen, S. 189, 215 ff.

292 Canaris, FS Larenz, S. 27, 83.

versucht *v. Bar* zusammen mit einer Anzahl von Autoren[293] in Anlehnung an die Verkehrspflichten[294], die im vorvertraglichen Stadium infrage kommenden Fälle im Rahmen des Deliktsrechts zu lösen, indem sie dem Rechtsinstitut der culpa in contrahendo die kalte Schulter zeigen: Warum die sog. ergänzenden und umgehenden Funktionen des Rechtsinstituts der culpa in contrahendo über die Schwachpunkte des Deliktsrechts unbedeutend sind, liegt nach ihrer Auffassung daran, dass die Entdeckung oder Begründung einer neuen Rechtsfigur nur dann anerkannt wird, wenn die Funktionen oder Rechtsfolgen von bereits bestehenden Rechtsfiguren in heutigen Rechtsordnungen die Schutzlücken des Deliktsrechts nicht völlig schließen können.[295]

Die Ansicht *v. Bars* geht erst davon aus, dass der wesentliche Zweck des Vertragsrechts die „Regulierung gestörter Leistung" darstellt und sich das Deliktsrecht im Gegensatz auf den Schutz der Rechtsgüter richtet[296]; die Fallgruppe, in der es um die Schutzpflichten von den absoluten Rechtsgütern geht[297] und demnach die Haftung aus culpa in contrahendo in Betracht kommt, ist nach seiner Ansicht nichts anderes als eine Schutzlücke des Deliktsrechts, welche ergänzt werden soll.[298] Unter Betrachtung der „quantitativen Erwägungen oder Intensitäten des sozialen Kontaktes" sei zudem die Abgrenzung der culpa in contrahendo vom Vertrag mit Schutzwirkung zugunsten Dritter und den Verkehrspflichten „zwecklos".[299] Die Auffassung lehnt insbesondere unter dem Gesichtspunkt „der praktischen Funktion und Auswirkung der culpa in contrahendo" und teilweise unter Betrachtung des Verhältnisses mit „dem Vertrag mit Schutzwirkung zugunsten Dritter und der positiven Vertragsverletzung" eine überflüssige Ausdehnung von Schuldverhältnissen ab; dieser Auffassung nach ergibt sich die Schutzlücke des Deliktsrechts aus seinem Schwachpunkt, und diese Problematik kann durch die Anerkennung von sog. „vertraglicher Schadensersatzpflicht ohne Vertrag" gelöst werden, in welcher jede Schadensersatzpflicht aus der culpa in contrahendo, dem Vertrag mit Schutzwirkung

---

293 v. Bar, Verkehrspflichten, S. 312 f.; Hohloch, JuS 1977, S. 302, 305; Schmidt, AcP 170 (1970), S. 502, 506 ff.

294 v. Bar, Verkehrspflichten, S. 226 ff.; Bälz, S. 30 f.; Huber, FS v. Caemmerer, S. 837, 865 f.

295 v. Bar, JuS 1982, S. 637, 643.

296 v. Bar, JuS 1982, S. 637. Im Zusammenhang mit dem Zweck des Deliktsrechts siehe Kreuzer, JZ 1976, S. 778, 781; Bälz, S. 51 und 55.

297 v. Bar, JuS 1982, S. 637, 638 f.

298 v. Bar, JuS 1982, S. 637, 639; Battes, JZ 1969, S. 683, 688; Hohloch, JuS 1977, S. 302, 306.

299 v. Bar, Verkehrspflichten, S. 313.

zugunsten Dritter und der positiven Vertragsverletzung einheitlich umfasst wird; die Lösungsbeispiele sind wie folgt[300]:

Beseitigt werden kann die Entlastungsmöglichkeit des Geschäftsherrn erst aus § 831 Abs. 1 S. 2 BGB aufgrund des sog. Organisationsverschuldens, welches sich durch die Rechtsprechung entwickelte; die Anwendung des § 278 BGB, die vom Rechtsinstitut der culpa in contrahendo ausgeht, lässt sich durch das Organisationsverschulden ersetzen.[301] Die sog. Umkehr der Beweislast nach § 280 Abs. 1 S. 2 BGB[302] ist zudem im heutigen BGB von keiner Bedeutung mehr gegenüber dem Geschädigten, weil die „Beweislastverteilung nach Gefahrenbereich"[303] endgültig zu gleichen Rechtsfolgen führe.[304] Das gewährleistet vor allem das reine Vermögensinteresse im Rahmen des Schutzbereichs des § 823 BGB; erstens können die reinen Vermögensinteressen durch allgemeines Persönlichkeitsrecht im Sinne des § 823 Abs. 1 BGB geschützt werden[305]; zweitens kann das reine Vermögensinteresse ebenfalls durch § 823 Abs. 2 BGB deswegen geschützt werden, weil die Verkehrspflichten, wenn auch teilweise, als Schutzgesetz[306] im Sinne des § 823 Abs. 2 BGB anerkannt und demnach in Anlehnung an die Verkehrspflichten die Schwachpunkte des Deliktsrechts überwunden werden können[307]; hierbei sind die Verkehrspflichten naturgemäß in § 823 Abs. 2 BGB als Tatbestand zu verorten[308].

Diese Ansätze, die hauptsächlich in Anlehnung an die Verkehrspflichten die im vorvertraglichen Stadium infrage kommenden Fälle nur im Rahmen des Deliktsrechts zu lösen versuchen, scheinen jedoch insbesondere bei ihrer Anwendung auf den Fall des „Abbruchs von Vertragsverhandlungen" überanstrengend zu sein.

---

300 v. Bar, JuS 1982, S. 637–645.

301 v. Bar, Verkehrspflichten, S. 248 f.; ders., JuS 1982, S. 637, 644 f.

302 Zur Beweislast in der Vertragshaftung siehe 1. Teil 1. Abschnitt B II 3 b).

303 BGHZ 67, 383, insbesondere 387.

304 v. Bar, JuS 1982, S. 637, 644.

305 v. Bar, JuS 1982, S. 637, 645.

306 v. Bar, Verkehrspflichten, S. 163 ff.

307 v. Bar, JuS 1982, S. 637, 645.

308 v. Bar, Verkehrspflichten, S. 319. In diesem Zusammenhang ebenfalls siehe Canaris, FS Larenz, S. 27, 45 ff. Im Übrigen kann durch objektive Auslegung des „§ 826 BGB", die von der Rechtsprechung vorgenommen wurde, das reine Vermögensinteresse geschützt werden, dazu siehe v. Bar, JuS 1982, S. 637, 645. Auf konkrete Anwendungsfälle des § 826 BGB eingehend unter b).

2) Stellungnahme

Kritisiert werden kann die gerade vorgezeigte Ansicht in folgenden Punkten:

Die unbeschränkte oder übertriebene oder überflüssige Ausweitung des Schutzbereichs des § 823 BGB in Anlehnung an die Verkehrspflichten im deliktsrechtlichen Rahmen kann zur Schmälerung der Rechtskreise desjenigen Einzelnen führen, der individuelle Freiheit zu entfalten und eigene Interessen zu verfolgen erstrebt.[309] In § 823 Abs. 1 BGB gelten zudem die Verkehrspflichten nur als Sorgfaltspflichten, welche dem in der Öffentlichkeit und damit dem Verkehr geforderten Verhalten entsprechen; daher beschränkt sich ihre Funktion allein darauf, das Problem der Gefährdungsvermeidung oder Gefährdungsabwendung zu lösen[310]. Darüber hinaus ist die Gewährleistung von reinen Vermögensinteressen durch „allgemeines Persönlichkeitsrecht" als sonstiges Recht im Sinne des § 823 Abs. 1 BGB abzugrenzen, in dogmatischer Hinsicht von einer solchen durch allgemeines Handlungsfreiheitsrecht, das in erster Linie an wirtschaftliches Interesse anzuknüpfen ist; und zwar sind die beiden Rechte jeweils strikt in Art. 2 Abs. 1 GG voneinander zu unterscheiden[311], und im Fall des Abbruchs von Vertragsverhandlungen handelt es sich selbstverständlich um das allgemeine Handlungsfreiheitsrecht. Außerdem muss bei „der Verortung von Verkehrspflichten in § 823 Abs. 2 BGB und der sich daraus ergebenden Ausdehnung des Schutzbereichs des § 823 BGB" durch eine Auslegung die Gewährleistung der „Voraussehbarkeit und Rechtssicherheit"[312] in ganzen Rechtsordnungen ausreichend in Betracht kommen; der *„allgemeine"* Schutz von reinen Vermögensinteressen in § 823 Abs. 2 BGB ist abzulehnen, es sei denn, die Verkehrspflichten werden (unter dem Gesichtspunkt der Voraussehbarkeit und Rechtssicherheit) als Schutzgesetz im Sinne des § 823 Abs. 2 BGB anerkannt; dabei ist zu beachten, dass die Funktion des § 823 Abs. 2 BGB darin liegt, dem Richter keine Ermächtigung zur konkreten Rechtsfortbildung des Deliktsrechts zu geben, sondern dass er sich bei einer Entwicklung des Sorgfaltsgebots durch vorherige Gesetzgebung (durch den Gesetzgeber) nur im Rahmen von gesetzlichen Wertungen befinden muss[313]; insofern ist die willkürliche Rechtsfortbildung des Richters zu verhindern, und damit sind die Voraussehbarkeit und Rechtssicherheit in ganzen

309 Siehe Protokolle II S. 567.

310 Canaris, FS Larenz, S. 27, 83.

311 Dazu siehe 1. Teil 2. Abschnitt B.

312 Die Gewährleistung dieser „Rechtssicherheit und Voraussehbarkeit" durch die Gesetzgebung gehört in erster Linie freilich zur Aufgabe des Gesetzgebers, dazu siehe MünchKomm-Wagner, 6. Aufl., § 823 Rn. 306.

313 Kötz/Wagner, Deliktsrecht, Rn. 226.

Rechtsordnungen zu gewährleisten; somit ist es folgerichtig und vernünftig, dass sich das Schutzgesetz im Sinne des § 823 Abs. 2 BGB nur auf die vom Gesetzgeber im Voraus schriftlich verankerten Rechtsnormen beschränkt, deren Zweck sich unmittelbar auf den Schutz eines Einzelnen richtet. Die Verkehrspflichten, die nicht im BGB schriftlich verankert werden, gelten jedoch offensichtlich als keine solche Rechtsnorm.

Ferner ist die Haftung für das Organisationsverschulden nur dann anzuerkennen, wenn sich trotz des Fehlens von Haftungsvoraussetzungen des § 831 BGB oder des Erfolgs des Exkulpationsbeweises des Unternehmens im Ergebnis durch „sein Unterlassen“ ein Schaden Dritter verursachen lässt[314]; das Unterlassen geht hier von denjenigen Geboten aus, bei denen ein Unternehmen „durch die dem sachlichen Zustand entsprechenden, organisatorischen Führungen und Vorkehrungen von den Tätigkeiten des Verrichtungsgehilfen sowie die gesicherten betrieblichen Anlagen“ den Schadenseintritt Dritter vermeiden oder abwenden muss[315]; das Unternehmen hat folglich für den Schaden Dritter aus dem „Delikt[316] seiner Organe“ ohne Exkulpationsmöglichkeit[317] einzustehen. Die Haftung des Unternehmens beruht daher freilich nicht auf § 831 BGB, sondern auf § 823 Abs. 1 BGB in Anlehnung an die Vorschriften aus §§ 31 und 89 BGB[318]; die „Verpflichtung für Gefährdungsquellen“ des Unternehmens zur Vermeidung eines Schadenseintritts Dritter stellt mindestens die Verkehrspflichten als eine solche dar.[319] Die ausgedehnte Reichweite der deliktsrechtlichen Unternehmenshaftung beschränkt sich somit auf den Schutzbereich des § 823 Abs. 1 BGB. Dieses Grundkonzept, welches der Haftung für das Organisationsverschulden zugrunde liegt, ist insbesondere nicht zutreffend für die Ersatzhaftung von reinen Vermögensschäden aus dem Abbruch von Vertragsverhandlungen.

Verstanden werden soll im Übrigen, dass die Beweislastverteilung nach Gefahrenbereich[320] in dogmatischer Hinsicht nur dann in Betracht kommen kann, es sei denn, z. B. im angeklagten Fall geht die Umkehr der Beweislast deswegen vor, weil sich bereits ein Schuldverhältnis zwischen den Beteiligten befindet und demnach § 280 Abs. 1 S. 2 BGB auf den Fall Anwendung findet. Zum Letzteren gehört der Fall des Abbruchs von Vertragshandlungen.

---

314 Kötz/Wagner, Deliktsrecht, Rn. 315.
315 Siehe BGHZ 103, 298; NJW 1971, 1313, 1315; Kleindiek, S. 335 ff.
316 Siehe BGHZ 109, 297.
317 MünchKomm-Wagner, 6. Aufl., § 823 Rn. 79.
318 Kötz/Wagner, Deliktsrecht, Rn. 315.
319 Kötz/Wagner, Deliktsrecht, Rn. 316.
320 BGHZ 67, 383, 387.

iv) Zusammenfassung

Im Fall des Abbruchs von Vertragsverhandlungen handelt es sich bekanntermaßen um den Schutz von reinen Vermögensinteressen; wie bisher ermittelt wurde, sind die reinen Vermögensschäden aus dem Abbruch von Vertragsverhandlungen, auch wenn es von möglicher dogmatischer Auslegung ausgeht, nicht im Schutzbereich des § 823 Abs. 1 und 2 BGB umfasst. Folglich kommt nunmehr die Anwendbarkeit des § 826 BGB im vorliegenden Fall in Betracht. Da insbesondere die Vorschrift des § 826 BGB in den Lehren als „deliktische Generalklausel"[321] bezeichnet wurde, ist es vorläufig möglich, dass durch die dogmatische Auslegung die reinen Vermögensinteressen aus vorliegendem Fall dem Schutzbereich des § 826 BGB unterliegen; hierbei gelten die Verkehrspflichten ebenfalls als Maßstab der Rechtswidrigkeit.

b) Der Schutzbereich des § 826 BGB

i) Das Verhältnis zwischen der Sittenwidrigkeit und dem Vorsatz

Vom rechtlichen Verständnis der Sittenwidrigkeit und des Vorsatzes als subjektive tatbestandliche Voraussetzungen des § 826 BGB wurde bereits summarisch im obigen **1 b)** gesprochen. Dieses Verhältnis zwischen der Sittenwidrigkeit und dem Vorsatz soll hier unter Betrachtung der Verkehrspflichten festzustellen sein, um die Anwendbarkeit des § 826 BGB auf den Schutz von reinen Vermögensinteressen und die anwendbaren Fälle zu ermitteln.

Anders als im Strafrecht[322] qualifiziert sich erst der zivilrechtliche Vorsatz *traditionell* an sich als „Schuldform"[323], d. h., „das vorsätzliche Handeln schließt (richtiger Ansicht nach) nicht nur die Erkenntnis des schädigenden Erfolges, sondern auch die Erkenntnis der Rechtswidrigkeit des Handelns in sich"[324] ein. Der zivilrechtliche Vorsatz beinhaltet im Allgemeinen das Unrechtsbewusstsein *(= das Bewusstsein der Rechtswidrigkeit)* als „Element der Tat" in sich.[325] Bei dem in § 826 BGB geregelten Vorsatz genügt jedoch nach Ansicht ständiger Rechtsprechung anders als beim traditionellen zivilrechtlichen Vorsatz allein die Erkenntnis derjenigen Umstände, die dem Urteil der Sittenwidrigkeit zugrunde

---

321 Siehe z. B. v. Caemmerer, FS Juristentag, S. 49, 67 f.; Deutsch, Rn. 67.

322 Staudinger-Oechsler, § 826 Rn. 62: „Der strafrechtliche Vorsatz stelle einen Teil der Tathandlung dar und der Schuldvorwurf beruhe dort auf einer eigenständigen Vorsatzbewertung".

323 Staudinger-Oechsler, § 826 Rn. 62.

324 RGZ 72, 4, 6.

325 Staudinger-Oechsler, § 826 Rn. 62.

liegen; dies bedeutet, dass diese Umstände bei einem Handeln schon dem Täter bekannt waren.[326] Verstanden werden kann mithin diese dem traditionellen zivilrechtlichen Vorsatz entgegenstehende Auffassung der Rechtsprechung im Rahmen der Rechtsdogmatik nicht durch sog. *Vorsatztheorie*, sondern durch sog. *Schuldtheorie*, welche durch die Vorschrift des § 17 StGB für den Verbotsirrtum konstituiert wird[327].

Nach der Schuldtheorie bedarf der Vorsatz zuerst keines bestehenden Unrechtsbewusstseins, und im Gegenteil stellt das Bewusstsein der Rechtswidrigkeit gerade „ein Element der Schuld“[328] dar; obwohl es bei einer vorsätzlichen Handlungsweise an Unrechtsbewusstsein fehlt, entfällt im Ergebnis der Vorsatz dadurch nicht.[329] Gestrichen wird das Verschulden bei dieser Theorie nur in den Fällen, in denen der Irrtum für die Rechtswidrigkeit unvermeidbar war.[330] Daraus folgt, dass, obgleich es bei einem Delikt an Unrechtsbewusstsein und dem davon ausgehenden Sittenwidrigkeitsurteil fehlt, der Vorsatz noch als tatbestandliche Voraussetzung zur Entstehung der Schadensersatzhaftung aus § 826 BGB existiert, soweit bei dem Delikt die dem Sittenwidrigkeitsurteil zugrunde liegenden Umstände bereits dem Schädiger bekannt waren. Im gleichen Sinne schließt sich bei der Anwendung des § 826 BGB ausnahmsweise die Vorwerfbarkeit nur dann aus, „wenn der Täter der redlichen Überzeugung ist, dass er in Verfolgung eines erlaubten Interesses so handeln dürfe, wie er handelt“[331]; der Vorsatz bezieht sich insofern nicht auf die Sittenwidrigkeit, sondern auf den Schaden[332], und daher müssen alle Schadensfolgen vom Vorsatz des Schädigers erfasst werden.[333]

---

326 Siehe RGZ 72, 4, 7; 72, 175, 176; 79, 17, 23; BGHZ 8, 83, 87 f.=NJW 1953, 297, 299; BGHZ 74, 281, 284 f.=NJW 1979, 1882; BGHZ 101,380,388=NJW 1987, 3256, 3258 f.; BGH JZ 1996, 416, 419; ZIP 2004, 2095, 2100=NJW 2004, 3706; Larenz/Canaris, Schuldrecht II/2, § 78 III 2, S. 455.

327 Wessels, Strafrecht, § 7 III 2 Rn. 241.

328 Wessels, Strafrecht, § 7 III 2 Rn. 241.

329 MünchKomm-Wagner, 6. Aufl., § 826 Rn. 33.

330 MünchKomm-Wagner, 6. Aufl., § 826 Rn. 33.

331 RGZ 123, 271, 279; BGHZ 101, 380, 388=NJW 1987, 3256, 3258 f.; BGH NJW 1986, 1751, 1754.

332 RZG 72, 4, 7; 123, 271, 278; BGHZ 101, 380, 388=NJW 1987, 3256, 3258.

333 BGHZ 175, 58 Rn. 16=VersR 2008, 495; BGH NJW 1963, 148, 150; NJW 1987, 3205, 3206; Erman-G. Schiemann, 14. Aufl., § 826 Rn. 15; MünchKomm-Wagner, 6. Aufl., § 826 Rn. 25. Dies bedeutet umgekehrt, dass der Schädiger, obgleich er bei einem Delikt der Überzeugung der Redlichkeit eigenes Verhaltens war, sich dadurch die Schadensersatzhaftung nicht entlasten lässt, wenn er dabei insbesondere aufgrund der „im Verkehr erforderlichen Sorgfalt“ die Sittenwidrigkeit eigenen Verhaltens

Ferner kann die „leichtfertige Manier“[334] als ein solches vorsätzliches Verhalten im Sinne des § 826 BGB bewertet werden[335], soweit der Schädiger, obgleich sich eine starke Gefährdung der Beeinträchtigung in den Vermögensinteressen eines anderen befand, unter der Erkenntnis dieser Gefährdung sein vorhabendes Verhalten durchgeführt hat[336]. Folglich erleichtern die subjektiven Voraussetzungen des § 826 BGB im Ergebnis dieses Verständnis der Rechtsprechung für das Verhältnis zwischen der Sittenwidrigkeit und dem Vorsatz.[337]

Schließlich können die subjektiven Voraussetzungen des § 826 BGB wie folgt formuliert werden: Vorausgesetzt werden zunächst als unerreichte „Maginotlinie“ der Auslegung eines Vorsatzes vor allem die Verkehrspflichten, welche diejenigen (deliktsrechtlichen) allgemeinen Sorgfaltspflichten darstellen[338], die dem in der Öffentlichkeit und dem Verkehr geforderten Verhalten entsprechen; der möglichste Auslegungsbereich des Vorsatzes im Sinne des § 826 BGB soll sich mithin freilich nach dem Willen des Gesetzgebers[339] sowie dem Wortlaut dieser Vorschrift nicht bis dahin erweitern, dass der Vorsatz mit der Fahrlässigkeit gleichzustellen ist; denn *„dolus eventualis“*[340] ist offensichtlich von bewusster Fahrlässigkeit abzugrenzen. Zudem bezieht sich der Vorsatz nicht auf die Sittenwidrigkeit, sondern auf den Schaden; daher genügt dort die „bloße Kenntnis des Eintritts von Schadenserfolgen“[341]. Darüber hinaus genügt, dass dem Schädiger diejenigen Umstände bekannt waren, die dem Urteil der Sittenwidrigkeit zugrunde liegen. Außerdem ist eine „leichtfertige Manier“ des Schädigers als ein solches vorsätzliches Verhalten im Sinne des § 826 BGB anzuerkennen, soweit sie jedenfalls als *„dolus eventualis“* bewertet werden kann.

---

hätte erkennen können, dazu siehe MünchKomm-Wagner, 6. Aufl., § 826 Rn. 33. Die Erkennbarkeit des Schädigers, ob eigenes Verhalten gegen die guten Sitten verstößt, ist folglich zu bejahen, wenn z. B. ein Rat des Rechtsanwalts einzuholen oder die „Unbedenklichkeit des Vorgehens“ vom Rechtsanwalt zu versichern ist, dazu siehe BGHZ 74, 281, 284 f.=NJW 1979, 1882, 1883; BGH NJW 1986, 1751, 1754; JZ 1996, 416, 419.

334 Kötz/Wagner, Deliktsrecht, Rn. 269.

335 BGH NJW 1987, 1758; 1992, 2080, 2083.

336 Kötz/Wagner, Deliktsrecht, Rn. 269.

337 v. Bar, Verkehrspflichten, S. 211 ff.

338 Kötz/Wagner, Deliktsrecht, Rn. 128: „Bezeichnen die Verkehrspflichten nichts anderes als Sorgfaltsgebote zum Schutz der Rechtsgüter anderer, liegt es nahe, sie mit den allgemeinen Sorgfaltsanforderungen des § 276 II zu identifizieren. Die Verkehrspflichten sind dann bloß ein anderer Name für Fahrlässigkeit“.

339 Protokolle II S. 567.

340 Kötz/Wagner, Deliktsrecht, Rn. 269.

341 Kötz/Wagner, Deliktsrecht, Rn. 268.

ii) Die anwendbaren Fälle des § 826 BGB

Aufgrund der gerade formulierten subjektiven Voraussetzungen des § 826 BGB kann ermittelt werden, welche konkreten Fälle des Abbruchs von Vertragsverhandlungen unter den Schutzbereich des § 826 BGB fallen. Zunächst verstößt es dann gegen die guten Sitten, wenn jemand ohne ernstlichen Willen des Vertragsabschlusses zum Schein die Verhandlung aufnimmt oder fortführt und gleichzeitig in anderer Partei das Vertrauen auf das Zustandekommen eines Vertrags erweckt oder in anderweitiger Weise die andere Partei zur Vermögensdisposition veranlasst.[342] Die Haftungsvoraussetzungen des § 826 BGB können ebenfalls bereits dann erfüllt werden, wenn die Unmöglichkeit des Vertragsschlusses von Anfang an dem Schädiger ganz selbstverständlich bekannt war oder er sich damals noch gar nicht auf den Vertragsabschluss vorbereitete; denn dieses grob fahrlässige oder rücksichtslose Handeln wird als gegen die guten Sitten verstoßendes Verhalten angesehen.[343] Wenn die Vertragsverhandlung später nur mit der Absicht zur Schädigung der anderen Partei abgebrochen wird, so verstößt dies auch gegen die guten Sitten.[344]

Im Zusammenhang mit konkreten Anwendungsfällen des § 826 BGB kommt vornehmlich die Vorschrift des § 839 BGB für die „Haftung bei Amtspflichtverletzung" in Betracht: Bei amtlichen Verhandlungen muss der Beamte die „richtige und vollständige Auskunft"[345] mitteilen oder beraten[346]; der Beamte verpflichtet sich, sich „konsequent zu verhalten", d. h., er soll in bestimmter Weise etwa die geplanten und ausgeübten Maßnahmen durchführen und dabei nicht

342 Vgl. Dernburg, § 130 II, S. 440.

343 Küpper, S. 168.

344 Küpper, S. 169. Seiner Auffassung nach ist es bezüglich der Schädigungsabsicht jedoch zweifelhaft, ob „der unbegründete Abbruch von Verhandlungen ohne Absicht der Schädigung" ebenfalls als Sittenverstoß bewertet werden kann. Nach einer Ansicht kann hingegen bei einem solchen Fall das gegen die guten Sitten verstoßende Verhalten aufgrund des vorher erweckten Vertrauens anerkannt werden, dazu siehe Küpper, S. 169 Fn. 141. Nach anderer Auffassung könne ebenfalls „unter gleichem Gesichtspunkt" der Kontrahierungszwang aus § 826 BGB auf derjenigen Wertung beruhen, dass die Verweigerung eines Vertragsabschlusses unter bestimmten Voraussetzungen dann sittenwidrig sein kann, sofern sie willkürlich und ohne gütigen Grund vorgenommen wird, dazu siehe Nipperdey, S. 61.

345 Küpper, S. 170.

346 Siehe z. B. BGH LM Nr. 54 zu § 133 (C) BGB; NJW 1985, 1338; MünchKomm-Papier, 6. Aufl., § 839 Rn. 218.

seinem früherem Verhalten entgegenstehen[347]. Wenn bei amtlichen Verhandlungen diese Amtspflicht ohne triftigen Grund verletzt wird, so verpflichtet sich der Beamte, die vergeblichen Aufwendungen zu ersetzen.[348] Ferner ist bei der Vertragsverhandlung, die dem öffentlichen Recht unterliegt, die Amtshaftung insbesondere gemäß Art. 34 GG[349] anzuerkennen.[350] Die gerade erwähnten, in § 839 BGB fraglichen Fälle können nach dem Maßstab des § 826 BGB ebenfalls in Betracht kommen; jedoch soll hierbei nicht übergangen werden, dass, obwohl z. B. bei einem Fall die Haftung aus der Amtspflichtverletzung nach § 839 BGB anerkannt wird, unter dem Gesichtspunkt von tatbestandlichen Voraussetzungen im Sinne des § 826 BGB keine Schadensersatzhaftung akzeptabel ist, es sei denn, in demselben Fall liegt mindestens „vorsätzliches, grob fahrlässiges oder rücksichtloses Verhalten" vor.

Wie im obigen **i)** dargelegt wird, wird jedenfalls der Schutz- oder Haftungsbereich des § 826 BGB dadurch ausgedehnt, dass sich die subjektiven Voraussetzungen des § 826 BGB im möglichen Auslegungsbereich erleichtern lassen; dies sei insbesondere bei einem Fall von Bedeutung, in dem ein Geschäftsherr seine Vertragsverhandlungen nur durch seinen Gehilfen geführt hat und ein Schaden durch sittenwidriges Verhalten des Gehilfen verursacht wurde und gleichwohl die tatbestandlichen Voraussetzungen des § 831 BGB keine Rolle mehr spielen[351]; bei dem Fall richtet sich das Sittenwidrigkeitsurteil schließlich „so beschränkt und selten", aber unmittelbar gegen den Geschäftsherrn[352]; gleichwohl ist ebenfalls

347 BGHZ 87, 9, 18. Aber auch siehe BGHZ 76, 343, 351; LM Nr. 54 zu § 133 (C) BGB; MünchKomm-Papier, 6. Aufl., § 839 Rn. 220.

348 BGHZ 76, 343, 351; LM Nr. 54 zu § 133 (C) BGB. Hierbei ist der Umfang des Schadensersatzanspruchs nicht auf den Vertrauensschaden zu beschränken. Denn dieser Anspruch bezieht sich auf die Vermögenslage, die bei Erfüllung der Amtspflicht eintritt, dazu siehe BGHZ 76, 343, 351. Zum Ersatz und Umfang des „positiven Interesses" im Zusammenhang mit dem Fall des Abbruchs von Vertragsverhandlungen siehe 3. Teil 2. Abschnitt B II 3.

349 Im Zusammenhang mit öffentlich-rechtlichen Vertragsverhandlungen des Beamten regelt Art. 34 GG für die Amtshaftung wie folgt: „Verletzt jemand in Ausübung eines ihm anvertrauten öffentlichen Amtes die ihm einem Dritten gegenüber obliegende Amtspflicht, so trifft die Verantwortlichkeit grundsätzlich den Staat oder die Körperschaft, in deren Dienst er steht. Bei Vorsatz oder grober Fahrlässigkeit bleibt der Rückgriff vorbehalten. Für den Anspruch auf Schadensersatz und für den Rückgriff darf der ordentliche Rechtsweg nicht ausgeschlossen werden".

350 MünchKomm-Papier, 6. Aufl., § 839 Rn. 119 ff., insbesondere Rn. 123.

351 Küpper, S. 170.

352 v. Bar, Verkehrspflichten, S. 219 f.; MünchKomm-Wagner, 6. Aufl., § 826 Rn. 35 ff.

zu beachten, dass die „allgemeine“ Anwendung des § 826 BGB auf diejenigen Fälle abgelehnt wird, in denen z. B. ein Schaden durch den Organisationsmangel verursacht wurde; denn die Schadensersatzhaftung aus dem Organisationsmangel kommt in der Regel beim Fahrlässigkeitsdelikt in Betracht.[353] Obwohl die Vorschrift des § 826 BGB nur beschränkt und selten angewendet wird, ist diese deliktsrechtliche Erwägung unter theoretischem Gesichtspunkt bedeutend.[354]

iii) Zusammenfassung

Trotz der Bemühung der Rechtsprechung um die Ausdehnung des Anwendungsbereichs des § 826 BGB wird im Fall des Abbruchs von Vertragsverhandlungen nur die kleine Schutzmöglichkeit von reinen Vermögensinteressen gegeben. Der ausschlaggebende Grund dafür liegt darin, dass erstens das 1900 in Kraft

---

353 RGZ 163, 21, 30.

354 Im Übrigen handelt es sich, unabhängig davon, dass ein Schaden aus dem Abbruch von Vertragsverhandlungen entsteht, im Rahmen des § 826 BGB um die Verkehrspflichten zum Schutz von fremden Vermögensinteressen; dazu siehe Canaris, FS Larenz, S. 27, 81. Dieser Ansicht nach umfassen die Verkehrspflichten z. B. diejenige Verpflichtung der Banken, bei einer Unternehmenskrise die „Sanierungsfähigkeit und Sanierungswürdigkeit“ des Unternehmens zu prüfen; denn dadurch werde die Möglichkeit gegeben, dass der Vermögensschaden von beteiligten Gläubigern (einschließlich der Kreditgeber) vermieden und abgewandt werden kann; dazu siehe Canaris, Bankvertragsrecht, Rn. 130 Abs. 2 m. Nachw. Im anderem Fall, in dem es sich um die „Haftung des GmbH-Geschäftsführers wegen der Aufklärungspflichtverletzung bei der Vermittlung von sog. Londoner Warenterminoption“ handelt, gilt das Gleiche; in diesem Fall geht es ebenfalls um die Verpflichtung, die Gefährdung von fremden Vermögensinteressen zu vermeiden und abzuwenden; dazu siehe BGH ZIP 1982, 819 und Canaris, FS Larenz, S. 27, 81. Dieser Auffassung ist jedoch heute nach dem geltenden Recht nicht zuzustimmen; wie bereits festgestellt wurde, spielen die Verkehrspflichten im Rahmen des Deliktsrechts eine Rolle als allgemeine Sorgfaltspflichten, die dem in der Öffentlichkeit und damit dem Verkehr geforderten Verhalten zu entsprechen; schließlich sollen sie auch in soeben erwähnten Fällen selbstverständlich vom Vorsatz oder grober Fahrlässigkeit abzugrenzen sein. Die Anwendbarkeit des § 826 BGB kommt daher nicht in Betracht, soweit es darum geht, ob die Verkehrspflichten verletzt werden. Handelt es sich bei den aufgezeigten Fällen um die Beeinträchtigung in absoluten Rechtsgütern oder die Aufklärungspflichtverletzung, so sollen diese Fälle im heutigen BGB „vorzugsweise“ nach § 823 Abs. 1 BGB oder § 241 Abs. 2 BGB in Verbindung mit § 311 Abs. 2 BGB zu regulieren sein, aber nicht nach § 826 BGB. Die Konkurrenz von Ansprüchen ist freilich anzuerkennen, indem der vertragliche Anspruch den Vorrang vor dem deliktischen Anspruch hat.

eingetretene BGB die sog. „große“ deliktsrechtliche Generalklausel[355] abgesagt hat, zweitens kommen als subjektive Voraussetzungen im Sinne des § 826 BGB allein das „vorsätzliche“ oder zumindest „grob fahrlässige“ oder „rücksichtlose“ Verhalten des Schädigers in Betracht. Obwohl den bisher kritisierten Standpunkten teilweise zugestimmt werden kann, wird der Schutz von reinen Vermögensinteressen nach § 826 BGB beschränkt anerkannt; aus § 826 BGB ergibt sich endgültig keine *„allgemeine“* Schutzfunktion von reinen Vermögensinteressen im Fall des Abbruchs von Vertragsverhandlungen.

D. Resümee

Zusammenzufassen ist der 1. Abschnitt dieses Teils im Zusammenhang mit der Anwendbarkeit des geltenden Deliktsrechts auf den Fall des Abbruchs von Vertragsverhandlungen wie folgt:

Im römischen Recht wurde der deliktische Eingriff in die Rechtsgüter eines anderen durch die *actio legis Aquiliae*, welche sich heute als Keimzelle der deliktischen Generalklausel bezeichnet, im Rahmen des Deliktsrechts mit strafrechtlicher Quelle reguliert. Als nach der Rezeption des römischen Rechts das BGB im Jahr 1900 erstmals eintrat, lehnte das BGB anders als in anderen Gesetzbüchern die Einführung der deliktsrechtlichen Generalklausel ab; der Grund liegt darin, dass die Entfaltung der individuellen Freiheit und die Verfolgung des individuellen Interesses in der Rechtsordnung gewährleistet werden sollten. Somit wurden im BGB vor allem aufgrund der Rechtswidrigkeit im Ganzen genommen diejenigen einzelnen deliktsrechtlichen Haupttatbestände verankert, die heute in §§ 823 Abs. 1 und 2 sowie 826 BGB geregelt werden. Der deliktsrechtliche Schutzbereich ist in §§ 823 Abs. 1 und 2 sowie 826 BGB offensichtlich aufzuzeigen. Dieser Gesetzgebungsweise und dem heutigen Gesetzgebungsstand im Rahmen des Deliktsrechts ist unter dem Gesichtspunkt des Prinzips der Selbstverantwortung zweckmäßig zuzustimmen.

Im Fall des „Abbruchs von Vertragsverhandlungen“ handelt es sich, wie wiederholt betont wird, um die rechtliche Eigenschaft der Schutzpflichten, ihre Verletzung und den sich daraus ergebenden reinen Vermögensschaden: Die Schutzpflichten, welche nur im Rahmen des Deliktsrechts in Betracht kommen, sind als diejenigen allgemeinen Sorgfaltspflichten zu verstehen, durch deren Verletzung der deliktsrechtliche Schadensersatzanspruch allein im Schutzbereich von §§ 823 Abs. 1 und 2 sowie 826 BGB herbeizuführen ist; diese Schutzpflichten

355 Canaris, FS Larenz, S. 27, 83.

unterscheiden sich im Hinblick auf die „ursprüngliche und entwickelte Rechtsnatur“ von denjenigen Schutzpflichten, die bereits im Rahmen des Schuldverhältnisses abgehandelt werden. Ferner können die reinen Vermögensinteressen, auch wenn sie an die Verkehrspflichten angelehnt sind, im Schutzbereich des § 823 BGB nur nach seinem Abs. 2 beschränkt geschützt werden; sie sind ebenfalls unter Betrachtung der subjektiven tatbestandlichen Voraussetzungen des § 826 BGB eingeschränkt zu schützen; dies führt dazu, dass der *„allgemeine“* Schutz von reinen Vermögensinteressen im Fall des Abbruchs von Vertragsverhandlungen nicht im geltenden Deliktsrecht durchzusetzen ist.

Trotzdem versuchten viele Autoren, die im vorvertraglichen Stadium fraglichen Fälle im Rahmen des Deliktsrechts zu lösen; ihr Grundgedanke lag essentiell darin, die Anerkennung des Rechtsinstituts der culpa in contrahendo und die daraus resultierende, überflüssige Ausdehnung des Schuldverhältnisses abzulehnen, soweit sich die gleichen Rechtsfolgen nach solchem Rechtsinstitut durch die bereits bestehenden, alternativen Rechtsfiguren im Rechtssystem ersetzen lassen. Dem ist jedoch nicht zuzustimmen, und der Grund[356] ist zusammen mit der in **C II 2 iii) 2)** dargelegten Kritik wie folgt: Das Schadensrecht zielt grundsätzlich auf den Ausgleich desjenigen Schadens, der sich daraus ergibt, dass jemand durch sein in Rechtsordnungen unzulässiges Verhalten in Rechtsgütern eines anderen beeinträchtigt hat; somit müssen die möglichsten Rechtsbehelfe für den Geschädigten in Betracht kommen und sie sollen zweckmäßig nicht in Rechtsordnungen verweigert werden, es sei denn, diese Rechtsbehelfe stehen unter dogmatischem Gesichtspunkt mindestens dem geltenden Rechtssystem entgegen. Die alternativen Rechtsfiguren, die nach der hier vertretenden Ansicht in Betracht kommen können, entsprechen jedoch nicht vollständig den Rechtsfolgen aus culpa in contrahendo. Von diesem Standpunkt aus soll die Aufgabe des „allgemeinen Schutzes von reinen Vermögensinteressen im Fall des Abbruchs von Vertragsverhandlungen“ nach dem geltenden Recht schließlich im außerdeliktischen Schutzbereich übernommen werden.

356 Zu dogmatischen Gründen siehe 2. Abschnitt.

2. Abschnitt: Das rechtsgeschäftsähnliche Schuldverhältnis im vorvertraglichen Stadium

A. Einführung

Wie im **1. Abschnitt** dargestellt, wird der Fall des „Abbruchs von Vertragsverhandlungen", insbesondere in Bezug auf die reinen Vermögensinteressen, im Rahmen des geltenden Deliktsrechts so beschränkt geschützt. Aus diesem Grund sind im vorliegenden Fall zur Verallgemeinerung der Ersatzhaftung für reine Vermögensschäden im Vorfeld der Haftungsentstehung die schuldrechtlichen Pflichten erforderlich, die von den im Deliktsrecht fraglichen Schutzpflichten abgegrenzt sind und im Stadium von Vertragsverhandlungen *im Allgemeinen* anerkannt werden können; um diese Pflichten von den „Schutzpflichten als allgemeine Sorgfaltspflichten (im Folgenden nur bezeichnet als „allgemeine Sorgfaltspflichten")" abzugrenzen, sind sie als sog. „außerdeliktische Schutzpflichten" zu bezeichnen („die folgenden geschriebenen Schutzpflichten" gelten als „außerdeliktische Schutzpflichten", soweit kein anderes erwähnt wird); diese Schutzpflichten als schuldrechtliche Pflichten sind vornehmlich an den Legitimationsgrund der sog. Sonderverbindung zwischen den Vertragsverhandlungsparteien anzuknüpfen, und zwar an sog. „Vertrauensschuldverhältnis"; die Lösung dieser Frage geht im deutschen Privatrecht zutreffend von dem Rechtsinstitut der culpa in contrahendo aus.

Die Schutzpflichten gehören unter dem Gesichtspunkt der Pflichtgefüge zu den sog. Nebenpflichten, die auch als „weitere Verhaltenspflichten"[357] zu nennen sind. Die Rechtsfigur der culpa in contrahendo kommt im Verhältnis mit den sog. „leistungsbezogenen" Nebenpflichten vor allem bezüglich der Existenzberechtigung des Zwischenbereichs zwischen der echten Vertragshaftung und der Deliktshaftung infrage[358], da die Schutzpflichten unabhängig vom Bestehen der Leistungspflichten anerkannt werden können.

---

357 MünchKomm-Bachmann, 7. Aufl., § 241 Rn. 33.

358 Auf das Pflichtenprogramm des Schuldverhältnisses bzw. das Verhältnis zwischen Schutzpflichten und leistungsbezogene Nebenpflichten eingehend siehe 3. Teil 1. Abschnitt A II 2 b). Ferner im Zusammenhang mit den Mitwirkungspflichten als leistungsbezogene Nebenpflichten und ihrer Bedeutung im vorvertraglichen Stadium siehe Fn. 712.

B. Die *culpa in contrahendo* als Rechtsinstitut

I. Die Entwicklung[359] der culpa in contrahendo

1. *Die Lehre der culpa in contrahendo* Jherings

Die modernen Diskussionen über die *culpa in contrahendo* in Deutschland[360] gehen ursprünglich von der Untersuchung *Jherings* „Culpa in contrahendo oder Schadensersatz bei nichtigen oder nicht zur Perfektion[361] gelangten Verträgen"[362] im Jahr 1861 aus. Seiner Meinung nach kann die vertragliche Schadensersatzhaftung dann anerkannt werden, wenn ein Vertrag dem Schein nach zustande gekommen ist, obwohl er „endgültig" nichtig ist.

Die Untersuchung *Jherings* ging erst von der Fragestellung für die Willenstheorie *Savignys* aus; laut der Willenstheorie *Savignys* war die Willenserklärung angesehen, die damals für die Wirksamkeit eines Vertrags entscheidend war[363], als nichtig sowohl „in den Fällen des Irrtums" als auch „in den Fällen des fehlenden Erklärungsbewusstseins"[364]. Die Legitimation dieser Folge zweifelte *Jhering* jedoch stets an[365]; daher versuchte er, die Auswirkung der Willenstheorie *Savignys* abzumildern. Nach *Jherings* Auffassung habe die Nichtigkeit eines Vertrags allein

359 Zur geschichtlichen Entwicklung der culpa in contrahendo siehe exemplarisch Bohrer, S. 97 ff.; Hildebrandt, S. 25 ff.; Mielke, S. 17 ff.; Pouliadis, S. 30 ff.; Schmitz, S. 31 ff.

360 Im klassischen römischen Recht wurde die „Haftung aus bloßer culpa in contrahendo ohne Vorsatz" grundsätzlich nicht anerkannt. Die Haftung für „dolus in contrahendo" wurde allein in wenigen Fällen ausnahmsweise anerkannt, wie die Haftung des Verkäufers für „arglistiges Verschweigen" und die Haftung des Verkäufers für „arglistige unverbindliche dicta et promissa". Dazu siehe Hildebrandt, S. 25 ff. Die Lehre der culpa in contrahendo Jherings gehe dennoch ursprünglich vom römischen Recht aus, dazu siehe Keller, S. 28 ff. und S. 28 Fn. 8).

361 Das Wort „Perfektion" ist im ursprünglichen Text als „Perfection" geschrieben.

362 Jhering, Rudolf v., Jahrbücher für die Dogmatik des heutigen römischen und deutschen Rechts, 4. Band, 1861, S. 1–112.

363 Dass der Schuldner nach § 275 Abs. 1 bis 3 BGB nicht zu leisten braucht und das Leistungshindernis schon beim Vertragsschluss vorlag, hat jedoch heute nichts mit der Wirksamkeit eines Vertrags zu tun.

364 Keller, S. 28 f. Im Zusammenhang mit diesen Fällen zog Jhering die Grundkonstellationen in Betracht, dazu Jhering, S. 2 und 4 und 6.

365 Siehe Jhering, S. 2: „Bei dem Vortrage der Lehre vom wesentlichen Irrtum in meinen Vorlesungen machte mir schon seit Jahren ein Punkt große Schwierigkeit, auf den ich eine befriedigende Auskunft zu ertheilen nicht imstande war, nämlich die Frage: Ob nicht der irrende Theil dem Gegner auf Ersatz des durch seine Schuld ihm verursachten Schadens hafte?".

zur Folge, dass sich die vertragliche Erfüllungspflicht ausschließt[366]; damit strebte er für den nichtigen Vertrag oder den nicht zur Perfektion gelangten Vertrag die „prinzipielle Verallgemeinerung" der Vertragshaftung (oder der vertraglichen Ersatzklage)[367] an; er erkannte insbesondere im Zusammenhang mit dem Fall des vorvertraglichen Stadiums diejenigen Sorgfaltspflichten an, welche über die deliktischen Verhaltenspflichten hinausgingen[368]. Der Grund der vertraglichen Haftung bei *Jhering* bestand in der „Zuverlässigkeit und Wahrheit" von „Äußerungen und Mitteilungen"[369], die beim Abschluss eines Vertrags von jeder Partei an jede Partei abgegeben wurden; bei ihm konnte aber auch der „Schutz der Regeln über die *Culpa*"[370], trotz des endgültigen Fehlens des Zustandekommens eines Vertrags, im bereits *entstehenden* Vertragsverhältnis dann nicht verzichtet werden, „wenn nicht der kontraktliche[371] Verkehr nach einem Kontrahierenden hin empfindlichster Weise bloß gestellt werden soll, jeder Kontrahent[372] der Gefahr Preis gegeben werden soll, das Opfer fremder Nachlässigkeit zu werden"[373]. Als das BGB 1896 zum ersten Mal bekannt gemacht wurde, wurden unter diesem Grundgedanken *Jherings* die Vorschriften von §§ 122, 179 BGB und §§ 307 und 309 BGB a. F. im BGB verankert.

2. *Die Bedeutung der Theorie* Jherings *zur Kodifikation des BGB*[374]

Der Gedanke *Jherings* lag in dogmatischer Hinsicht der allgemeinen Anerkennung von vorvertraglichen Pflichten zugrunde, durch deren Verletzung ein vertraglicher Schadensersatzanspruch entstand. Der Gesetzgeber führte jedoch

---

366 Siehe Jhering, S. 29 und S. 32.

367 Siehe Jhering, S. 40. Dieser Kernpunkt des Gedankens Jherings kann vor allem durch die folgende Aussage erfasst werden: „Das Gebot der contractlichen diligentia gilt wie für gewordene, so auch für werdende Contractsverhältnisse, eine Verletzung desselben begründet, hier wie dort die Contractsklage auf Schadensersatz", dazu siehe Jhering, S. 52.

368 Siehe Jhering, S. 41 f.: „Wer contrahiert, tritt damit aus dem rein negativen Pflichtenkreis des außercontractlichen Verkehrs in den positiven der Contractssphäre".

369 Küpper, S. 23; aber auch siehe Jhering, S. 42 f.

370 Jhering, S. 42.

371 Das Wort „kontraktliche" ist im ursprünglichen Text als „contractliche" geschrieben.

372 Das Wort „Kontrahent" ist im ursprünglichen Text als „Contrahent" geschrieben.

373 Jhering, S. 42.

374 Auch im Allgemeinen Preußischen Landrecht von 1794 (im Folgenden als ‚ALR' bezeichnet), befanden sich die beiden Vorschriften als Generalklausel für die Sachverhalte, die heute durch die Rechtsfigur der culpa in contrahendo reguliert werden, wie folgt:

zurückhaltend nur §§ 122 und 179 BGB sowie §§ 307 und 309 BGB a. F. ins BGB von 1896 ein.[375] Diese Vorschriften gingen vor allem nicht vom „einheitlichen Konzept" der culpa in contrahendo aus, sondern vom einzelnen Sachverhalt[376]; damals wurde die rechtliche Einordnung der Haftung aus diesen Vorschriften selbstverständlich offengelassen.[377] Folglich mussten die Diskussionen über die nicht im BGB geregelten Fälle der culpa in contrahendo, in denen die Ergänzung gegenüber den Schutzlücken des Zivilrechts in Betracht kommen sollte, entsprechend in der Rechtsprechung und Literatur entwickelt werden.[378] Diese unterschiedlichen Fälle können je nach Ähnlichkeit gruppiert werden.

II. Fallgruppierung

Ganzheitlich betrachtet werden die verschiedenen Fälle, in denen die Schadensersatzhaftung aus culpa in contrahendo anerkannt wird, in zwei Fallgruppen eingeteilt. Die erste Fallgruppe bezieht sich auf die Konstellationen, in denen in die

---

ALR I 5 § 284: Was wegen des bey Erfüllung des Vertrages zu vertretenden Grades der Schuld Rechtens ist, gilt auch für den Fall, wenn einer der Contrahenten bei Abschließung des Vertrages die ihm obliegenden Pflichten vernachlässigt hat, und ALR I 5 § 285: Wer bey Abschließung oder Erfüllung des Vertrags seine Pflichten vorsätzlich, oder aus grobem Versehen, verletzt hat, muß dem Andern sein ganzes Interesse vergüten. Verstanden werden könnten übrigens zahlreiche Vorschriften von ALR als diejenigen Regelungen, die anwendbar auf die Fälle sind, welche im vorvertraglichen Stadium in Betracht kommen, zum Beispiel ALR I 4 § 79, I 5 §§ 32, 36, 105, 325, 328, 349, 350, 358 und I 13 § 89. Trotz der Anerkennung von diesen Vorschriften für die vorvertraglichen Pflichten fehlte es noch an dem Rechtsgrund, der die Bejahung dieser Pflichten legitimierte. Dazu siehe Keller, S. 27 Fn. 2) und 3) und S. 28.

375 Siehe z. B. Heinrichs, FS Canaris, S. 422.

376 Siehe Küpper, S. 23.

377 Motive I, S. 195. Einem Schrifttum nach sind die gerade erwähnten Fälle in die „schuldunabhängige Vertrauenshaftung" einzuordnen. Unklar ist es jedoch, ob der Gesetzgeber damals mit demjenigen Zweck oder mindestens unter solchem Bewusstsein diese Fälle ins BGB einführte, dazu siehe Heinrichs, FS Canaris, S. 422. Zu diesem Verständnis kann gleichwohl unter dem dogmatischen Gesichtspunkt vernünftigerweise zugestimmt werden.

378 Siehe z. B. Heinrichs, FS Canaris, S. 422. Wie im Folgenden (Fn. 386) wiederum erwähnt wird, erklärt die Rechtsprechung (BGHZ 6, 330, 333) über die Haftung aus culpa in contrahendo wie folgt: „Die Haftung aus Verschulden bei Vertragsschluss ist eine solche aus einem in Ergänzung des geschriebenen Rechts geschaffenen gesetzlichen Schuldverhältnis, das aus der Aufnahme von Vertragsverhandlungen entspringt und zur verkehrsüblichen Sorgfalt im Verhalten gegenüber dem Geschäftsgegner verpflichtet."

vertragsfremden Rechtsgüter eines anderen durch die Verletzung von vorvertraglichen Pflichten eingegriffen wird (im Folgenden als *1. Fallgruppe* bezeichnet). Die zweite Fallgruppe dagegen bezieht sich auf die Konstellationen, in denen die vorvertraglichen Pflichten in Hinsicht auf den Abschluss eines Vertrags verletzt werden (im Folgenden als *2. Fallgruppe* bezeichnet). In den folgenden Fällen handelt es sich im Allgemeinen bei der *1. Fallgruppe* um das Erhaltungsinteresse *(= Integritätsinteresse)* und bei der *2. Fallgruppe* um das *negative Interesse.*

1. Erste Fallgruppe

Bei der *1. Fallgruppe* geht es um die Pflichten, bei der „Vertragsanbahnung"[379] die Rechtsgüter eines anderen nicht zu verletzen. Diese Pflichten sind unabhängig davon anzuerkennen, ob später ein Vertrag zustande kommt; die Beteiligten verpflichten sich somit bereits bei der Vertragsanbahnung, im Rahmen des „vertragsähnlichen Vertrauensschuldverhältnisses" die verkehrserforderliche Sorgfalt zu beachten.[380]

Diese Pflichten wurden erst vom Reichsgerichtshof im Zusammenhang mit dem bekannten „Linoleum-Fall"[381] akzeptiert. Dabei handelte es sich vor allem um die Anwendbarkeit des § 278 BGB: Eine Käuferin und ihr Kind verletzten sich im Warenhaus durch eine umgefallene Linoleumrolle. Der Unfall wurde durch das Verschulden des Gehilfen verursacht. Hierbei erkannte das Reichsgericht jedoch die sog. rechtsgeschäftsähnliche Verbindlichkeit des Inhabers gegenüber der Käuferin an. Nach Ansicht der Rechtsprechung entstand durch das einen Kauf bezweckende Gespräch bereits dasjenige Rechtsverhältnis zwischen den Beteiligten (also „Kauflustigen" und „Verkäufer"), das eine „den Kauf vorbereitende" Stufe darstellt und insoweit den vertragsähnlichen Charakter trägt; das Rechtsverhältnis zwischen dem Kauflustigen und dem Verkäufer wurde durch die Vertragsverhandlungen[382] zum Einkaufen geprägt, und insofern verpflichtete

379 Abzugrenzen ist die Vertragsanbahnung im strikten Hinblick von der „Aufnahme von Vertragsverhandlungen", die in der folgenden 2. Fallgruppe abgehandelt wird. Denn bei der Vertragsanbahnung erreichen die Beteiligten noch keine praktische bedeutsame Verhandlung für einen Vertragsabschluss. Die Anbahnung eines Vertrags im Sinne des heutigen § 311 Abs. 2 Nr. 2 BGB unterscheidet sich aus diesem Grund von der „Aufnahme von Vertragsverhandlungen" im Sinne des heutigen § 311 Abs. 2 Nr. 1 BGB. Darauf eingehend unter 3. Teil 1. Abschnitt A II 3 b).

380 RGZ 107, 357, 362; 114, 155, 159; 120, 249, 251; 151, 357, 358; 159, 33, 53; 162, 129, 156.

381 RGZ 78, 239 ff.

382 Die Formulierung der hier erwähnten Vertragsverhandlungen ist ebenfalls von den Vertragsverhandlungen im Sinne des heutigen § 311 Abs. 2 Nr. 1 BGB abzugrenzen.

sich der Inhaber, die Gesundheit und das Eigentum der Käuferin zu schützen.[383] Der Inhaber hatte folglich die Schäden zu vertreten, die durch das Verschulden des Gehilfen hervorgerufen wurden.[384]

Der Bundesgerichtshof erkannte bei ähnlichen Fällen ebenfalls die gleichbedeutenden Pflichten an. Nach Ansicht des Bundesgerichtshofs ist die Haftung aus culpa in contrahendo „eine solche aus einem in Ergänzung des geschriebenen Rechtes geschaffenen gesetzlichen Schuldverhältnis, das aus der Aufnahme von Vertragsverhandlungen[385] entspringt und zur verkehrsüblichen Sorgfalt im Verhalten gegenüber dem Geschäftsgegner verpflichtet“[386]; im „Bananenschalen-Fall“[387] verletzte sich ein Besucher, der das Ziel eines Vertragsabschlusses mit dem Warenhausinhaber hatte, wegen einer auf dem Boden liegenden Bananenschale. In diesem Fall handelte es sich vor allem um die Beweislast analog § 282 BGB a. F.; nach dem Bundesgerichtshof kann die Haftung aus culpa in contrahendo dann anerkannt werden, wenn, obgleich noch kein Vertrag abgeschlossen wurde, ein solcher Kunde in den vom Geschäftsherrn beherrschten Raum eintritt.[388] Folglich hat der Inhaber aufgrund der analogen Anwendung des § 282 BGB a. F. zu beweisen, ob er und sein Gehilfe die im Warenhaus „erforderlichen Organisations- und Überwachungsmaßnamen sowie Sorgfalt“ getroffen oder beachtet haben.[389] Ferner wurde im „Gemüseblatt-Fall“[390] die Haftung aus culpa in contrahendo aufgrund der Lehre des „Vertrags mit Schutzwirkung zugunsten Dritter“ gegenüber dem bestimmten Dritten anerkannt; in diesem Fall kamen vornehmlich die Erstreckung des Schutzbereiches auf die Begleitpersonen und die Verjährung gemäß § 195 BGB a. F. in Betracht; nach Auffassung der Rechtsprechung kann die Haftung aus culpa in contrahendo dann anerkannt werden, wenn „der Geschädigte sich mit dem Ziel des Vertragsabschlusses oder mit der Anbahnung

---

383 RGZ 56, 17, 19; 78, 239, 240.

384 In diesem Fall kann auch das Kind der Klägerin gemäß dem heutigen § 311 Abs. 2 Nr. 3 BGB aufgrund der Rechtsfigur des „Vertrags mit Schutzwirkung zugunsten Dritter“ den Schadensersatzanspruch gegenüber dem Beklagten haben. Dazu siehe BT-Drucksache 14/6040, S. 163.

385 Die hier genannte „Aufnahme von Vertragsverhandlungen“ stellt ebenfalls unter dem Gesichtspunkt von tatbestandlichen Voraussetzungen der Schadensersatzhaftung, die Anbahnung eines Vertrags im Sinne des heutigen § 311 Abs. 2 Nr. 2 BGB dar. Dazu siehe 3. Teil 1. Abschnitt A II 3 b) und B.

386 BGHZ 6, 330, 333.

387 BGH NJW 1962, 31.

388 BGH NJW 1962, 31, 32.

389 BGH NJW 1962, 31, 32.

390 BGHZ 66, 51 ff.

„geschäftlicher Kontakte“ – also zumindest als *möglicher* Kunde, auch wenn er vielleicht noch keine feste Kaufabsicht hatte – in die Verkaufsräume eingetreten ist“[391]; in diesem Fall wurde schließlich für die Begleitperson *(also die Tochter der Käuferin)* die längere Verjährungsfrist nicht gemäß § 852 BGB a. F. angewandt, sondern gemäß § 195 BGB a. F.[392].

2. *Zweite Fallgruppe*

Bei der *2. Fallgruppe* geht es um die Pflichten, die im Rahmen der echten praktischen Verhandlungen für einen Vertragsschluss zwischen zweien oder mehreren bestimmten Beteiligten in Betracht kommen. Die Entstehung dieser Pflichten beruht auf demjenigen Rechtsverhältnis zwischen den Beteiligten, das im Allgemeinen in tieferen als bei der *1. Fallgruppe*, aber schwächeren als beim Vertragsverhältnis „Beziehungen“ endgültig auf den Abschluss eines Vertrags zielt. Diese Beziehungen können sich in verschiedenen Konstellationen des Vorstadiums eines Vertragsschlusses befinden, wie z. B. bei dem Fall der „Bindung an einen ungünstigen Vertrag“[393], der „Unwirksamkeit eines Vertrags“[394] und damit auch des „Abbruchs von Vertragsverhandlungen“.[395] Die Unwirksamkeit eines Vertrags und der Abbruch von Vertragsverhandlungen werden dabei unter demjenigen Gesichtspunkt in gleichem Bereich umfasst, dass ein Vertrag „noch nicht wirksam“ oder „nicht“ zustande gekommen ist; im ersterem Fall muss insbesondere, anders als im letzterem Fall, für die Haftung aus culpa in contrahendo das äußere Zustandekommen eines Vertrags, also ein *Rechtsschein* vorausgesetzt werden[396]; der erstere Fall kommt hauptsächlich bei

391 BGHZ 66, 51, 54.

392 BGHZ 66, 51, 58. Die Tochter der Klägerin kann aber auch heute gemäß § 311 Abs. 2 Nr. 3 BGB im Rahmen der „ähnlichen geschäftlichen Kontakten“ geschützt werden.

393 Siehe dazu Gottwald, JuS 1982, S. 877, 880 ff.; Hans Stoll, FS v. Caemmerer, S. 435, 454 ff.

394 BGHZ 6, 330 ff.; BGH NJW 1965, 812 ff.; BGH LM Nr. 24 zu § 313 BGB. Zu beachten ist hierbei, dass mit der Schuldrechtsreform zum 1. 1. 2002 die Rechtsfolgen aus §§ 307 und 309 BGB a. F. für die Unmöglichkeit der Leistung nicht mehr gültig sind. Stattdessen wurde die neue Rechtsnorm des § 311a BGB eingefügt: Obwohl beim Vertragsabschluss ein Leistungshindernis bereits vorliegt, ist dieser Vertrag heute gemäß § 311a BGB stets wirksam.

395 Vgl. Nirk, FS Möhring, S. 385, 395.

396 Nach Ansicht von Jhering unterteilten sich die Fälle der Unwirksamkeit eines Vertrags in drei unterschiedliche Fälle: die Unfähigkeit des Subjekts, die Unfähigkeit des Objekts und die Unzulässigkeit des kontraktlichen Willens. Bei diesen Fällen stelle

formerforderlichem Vertrag[397] oder im Zusammenhang mit dem Verstoß gegen die Vertretungsvorschriften[398] in Betracht.

Im Fall des „Abbruchs von Vertragsverhandlungen" wird dagegen selbstverständlich kein äußeres Zustandekommen eines Vertrags zur Entstehung der Haftung aus culpa in contrahendo vorausgesetzt; hierbei handelt es sich um die Vertrauenspflichten, gegen diejenige Erwartung nicht zu verstoßen, dass ein Vertrag nächstens zustande kommen wird; insofern kommen die Fälle in Betracht, in denen die Weiterverhandlung oder der Abschluss eines angestrebten Vertrags ohne triftigen Grund abgebrochen wird; die konkreten tatbestandlichen Voraussetzungen und der Umfang der Schadensersatzhaftung aus diesem Fall sind im folgenden **3. Teil** darzulegen.

III. Zusammenfassung

Durch die traditionellen Diskussionen über die culpa in contrahendo werden die folgenden Punkte festgestellt:

Die culpa in contrahendo hat sich als Rechtsinstitut des Zivilrechts entwickelt; sie begründet bekanntermaßen, unter der Willenstheorie von Savigny[399], die sog. dritte Spur oder den Zwischenbereich zwischen der echten Vertragshaftung[400] und der Deliktshaftung. Die Schadensersatzhaftung aus culpa in contrahendo wird „unter dem Gesichtspunkt der ursprünglichen und entwickelten Rechtsnatur einer Haftung"[401] weder als echte Vertragshaftung noch als Deliktshaftung qualifiziert; diese Haftung befindet sich gleichwohl „nach rechtlicher Einordnung von Rechtsfolgen der Haftung *de lege lata*" in Vertragshaftung oder außerdeliktischer Haftung.

Ferner befinden sich im vorvertraglichen Stadium die verschiedenen Fälle, die je nach der Ähnlichkeit von „Konstellationen" gruppiert werden können. Der Fall des „Abbruchs von Vertragsverhandlungen" wird in der *2. Fallgruppe* umfasst. Bei der *2. Fallgruppe* kommt anders als bei der *1. Fallgruppe* die Pflichtverletzung im Zusammenhang mit den echten praktischen Vertragsverhandlungen zwischen

---

aber immer das äußere Zustandekommen eines Vertrags gemeinsam die Voraussetzung der Haftungsentstehung dar, dazu siehe Jhering, S. 39 und 56 ff.

397 Siehe BGH NJW 1965, 812; aber auch Häsemeyer, S. 64 ff. und 296 ff.; Reinicke, S. 118 ff.

398 Siehe z. B. BGHZ 6, 330; NJW 1984, 606; BAG AP Nr. 1 zu § 276 BGB Verschulden bei Vertragsabschluss=NJW 1956, 398=BAGE 2, 217.

399 Siehe 1. Teil 1. Abschnitt B I 2.

400 Zu dieser begrifflichen Abgrenzung siehe 1. Teil 1. Abschnitt A.

401 Siehe 1. Teil 1. Abschnitt A.

den Beteiligten infrage. Im Falle des „Abbruchs von Vertragsverhandlungen" wird jedoch anders als bei der Unwirksamkeit eines Vertrags kein äußeres Zustandekommen eines Vertrags zur Haftung aus culpa in contrahendo vorausgesetzt, wenn auch die beiden Fälle in der gleichen Fallgruppe umfasst werden.

Die sich im vorvertraglichen Stadium befindenden verschiedenen Fälle einschließlich der Fälle des allgemeinen Lebensverhältnisses sind auch im Rahmen des Rechtsinstituts der culpa in contrahendo nur dann von Bedeutung, wenn sich die Beziehung zwischen den Beteiligten im vorvertraglichen Stadium in der Sonderverbindung, sprich in dem Schuldverhältnis befindet[402]. Das Gleiche gilt für den Fall des „Abbruchs von Vertragsverhandlungen" als Unterfall der culpa in contrahendo; bei vorliegendem Fall handelt es sich somit freilich um die Schutzpflichten aus einem Schuldverhältnis; die Schutzpflichten ohne unmittelbares positives Recht stellen dennoch im Rahmen des Privatrechts den traditionellen Gegenstand des dogmatischen Disputs dar; um solche Schutzpflichten anzuerkennen, ist die ihr zugrunde liegende Sonderverbindung zwischen bestimmten Beteiligten unabdingbar, wie im folgenden C dargelegt wird. Mit der Schuldrechtsmodernisierung 2002 beruhen die Schutzpflichten heute auf § 241 Abs. 2 BGB (und damit auch auf § 242 BGB), d. h., sie kennzeichnen sich anders als im Deliktsrecht ausschlaggebend durch die *Relativität* im Sinne des Schuldrechts.

C. Die Schutzpflichten und die Sonderverbindung

I. Die Schutzpflichten

1. Geschichtliche Entwicklung

Unbeweisbar sei, wann die Schutzpflichten erstmals begrifflich verwendet wurden.[403] Ihre Verwendung wurde jedoch zumindest in der Rechtsprechung des Reichsgerichts von 1917 gefunden.[404] In dieser Rechtsprechung kamen die Schutzpflichten nicht terminologisch zum Ausdruck, sondern nur als begrifflicher Inhalt im Zusammenhang mit dem „Vertrag mit Schutzwirkung zugunsten Dritter".[405]

Wie nach heutigem Verständnis, wurden auch schon damals die Schutzpflichten in begrifflicher oder funktioneller Hinsicht von den Leistungspflichten abgegrenzt. *Kress* erkannte im Jahr 1929 bereits durch Erwähnungen von

---

402 Vgl. Medicus/Lorenz, Schuldrecht AT, Rn. 2 (insbesondere Überschrift).

403 Krebs, 2000, S. 2.

404 RGZ 91, 21, 23 f.

405 Krebs, 2000, S. 2.

„unentwickeltem Anspruch“, „unentwickeltem Schutzanspruch“, „relativem Schutzanspruch“ und der „Schutzverpflichtung“, die (nicht schriftlich bezeichneten) Schutzpflichten als selbstständige Pflichtenebene an.[406] Die Bezeichnung der Schutzpflichten wurde jedoch später von *Stoll* im Jahr 1932 sichtbar in seiner Veröffentlichung[407] aufgezeigt. Die Schutzpflichten wurden aber auch von *Canaris* im Jahr 1965 unter dem Gedanken des „einheitlichen Schutzpflichtenverhältnisses“ in seinem Aufsatz[408] als eigenständige gesetzliche Pflichten qualifiziert.

2. Die gesetzlichen Regelungen und Inhalte von Schutzpflichten

Der Begriff von Schutzpflichten ist unabhängig davon, was unter der rechtlichen Eigenschaft einer aus ihrer Verletzung resultierenden Haftung verstanden wird, im Zusammenhang mit den Erhaltungs- oder Integritätsinteressen aufzufassen; sie sind diejenigen Pflichten, die bereits bestehenden Rechtsgüter eines anderen zu schützen oder die Gefährdung der Einwirkungsmöglichkeit in Rechtsgütern eines anderen zu vermeiden oder in die Rechtssphäre eines anderen zu Unrecht nicht einzugreifen.[409] Dementsprechend setzt jede Haftung aus dem Delikt mindestens die „Schutzpflichten als allgemeine Sorgfaltspflichten“ voraus. Die hier *außerdeliktischen* Schutzpflichten können daher selbstverständlich als diejenigen Pflichten definiert werden, die nicht im Regulierungsbereich des Deliktsrechts eingeordnet werden und sich zugleich durch ihre Beachtung die Rechte und Rechtsgüter eines anderen vor den „erhöhten Einwirkungsgefahren des geschäftlichen Kontakts“[410] schützen lassen. Diese Schutzpflichten wurden herkömmlich vor allem aufgrund von Treu und Glauben im Sinne des § 242 BGB entwickelt; sie werden aber auch heute in § 241 Abs. 2 BGB als positives Recht verankert.

Die Schutzpflichten kommen erst im Bereich des Vertragsrechts infrage. Abzugrenzen sind diese jedoch offensichtlich von Leistungspflichten im Sinne des § 241 Abs. 1 BGB, die aus dem Schuldverhältnis im Sinne des § 311 Abs. 1 BGB auferlegt werden; die Leistungspflichten entstehen im Allgemeinen durch den Abschluss eines Vertrags zwischen bestimmten Beteiligten, und durch ihre Erfüllung werden „positive Interessen“ der Beteiligten verwirklicht. Diese Leistungspflicht

---

406 Kress, S. 5 ff. und 578 ff.

407 Heinrich Stoll, AcP 136 (1932), S. 257, 289 und 298 ff.

408 Canaris, JZ 1965, S. 475 ff.

409 Auf die Funktionen von Schutzpflichten eingehend siehe Canaris, FS Larenz, S. 27, 84 ff.

410 MünchKomm-Bachmann, 7. Aufl., § 241 Rn. 59.

endet mit „ihrer Erfüllung“, der „Unmöglichkeit der Erfüllung“ oder der „nachträglichen Beseitigung der Verpflichtung“[411].

Die Schutzpflichten dagegen stehen nicht unmittelbar mit den Leistungspflichten im Zusammenhang; sie entstehen sowohl aus § 242 BGB als auch aus § 241 Abs. 2 BGB in Verbindung mit § 311 Abs. 2 und 3 BGB. Durch die Beachtung von Schutzpflichten werden anders als bei der Erfüllung von Leistungspflichten grundsätzlich nur das Erhaltungs- oder Integritätsinteresse und damit auch das *negative Interesse* des Beteiligten passiv geschützt.[412] Die Schutzpflichten kommen somit sowohl im Vertragsverhältnis[413] als auch insbesondere in dem vorvertraglichen oder nachvertraglichen Stadium und bei unwirksamem Schuldverhältnis oder bestimmten Sonderverbindungen ohne primäre Schuldverhältnisse infrage[414].

Die einzelnen Erscheinungsformen von Schutzpflichten richten sich tatsächlich nach „konkreten Situationen“[415]; die Schutzpflichten lassen sich durch die sog. „Situationsgebundenheit“[416] von den Leistungspflichten[417] abgrenzen; die Entstehung und der Inhalt von Leistungspflichten sind nicht nach konkreten Situationen festzulegen, sondern bereits durch Vertragsschluss (oder ggf. Gesetz)[418]; die Schutzpflichten dagegen können unabhängig von der Vereinbarung der Parteien in gelegentlichen Situationen bestehen.[419]

Bezüglich der Schutzpflichten ist außerdem noch die Klagbarkeit fraglich, die bei den Leistungspflichten regelmäßig unproblematisch akzeptiert wird. Diese

---

411 Vgl. Krebs, 2000, S. 5.

412 Siehe MünchKomm-Bachmann, 7. Aufl., § 241 Rn. 59; Krebs, 2000, S. 5; Krawitz, S. 29.

413 Beispielsweise kommen die Mitwirkungspflichten der leistungsbezogenen Nebenpflichten als Schutzpflichten im Sinne des § 241 Abs. 2 BGB in Verbindung mit § 242 BGB im Rahmen des Vertragsverhältnisses in Betracht. Im Zusammenhang mit diesen Mitwirkungspflichten siehe 3. Teil 1. Abschnitt A II 2 b) i) und anschließend Fn. 712.

414 Siehe Krebs, 2000, S. 5.

415 BT-Drucks 14/1640, S. 126. Zu den einzelnen Schutzpflichten siehe vor allem Krebs, 2000, S. 504 ff.

416 Medicus, FS Canaris, S. 835, 840.

417 Die Leistungspflichten hier stellen gerade die Hauptleistungspflichten dar. Denn bei den Nebenleistungspflichten ist für ihre Entstehung und Inhaltsbestimmung oft keine Abmachung zwischen den Parteien erforderlich. Diese Nebenleistungspflichten, die sich zuletzt aus § 242 BGB folgern, können wie bei den Schutzpflichten nur in konkreten Situationen in Betracht kommen. Dazu siehe Medicus, FS Canaris, S. 835, 840.

418 Medicus, FS Canaris, S. 835, 840.

419 Beispielsweise bei der Überbringung des Leistungsgegenstandes oder bei der Erfüllung von Leistungspflichten, dazu siehe Kuhlmann, S. 117 ff.

Fragestellung geht ursprünglich davon aus, dass in das Erhaltungs- oder Integritätsinteresse als Gegenstand von Schutzpflichten, anders als bei den Leistungspflichten als positive Erfüllungspflichten, nur nicht eingegriffen werden soll; wie aus der Bezeichnung des „unentwickelten Anspruchs" von *Kress*[420] gezogen wird, wurde früher der Schutzanspruch, sprich die Einklagbarkeit für zwangsläufige Erfüllung von Schutzpflichten, abgelehnt. Dennoch könne heute die Klage für die Schutzpflichten unter bestimmten Voraussetzungen in so eingeschränktem Maße akzeptiert werden; dafür bedarf es der Interessenabwägung zwischen dem Kläger und dem Beklagten, die ebenso wie bei deliktsrechtlicher Unterlassungsklage vorgenommen wird[421]. Die Klagbarkeit von Schutzpflichten könne folglich nur dann anerkannt werden, wenn das Bedürfnis dringend anzufordern sei, den gerichtlichen Rechtschutz zu gewährleisten[422]: Beispielsweise wenn der Partner bereits gegen die Schutzpflichten verstoßen hat oder die Gefahr besteht, dass sich ein solcher Verstoß wiederholt.[423]

II. Die Sonderverbindung

1. Geschichtliche Entwicklung

Ganzheitlich betrachtet wird die Sonderverbindung als *Rechtsbegriff* im Rahmen der Rechtswissenschaft als ausschlaggebendes rechtliches Merkmal verstanden und verwendet; durch dieses Merkmal lässt sich im Gegensatz zum allgemeinen Lebensverhältnis die besondere Beziehung zwischen bestimmten Menschen schaffen. *Stammler* hat erst im Jahr 1897 die Schuldverhältnisse bereits als „rechtliche Sonderverbindungen" bezeichnet[424]; daher ist anzuerkennen, dass zuallererst das Vertragsverhältnis freilich als solche rechtliche Sonderverbindung qualifiziert wird[425]. Später wurde dieses Verständnis 1910 nach *Rümelin* zum konkreteren und moderneren Begriff modifiziert: *Rümelin* verstand die Sonderverbindung als eine besondere Verbindung des „Interesses".[426] Er versuchte somit, unter

---

420 Kress, S. 578 ff.

421 Henkel, AcP 174 (1974), S. 97, 111 f.; Stürner, JZ 1976, S. 384, 385 f.; Krebs, 2000, S. 548.

422 Stürner, JZ 1976, S. 384, 387 f.; Krawitz, S. 208. Aber auch Baur, JZ 1966, S. 381, 382 f.; Rosenberg, Zivilprozessrecht, S. 510; Henkel, AcP 174 (1974), S. 97, 111 f.

423 Medicus/Petersen, Bürgerliches Recht, Rn. 207.

424 Stammler, S. 8.

425 Vor allem siehe Larenz, Schuldrecht I, S. 6 f.

426 Rümelin, S. 42 f.

Betrachtung des § 278 BGB das Bestehen der Sonderverbindung aufzufassen.[427] Als Anwendungsfälle der Sonderverbindung erwähnte er damals die „vertraglich begründeten Schuldverhältnisse", die „vorvertraglichen Vertragsverhandlungsverhältnisse", die „durch erbrechtliche Verfügungen geschaffenen Rechtslagen", die „Gefälligkeitsverhältnisse" und die „gesetzlichen Schuldverhältnisse"[428].[429] Der Begriff der Sonderverbindung wurde folglich nach *Rümelins* Verständnis bereits im Rahmen der „außerdeliktischen" Haftung erfasst. In folgender Zeit wurde der Begriff der Sonderverbindung als übereinstimmendes Merkmal sowohl in der culpa in contrahendo als auch in positiver Vertragsverletzung *(= positiver Forderungsverletzung)* akzeptiert.[430] Seit 1965 wurde die Sonderverbindung endgültig als eine solche Oberbegrifflichkeit auf alle Verhältnisse angewendet, in denen es sich um „außerdeliktische Schutzpflichten" handelte[431].

2. *Der Begriffsinhalt der Sonderverbindung und ihr Bedürfnis*

a) *Der Begriffsinhalt*

Definiert werden kann der Begriff der Sonderverbindung[432], die sich ebenfalls als „Sonderbeziehung"[433] bezeichnet, als dasjenige Verhältnis, das sich durch „soziale,

---

427 Rümelin, S. 44 Fn. 3).

428 Krebs, 2000, S. 3.

429 Rümelin, S. 43.

430 Hildebrandt, S. 124 f.; Heinrich Stoll, AcP 136 (1932), S. 257, 288 f.; Raiser, 1935, S. 135. Auch siehe Krebs, 2000, S. 3. Nach der Schuldrechtsmodernisierung 2002 ist die culpa in contrahendo und die positive Vertragsverletzung bekanntermaßen jeweils in § 311 Abs. 2 und 3 BGB und in § 280 BGB zu verankern.

431 Krebs, 2000, S. 4. Im Jahr 1965 wurden auch die „einheitlichen Schutzverhältnisse" im Aufsatz von Canaris erstmals aufgezeigt, dazu siehe Canaris, JZ 1965, S. 475 ff.

432 Die Terminologie „Sonderverbindung" stellt in sprachwissenschaftlicher Hinsicht eine Art des Kompositums von „Sonder" und „Verbindung" dar. Das Wort „Sonder" als Präfix bedeutet, dass etwas nicht dem Üblichen entspricht, sondern zusätzlich dazu kommt, dass es für einen speziellen Zweck bestimmt ist, dazu siehe Duden, Bedeutungswörterbuch, S. 827. Das Wort „Verbindung" bedeutet auch etwas „untereinander in Berührung, Kontakt bringen" oder „zusammenbringen", dazu siehe Duden, Bedeutungswörterbuch, S. 968. Aus sprachwissenschaftlicher Sicht versteht man unter „Sonderverbindung" die Konstellationen, in denen ein Kontakt unüblich ist und aus speziellem Grund besteht.

433 Siehe z. B. Hildebrandt, S. 124; Heinrich Stoll, AcP 136 (1932), S. 257, 288 f. und 298; Lehmann, S. 318; Müller, JuS 1998, S. 894. Einer Auffassung nach nimmt jedoch die Sonderbeziehung im Schuldrecht von der (rechtlichen) Sonderverbindung Abstand; bei dieser Auffassung stellt die Sonderbeziehung die zweckgerichtete soziale

parteiautonom begründete Nähe“ zwischen bestimmten Personen kennzeichnet.[434] Die Sonderverbindung spielt insbesondere für die gesamten Verhältnisse eine entscheidende Rolle, in denen „außerdeliktische“ Schutzpflichten bestehen; wegen der Existenz der Sonderverbindung wird mithin der Existenzbereich außerdeliktischer Schutzpflichten begrifflich von solchem der allgemeinen Sorgfaltspflichten abgegrenzt. Im Existenzbereich von allgemeinen Sorgfaltspflichten handelt es sich um die sog. bloße *Nebeneinanderbeziehung*[435] zwischen unbestimmten Menschen. Bei diesem Bereich wird vornehmlich die Anwendbarkeit des Deliktsrechts aufgedrängt.[436] Die sich nebeneinander befindende Beziehung zwischen unbestimmten Personen wird jedoch durch die Schaffung der Sonderverbindung im Voraus des Schadensereignisses beseitigt. Die Beteiligten befinden sich schließlich im Rahmen der sog. *Miteinanderbeziehungen*[437], in denen vor allem der außerdeliktische Schutz in Betracht kommen soll.

b) Das Erfordernis der Sonderverbindung

Wie soeben geschildert wurde, ist die Sonderverbindung, welche die „soziale, parteiautonom begründete Nähe“ darstellt, von entscheidender Bedeutung vor allem im Zusammenhang mit den außerdeliktischen Schutzpflichten sowie dem Zwischenbereich zwischen der echten Vertragshaftung und der Deliktshaftung.

Interaktion dar, dazu siehe Lüsing, S. 29 f. und anschließend Fn. 4); dementsprechend sind bei dieser Auffassung sog. außerdeliktische Schutzpflichten als die Pflichten zu verstehen, die vor Risiken aus zweckgerichteter sozialer Interaktion als Sonderbeziehung schützen, dazu siehe Lüsing, S. 87 f. und insbesondere 112 f. Im Rahmen dieser Arbeit steht jedoch die Bedeutung der Sonderverbindung vor allem unter dem Gesichtspunkt ihres Erfordernisses im Schuldrecht solcher der Sonderbeziehung gleich; denn die „Sonderverbindung oder Sonderbeziehung“ als schuldrechtlicher Begriff ist wirklich dann von ausschlaggebender Bedeutung, wenn ein allgemeines Lebensverhältnis zwischen unbestimmten Menschen durch das Merkmal der „Sonderverbindung oder Sonderbeziehung“ zu dem schuldrechtlichen relativen Verhältnis zwischen bestimmten Menschen umgestaltet wird. Zu der sprachwissenschaftlichen Bedeutung und dem Erfordernis der „Sonderverbindung oder Sonderbeziehung im Schuldrecht“ siehe Fn. 432 und unter b); ferner zur Rechtsnatur von außerdeliktischen Schutzpflichten aufgrund der oben erwähnten Auffassung siehe Fn. 712 und 720.

434 Soergel-Teichmann, § 242 Rn. 181; aber auch siehe Abschlussbericht, 1992, S. 113 ff.

435 Die Nebeneinanderbeziehung gilt als kennzeichnend für das Deliktsrecht, und daher ist die Abgrenzung des „Nebeneinander“ zum „Miteinander“ als Begriffe des persönlichen Verhältnisses von großer Bedeutung für die rechtliche Einordnung einer Haftung. Darauf eingehend siehe Frost, S. 53 ff.

436 Siehe Krebs, 2000, S. 6.

437 Frost, S. 64.

Das Haftungssystem des Zivilrechts unterliegt herkömmlich dem dichotomischen Gedanken.[438] Ein Schadensersatzanspruch, der durch die Verletzung von Schutzpflichten herbeigeführt wird, kann daher zunächst hinsichtlich der Vorauswahl in Deliktshaftung eingeordnet werden; denn die rechtliche Einordnung einer Schadensersatzhaftung richtet sich nach der Eigenschaft von den solcher Haftung zugrunde liegenden Pflichten[439]; dementsprechend kann eine Schutzpflicht unter dem „eigenschaftlichen" Gesichtspunkt nach ihrer Begriffsbestimmung[440] angemessen in den allgemeinen Sorgfaltspflichten umfasst werden. Diese allgemeinen Sorgfaltspflichten werden jedoch nur im Rahmen des Deliktsrechts reguliert, es sei denn, diese Pflichten lassen sich etwa durch die heterogene Eigenschaft neu charakterisieren, welche von dem deliktischen Charakter Abstand nimmt; die Konstellationen, in denen außerdeliktische Schutzpflichten beachtet werden sollen, sind abweichend von denjenigen Konstellationen, in denen die allgemeinen Sorgfaltspflichten beachtet werden sollen.

Im vorvertraglichen Stadium kann vornehmlich eine ausschlaggebende und typische Situation aus der Führung von Vertragsverhandlungen vernünftigerweise wie folgt hingestellt und zugleich akzeptiert werden: Bei der Anbahnung eines Vertrags kann die eine Partei nicht umhin, sich auf dem Wege ihren eigenen Rechtskreis bewusst gegenüber der anderen Partei zu öffnen. Die Gründe dafür liegen darin, dass bei der Vertragsanbahnung jede Partei erst mit der Absicht zum Vertragsschluss z. B. die Abschlussmöglichkeiten sowie ihre Voraussetzungen des angestrebten Vertrags prüfen soll, und die Parteien nach der Aufnahme von Verhandlungen[441] insbesondere zur gemeinsamen Zielsetzung die eigenen Interessen miteinander ausgleichen sollen[442], und hierbei die Rechtskreise von beiden Parteien notwendigerweise übereinander gelegt sind. Dies führt endgültig dazu, dass die Rechtsgüter der einen Partei im Bereich der Einwirkungsmöglichkeit der anderen Partei ausgesetzt werden und sich beide Parteien daher in erhöhter Gefährdung der Rechtsgutsverletzung befinden[443].

---

438 Zum traditionellen dichotomischen Gedanken des privatrechtlichen Haftungssystems siehe 1. Teil 1. Abschnitt.

439 Zum Verhältnis zwischen Pflicht und Haftung siehe 2. Teil Einleitung.

440 Zur Begriffsbestimmung von Schutzpflichten siehe I 2.

441 Zur Abgrenzung der Aufnahme von Vertragsverhandlungen im Sinne des § 311 Abs. 2 Nr. 1 BGB von der Anbahnung eines Vertrags im Sinne des § 311 Abs. 2 Nr. 2 BGB unter 3. Teil 1. Abschnitt A II 3 b).

442 Siehe z. B. Küpper, S. 40 f.

443 Darauf eingehend siehe vor allem Frost, S. 66 ff.; aber auch Canaris, FS Larenz, S. 27, 34 und 88; Evans-v., Krbek, AcP 179 (1979), S. 85, 98 f.; Hildebrandt, S. 124; Medicus,

Im Verlauf von Verhandlungen wird insbesondere die Beziehung zwischen den Parteien von der Nebeneinanderbeziehung zur Miteinanderbeziehung umgestaltet. Die von jeder Partei verfolgten, individuellen Interessen kommen durch den Ausgleich dem vertraglichen, gemeinsamen Zweck näher, umso stärker und vertiefter die relative Beziehung der „Parteien als potenzielle Vertragspartner" wird, und zugleich die Einwirkungsmöglichkeit oder Gefährdung der Rechtsgutsverletzung vom Partner erhöht wird.[444] Aufgrund dieser Situation befinden sich die Parteien von Vertragsverhandlungen in der „Sonderverbindung", welche offensichtlich vom allgemeinen Lebensverhältnis Abstand nimmt. Diese Sonderverbindung verlangt schließlich den „stärkeren, vertragsähnlichen" Schutz des Vertrauens zwischen den Beteiligten[445]; bei solchem Schutz geht es „erstens" darum, dass bei der Anbahnung eines Vertragsverhältnisses und insbesondere der Aufnahme von Vertragsverhandlungen kraft erhöhter Sorgfaltspflicht jenes Rechtsgut nicht verletzt werden darf, und „zweitens" ggf. darum, dass der Partner unter bestimmten Voraussetzungen völlig der von ihm erweckten Erwartung, sprich z. B. dem „Vertrauen auf das Zustandekommen des angestrebten Vertrags" nachkommen soll.

Durch die Sonderverbindung zwischen Beteiligten lassen sich die verdichtete Beziehung und die daraus resultierenden Verhältnisse der außerdeliktischen Schutzpflichten ausgestalten, d. h., die Schadensersatzhaftung aus einer Schutzpflichtverletzung darf insofern außerhalb des deliktsrechtlichen Regulierungsbereichs bleiben. Klar ist ferner, dass die hier genannten Schutzpflichten bereits im Vorstadium des Vertragsschlusses in Betracht kommen; somit können die Schutzpflichten nicht als echte vertragliche Pflichten nach dem Zustandekommen eines Vertrags qualifiziert werden; hierbei befinden sich die außerdeliktischen Schutzpflichten berechtigterweise „unter dem Gesichtspunkt der ursprünglichen und entwickelten Rechtsnatur" im Zwischenbereich zwischen der echten Vertragshaftung und der Deliktshaftung, d. h., die sog. dritte Haftungsspur lässt sich durch die Sonderverbindung legitimieren.

Im Übrigen wird als „positiv-rechtliche Grundlage"[446] des vorvertraglichen Schuldverhältnisses im Schrifttum nach wie vor vornehmlich auf die Vorschrift des § 242 BGB verwiesen, welche bekanntermaßen den Grundsatz von Treu und Glauben als Generalklausel darstellt und als solche in Rechtsordnungen

---

JuS 1986, S. 666, 668; Mielke, S. 60 ff.; Heinrich Stoll, AcP 136 (1932), S. 257, 288 f.; BGHZ 70, 337, 345; 51, 91, 99 ff.

444 Siehe z. B. Küpper, S. 41.

445 Siehe Küpper, S. 41.

446 Herausgezogen wird diese Formulierung aus Canaris, JZ 1965, S. 475, 476.

zu beachten sein muss.[447] Aufgrund des § 242 BGB können die Schutzpflichten aufgrund der Sonderverbindung[448] zwischen den Beteiligten im Rahmen des Vertrauensschuldverhältnisses gerechtfertigt werden. Zu etwa theoretischen Grundlagen der Vertrauenshaftung anhand der Vorschrift des § 242 BGB ist insbesondere unter dem Gesichtspunkt von sog. subjektiver und objektiver Tatbestandlichkeit des Vertrauens im folgenden **D III** darzulegen.

III. Zusammenfassung

Die außerdeliktischen Schutzpflichten und die ihr zugrunde liegende Sonderverbindung sind seit jeher im Privatrecht anzuerkennen; sie wurden herkömmlich gemäß § 242 BGB als positives Recht anerkannt, aber mit der Schuldrechtsmodernisierung 2002 wurden sie, insbesondere im Zusammenhang mit dem Fall des Abbruchs von Vertragsverhandlungen, im heutigen § 241 Abs. 2 BGB in Verbindung mit § 311 Abs. 2 BGB verankert. Hierbei stellt die Sonderverbindung zwischen Beteiligten berechtigterweise die Existenzberechtigung von außerdeliktischen Schutzpflichten im vorvertraglichen Stadium dar.

Einzuordnen ist die Schadensersatzhaftung aus der Verletzung von Schutzpflichten endgültig *de lege lata* „unter dem Gesichtspunkt des dichotomischen Haftungssystems“ in die Vertragshaftung *(= außerdeliktische Haftung)*[449]; da die Sonderverbindung als Existenzberechtigung von Schutzpflichten, wie wiederholt betont wird, als solcher genauso wie der Begriff des Schuldverhältnisses zu verstehen ist, hat insofern die Anwendung von schuldrechtlichen Rechtsnormen bereits den Vorrang im vorvertraglichen Stadium.

Um die sog. „Vertrauenshaftung“ aus der Verletzung von Schutzpflichten vor diesem Hintergrund anzuerkennen, soll im Voraus das Vertrauen als Tatbestand zur Entstehung eines vorvertraglichen Schuldverhältnisses akzeptiert werden, d. h., ebenso wie bei dem Fall des schriftlichen oder mindestens beweisbaren mündlichen Vertrags soll der Anspruchsteller zuvörderst das Bestehen des „Vertrauens als Gegenstand des Schutzes“ beweisen. Hierbei handelt es sich bekanntlich um die subjektive und objektive Tatbestandlichkeit des Vertrauens.

---

447 Canaris, JZ 1965, S. 475, 476; Fikentscher/Heinemann, Schuldrecht, § 26 I Rn. 199; Frost, S. 80; Frotz, S. 66; Larenz, Schuldrecht I, S. 106.

448 Fikentscher/Heinemann, Schuldrecht, § 26 I Rn. 199; Frost, S. 41 f.; Larenz, Schuldrecht I, S. 127 f.; Soergel-Teichmann, § 242 Rn. 30 ff.

449 Siehe 1. Teil 1. Abschnitt A.

D. Der Vertrauensgedanke und die Vertrauenshaftung

I. Einführung

Die Frage, ob die Anerkennung der Vertrauenshaftung in der Rechtsordnung und insbesondere unter dem geltenden Recht legitimiert werden kann, ist wiederum auf die Diskussionen um die Haftung aus culpa in contrahendo zurückzuführen. Wie bereits ausgeführt wurde, befinden sich im Rahmen des vorvertraglichen Stadiums die verschiedenen Fälle der culpa in contrahendo; anerkannt werden kann der Haftungsbereich, in dem sich diese verschiedenen Fälle befinden, erst „unter dem Gesichtspunkt der ursprünglichen und entwickelten Rechtsnatur einer Haftung“[450] als dritte Spur oder selbstständiger Zwischenbereich zwischen der echten Vertragshaftung und der Deliktshaftung. Hierbei ist der sog. „einheitliche Grundgedanke“ für einen solchen neuen Haftungsbereich erforderlich; der einheitliche Grundgedanke stellt genau einen „rechtlichen grundlegenden Gedanken“ dar, und dabei gewährt er „unter dem Gesichtspunkt der echten Vertragshaftung sowie der Deliktshaftung“ dem Zwischenhaftungsbereich die „räumliche“ Existenzberechtigung; die Lösung unterliegt bekanntermaßen vor allem dem „Vertrauensgedanken“.

Obgleich es jahrzehntelang in der Rechtsprechung und Literatur umstritten ist, ist es in der Tat problematisch, ob in den Fällen der culpa in contrahendo das Vertrauen als Entstehungstatbestand des Schuldverhältnisses eine Rolle spielen kann. Das hier zwischen den Beteiligten existierende, qualifizierte Vertrauen stellt den Rechtsgrund für die Begründung der Sonderverbindung zur Anerkennung eines Schuldverhältnisses dar. Der Vertrauensgedanke und insbesondere das Vertrauen, welches regelmäßig in verschiedenen Wissenschaften als subjektive Begrifflichkeit in Person zu verstehen ist, nehmen seit jeher, mindestens im Rahmen des Rechtsinstituts der culpa in contrahendo, in der Rechtsprechung und Literatur die leitende Stelle ein.

II. Der Vertrauensgedanke

1. Die Begriffsbestimmung des Vertrauens

a) Die verschiedenen Bedeutungen des Vertrauens

Das Wort „Vertrauen“, welches ursprünglich vom mittelhochdeutschen Wort „*truwen*“ ausgeht[451] und im Allgemeinen als subjektiver Begriff verstanden wird, ist üblicherweise bezüglich einer persönlichen oder sozialen Beziehung stets im

450 Dazu siehe 1. Teil 1. Abschnitt A.

451 Kluge-Seebold, Etymologisches Wörterbuch, S. 926.

Alltagsleben[452] zu verwenden; dennoch hat das Vertrauen als Terminologie in unterschiedlichen Wissenschaften verschiedene Bedeutungen, wie z. B. in der Philosophie, Soziologie oder Psychologie.

i) Philosophische Begriffsbestimmung

Das Vertrauen wird erst in der Philosophie als vielfältige Bedeutungen verstanden. Es sei z. B. bei *Aquin* als die durch Erfahrungswissen bekräftigten affektiven Hoffnungen auf künftige Erfüllung von erwarteten Zuständen zu erfassen.[453] Das Vertrauen wird aber auch bei *Hobbes* insbesondere im Zusammenhang mit dem Zustandekommen eines Vertrags verstanden; wo kein Vertrauen ist, kann auch kein Vertrag sein[454]. Die Ansicht, welche sich auf den Vertrag bezieht, wird ebenfalls bei *Fichte* gefunden.

Bei *Fichte* ist das Vertrauen, anders als bei dem Staat, insbesondere im Bereich des Hauses für alle personellen Interaktionsbeziehungen ausschlaggebend und damit auch für die Verträge[455]; der Staat sei jedoch auf allgemeinem Misstrauen aufzubauen.[456] Das Vertrauen ist bei *Fichte* in Bezug auf die Beachtung eines Vertrags als notwendigerweise anzusehen.[457]

Kant hält die „moralische Freundschaft" für die Beziehung des völligen Vertrauens zwischen zwei Menschen, die wechselseitig die Empfindungen bzw. die Urteile mitteilen.[458] Ferner sei nach Ansicht *Kants* die „Diskretion", die im Vertrauen zwischen den Personen besteht, als „Vertrag der Sicherheit" anzusehen.[459]

ii) Soziologische Begriffsbestimmung

Der soziologische Begriff des Vertrauens ist erst durch die Ideen *Simmels*[460] zu erkennen. *Simmel* knüpft das Vertrauen an künftiges Handeln an; es sei bei ihm als eine Hypothese des zukünftigen Verhaltens anzusehen, und dabei sei die

---

452 Siehe Busse/Schierwagen, Enzyklopädie, S. 719.

453 Herausgezogen wird diese neue Formulierung der Auffassung von Thoma v. Aquin aus Gloyna, Historisches Wörterbuch, Sp. 986.

454 Hobbes, S. 164; aber auch in folgender Ansicht von Fichte.

455 Fichte, Naturrecht, S. 237 ff.

456 Fichte, Naturrecht, S. 238.

457 Fichte, Versuch, S. 52.

458 Herausgezogen wird die hier in Bezug auf die Vorstellung von Kant erwähnte Formulierung aus Keller, S. 87.

459 Keller, S. 87.

460 Herausgezogen werden die hier in Bezug auf die Ideen Simmels erwähnten Formulierungen aus Keller, S. 87.

Hypothese an sich genug, dass sich ein späteres faktisches Verhalten auf dieser Hypothese begründe.[461] Diese Hypothese stelle ferner einen mittleren Zustand zwischen dem Wissen und dem Nichtwissen dar; der Grad an dem Wissen und dem Nichtwissen unterscheide sich je nach dem verschiedenen Zeitraum, Interessenbereich oder Individuum.[462]

Luhmann versuchte „unter dem Gesichtspunkt des kontinuierenden Erfahrungswissens zwischen der Vergangenheit und Zukunft sowie der Reduktion der zukünftigen sozialen Komplexität" das Vertrauen zu definieren. Nach Ansicht *Luhmanns* setze das Vertrauen die „Geschichte als Hintergrundsicherung" voraus[463], und daher sei das Vertrauen für andere Menschen ohne vorherige Erfahrungen undenkbar[464]; das Vertrauen sei durch die Informationen der Vergangenheit auszufüllen oder zu ergänzen, und aufgrund dieses Vertrauens werde die Zukunft bestimmt. Dies führe endgültig dazu, dass sich die Komplexität der Welt zukünftig verringere.[465]

iii) Psychologische Begriffsbestimmung

Das Vertrauen im Rahmen der Psychologie ist vor allem unter dem Gesichtspunkt des Seelen- oder Geisteszustands zu verstehen. Bei *Busse/Schierwagen* stelle das Vertrauen erst eine positive Erwartung dar, die an die Zuverlässigkeit, die Glaubwürdigkeit und die Wohlgesonnenheit anzuknüpfen sei.[466] Zudem sei das Vertrauen ein subjektives Tragen des Risikos, das sich auf die Gewissheit und die Ungewissheit aus dem eigenen und fremden Handeln beziehe.[467] Darüber hinaus stelle das Vertrauen als sittlich-moralische Norm einen Grundwert des menschlichen Handelns dar; jedes Individuum werde daher durch das Vertrauen an die anderen Personen, die Autoritäten, die Institutionen oder sogar einen Gott gebunden und verpflichtet.[468]

Die psychologische Auffassung des Vertrauens erfährt weiterhin eine Ausweitung. Nach *Petermann* kennzeichne sich das Vertrauen, aufgrund elf Vertrauensdefinitionen, durch das Moment der Ungewissheit und die Risikohaft[469]; zudem

---

461 Keller, S. 87.
462 Keller, S. 87.
463 Luhmann, S. 20.
464 Luhmann, S. 20.
465 Luhmann, S. 20.
466 Busse/Schierwagen, Enzyklopädie, S. 719.
467 Busse/Schierwagen, Enzyklopädie, S. 719.
468 Busse/Schierwagen, Enzyklopädie, S. 720.
469 Petermann, S. 17.

stelle nach seiner Ansicht das Vertrauen genau die generalisierte Erwartung dar, die vor allem auf dem Versprechen des Partners beruhe.[470] Zusammenzufassen sei im Übrigen die Begriffsbestimmung des Vertrauens von *Gloyna* wie folgt: Das Vertrauen sei ein Sich-Verlassen gegenüber dem Partner unter dem Gesichtspunkt „eines ungewissen und risikobehafteten Ausgangs einer Handlung unter dem freiwilligen oder erzwungenen Kontrollverzicht".[471]

iv) Zusammenfassung

Wie bisher kurz erläutert wurde, ist die Begriffsbestimmung des Vertrauens als Terminologie in vielfältigen wissenschaftlichen Fächern definiert. Diese Auseinandersetzung zeigt vornehmlich, dass sich das Vertrauen als jene Vorstellung sowohl auf das allgemeine soziale Zusammenleben als auch auf die verschiedenen Wissenschaften wohl innig bezieht. Diese verschiedenen Begriffsbestimmungen können ebenfalls im Rahmen der Rechtswissenschaft von Bedeutung sein, auch wenn es zu einschränkend ist; falls die durch das Vertrauen ausgestalteten personellen Beziehungen freilich in der Rechtsordnung auftreten und aus diesen Beziehungen die rechtlichen Streite herbeigeführt werden, so können diese Streite schließlich in Anlehnung an die sich bereits in solcher Auseinandersetzung befindlichen Begriffe des Vertrauens behandelt werden. Ausschlaggebend ist dennoch die Frage, ob unter Bezugnahme auf die hier auseinandergesetzten Begriffsbestimmungen ein problematisches Vertrauen „in der Rechtsordnung und nach dem geltenden Recht" als Tatbestand eines Schuldverhältnisses qualifiziert und anerkannt werden kann. Hierbei spielt das sog. „*besonders rechtlich schutzwürdige* Vertrauen" eine entscheidende Rolle.

b) Schutzwürdiges Vertrauen in der Rechtsordnung

Klar ist, dass im Allgemeinen das Vertrauen zum *subjektiven* Bestandteil jedes Individuums gehört. Sinnlos und entbehrlich ist es daher hinsichtlich der rechtlichen Schutzwürdigkeit, dass all solches subjektives Vertrauen in der Rechtsordnung geschützt werden soll: Von diesem Standpunkt aus werde das sog. besonders rechtlich schutzwürdige Vertrauen sowohl von dem rein tatsächlichen als auch von dem ethischen Vertrauen[472] unterschieden; das rein tatsächliche oder ethisch wertvolle Vertrauensverhältnis liege anders als beim besonders rechtlich schutzwürdigen Vertrauensverhältnis in demjenigen Bereich, in dem

---

470 Petermann, S. 17 f.

471 Gloyna, Historisches Wörterbuch, Sp. 988.

472 Küpper, S. 36.

die „besondere rechtliche Verhaltensanforderung" nicht herrscht[473]. Aus diesen Gründen gehe es wegen der Abstraktion des Vertrauens im Bereich des Rechts nur um den „Mindestschutz von sittlichen Vorstellungen"[474], und diese Zielsetzung soll vorzugsweise in Betracht kommen.

Zur Anerkennung des besonders rechtlich schutzwürdigen Vertrauens bedarf es somit notwendigerweise „besonderer Begründung"[475]; hierbei ist bemerkenswert, dass bei einem menschlichen Handeln „das Vertrauen (oder der Inhalt des Vertrauens) zwischen bestimmten Personen" oft einen noch leeren Teil der vollständigen Gewissheit zum konkreten Tun ergänzen kann und sich dieses Vertrauen dabei offensichtlich auf die bestimmten Umstände oder bestimmten Ergebnisse richtet.[476] Zugestimmt werden kann unter Berücksichtigung des genannten Hintergrundes berechtigterweise zu den folgenden Punkten:

Das Vertrauen kann erst eine Rolle als Handlungskriterium spielen, solange es auf die zureichenden und greifbaren Grundlagen gestützt wird[477]; daher kann im Fall der unvollständigen Gewissheit die denkbare und berechtigte Verhaltensgrundlage zum zukünftig konkreten Tun durch das Vertrauen als Ergänzung gewährt werden; in diesem Sinne kann das Schutzsollen dieses sinnvollen und nicht entbehrlichen Vertrauens in der Rechtsordnung das rechtliche Prinzip darstellen, welches auf das geltende Recht gestützt werden soll.[478] Dafür ist hauptsächlich die sog. „Gerichtetheit" des Vertrauens ausschlaggebend[479]; die Gerichtetheit hier richtet sich offensichtlich nach dem sog. Erfahrungswissen. Das Wissen aus Erfahrungen beruht allerdings auf der bestimmten Vergangenheit oder Gegenwart. Das Vertrauen, welches sich insbesondere auf die bestimmten Umstände oder bestimmten Ereignisse richtet[480], kann mithin durch das Erfahrungswissen ausgestaltet werden, welches mit der *allgemeinen*, aber gleichzeitig bestimmten Vergangenheit oder Gegenwart verbunden ist; die Allgemeinheit des Erfahrungswissens bedeutet hier nicht, dass sich Vertrauen einzig und allein aus jeder individuellen Erfahrung ergeben soll, sondern, dass

---

473 Daher handle es sich im rein tatsächlichen oder ethisch wertvollen Vertrauensverhältnis nur um die „Bewertung des Vertrauens und seiner Missachtung". Darauf eingehend siehe Küpper, S. 36; Eichler, S. 4 ff.; Mielke, S. 58 f.

474 Küpper, S. 36.

475 Küpper, S. 35 f.

476 Siehe Küpper, S. 35 f.

477 Küpper, S. 35.

478 Canaris, Vertrauenshaftung, S. 3; Larenz, AT 1983, § 2 IV, S. 43 f.

479 Siehe Küpper, S. 36; v. Craushaar, S. 13 f.

480 Küpper, S. 36.

sein Bestehen im Rahmen von der für alle Menschen gemeinsam erkennbaren, aber gleichzeitig bestimmten Vergangenheit oder Gegenwart, durch rechtliche Bewertung *im Allgemeinen* in der Rechtsordnung anerkannt werden soll. Die Gerichtetheit des Vertrauens ist im Ergebnis an solches allgemeines Erfahrungswissen anzuknüpfen.

Das Vertrauen, welches (erstens) aufgrund des allgemeinen Erfahrungswissens ausgestaltet wird und sich (zweitens) deswegen auf bestimmte Umstände oder Ereignisse richtet und (drittens) endgültig als Handlungskriterium in der Rechtsordnung sowie nach geltendem Recht anerkannt wird, kann nun erst eine Pflicht und ihren Inhalt designieren[481]; dieses Vertrauen gegenüber einem anderen stellt die berechtigte Erwartung dar, in welcher sich das Verhalten des anderen Teils in bestimmter Richtung fortentwickeln soll[482]; aufgrund dieser Verhaltenserwartung verpflichtet sich die eine Partei, die durch ihr vergangenes oder gegenwärtiges Verhalten aufseiten der anderen Partei die gegenwärtige oder zukünftige Verhaltenserwartung erweckt hat, gegen diese Verhaltenserwartung nicht zu verstoßen; diese Verpflichtung bezeichnet sich in der Rechtsprechung und Literatur als „Verhaltenspflichten".

Das Vertrauen ist insofern als „besonders rechtlich schutzwürdig" in der Rechtsordnung und nach geltendem Recht zu qualifizieren. Daraus folgt, dass genauso wie ein vertragliches Schuldverhältnis, welches sich durch das Zustandekommen eines Vertrags schaffen lässt und demnach als „vertragliche Sonderverbindung" verstanden wird, ein „Vertrauensschuldverhältnis mit der Relativität" aufgrund des „relativen Vertrauens" zwischen den bestimmten Beteiligten begründet werden kann; zum Schutz dieses relativen Vertrauens sollen die „erhöhten Sorgfaltspflichten" zwischen diesen bestimmten Beteiligten verlangt werden, die von allgemeinen Sorgfaltspflichten abzugrenzen sind; dort spielt das Vertrauen schließlich als Tatbestand eine Rolle, wodurch sich die allgemeinen Sorgfaltspflichten zu erhöhten Sorgfaltspflichten verstärken lassen. Das Verstoßen gegen dieses Vertrauen führt „unter dem Gesichtspunkt der rechtlichen Einordnung von Rechtsfolgen der Haftung nach dem geltenden Recht" endlich zur außerdeliktischen Haftung *(= Vertragshaftung)*, die sich in der Rechtsprechung und Literatur in der Regel „unter dem Gesichtspunkt der ursprünglichen und entwickelten Rechtsnatur einer Haftung" als „Vertrauenshaftung aus dem Vertrauensschuldverhältnis" bezeichnet.[483] Vor diesem Hintergrund sind die

481 Siehe Küpper, S. 36.

482 Vornehmlich siehe Bohrer, S. 80.

483 Abzugrenzen ist dieses Vertrauensschuldverhältnis von demjenigen Vertrauensverhältnis, das z. B. im Rahmen des Straßenverkehrs erforderlich oder anzuerkennen

verschiedenen Vertrauenstheorien als dogmatische Grundlagen eingehend im folgenden **III** zu erläutern, wobei es sich insbesondere um die subjektive und objektive Tatbestandlichkeit des Vertrauens handelt.

2. *Die Vertrauenshaftung in der Rechtsprechung*

Wie soeben gesagt wurde, spielt das Vertrauen insofern eine Rolle als Rechtsbegriff, soweit ein Vertrauen in der Rechtsordnung und nach dem geltenden Recht als „besonders rechtlich schutzwürdiges" einzuschätzen ist. Dieses Vertrauen kann je nach dem unterschiedlichen Fall in konkreten Erscheinungsformen auftreten; es ist hauptsächlich seit Inkrafttreten des BGB, abhängig von konkreten Konstellationen, als Tatbestand des vorvertraglichen Schuldverhältnisses in deutscher Rechtsprechung zu akzeptieren.

a) Die Vertrauenshaftung in der Rechtsprechung des Reichsgerichts

Die Vertrauenshaftung wurde erst im berühmten „Linoleum-Fall" von 1911[484] aufgrund eines den Kauf vorbereitenden Rechtsverhältnisses zwischen den Parteien anerkannt; dieses Rechtsverhältnis trage einen vertragsähnlichen Charakter.[485] Diese Rechtsprechung ist als diejenige Entscheidung anzusehen, in welcher die Rücksichtnahmepflichten auf die absoluten Rechte und Rechtsgüter eines anderen (unter heutigem Gesichtspunkt des vorvertraglichen Verhältnisses) zum ersten Mal aufgrund der Sonderverbindung anerkannt wurden.[486] Das Reichsgericht von 1912 führte im sog. „Luisinelicht-Fall" die Begründung einer Offenbarungspflicht unter Bezugnahme des vertraglichen „Vertrauensverhältnisses" zwischen den Beteiligten aus[487]; dort wurde das Vertrauensverhältnis berechtigterweise an die Lehre *Leonhards* angeknüpft, in der es darum geht, dass die Vertragsverhandlungen und der später zustande gekommene Vertragsabschluss

---

ist; denn bei demjenigen Vertrauensverhältnis lässt sich keine solche Haftung verursachen, die im außerdeliktischen Bereich in Betracht gekommen ist, dazu siehe Larenz, MDR 1954, S. 515, 517; Picker, AcP 183 (1983), S. 369, 421; Hans Stoll, FS Flume, S. 741, 753. Das im Folgenden erwähnte Vertrauensverhältnis stellt somit das Vertrauensschuldverhältnis dar, soweit kein anderes genannt wird.

484 RGZ 78, 239 ff. Zur konkreten Tatsache siehe B II 1.

485 RGZ 78, 239, 240.

486 Siehe RGZ 78, 239, 240.

487 RG JW 1912, 743 ff.

zusammen ein „einheitliches Ganzes“[488] bilden.[489] Das Reichsgericht von 1918 äußerte ferner im Zusammenhang mit dem Vertrauensverhältnis in den Entscheidungsgründen wie folgt: „Kommt es zum gültigen Vertragsschluss, so muss jeder Teil darauf vertrauen können, dass *seine Vertragsinteressen nicht gegen Treu und Glauben von dem anderen Teile missachtet worden sind*“[490]. Im anderen Fall von 1923 wurde ebenfalls ein gegenseitig vertragsähnliches Vertrauensverhältnis anerkannt, das durch Antrag und Annahme für einen Vertragsschluss entstand.[491] Im Übrigen wurden in der Rechtsprechung des Reichsgerichts mindestens diejenigen Pflichten anerkannt, die im vorvertraglichen Stadium oder beim Vertragsschluss aufgrund des Vertrauensverhältnisses existierten; gleichwohl befanden sich im Allgemeinen keine weiteren Begründungen.[492] Die soeben erwähnten Pflichten stellen jedenfalls diejenige Verpflichtung dar, das Erhaltungs- oder Integritätsinteresse und damit auch das *negative Interesse* eines anderen zu schützen.[493]

Das Reichsgericht behandelte in der Entscheidung von 1926 die zwei Fragen in gleicher Hinsicht: Die Entstehung eines (vorvertraglichen) Rechtsverhältnisses und der Legitimationsgrund der daraus resultierenden Haftung[494]; nach klarer Ausführung des Reichsgerichts ergebe sich die Verpflichtung des einen Kontrahenten, die nach Treu und Glauben im redlichen Verkehr anzufordern sei, „aus einem durch die Vertragsverhandlungen als solche begründeten Rechtsverhältnis“[495]; darüber hinaus könne das Rechtsverhältnis, sprich die „rechtliche Gebundenheit“ aber auch aufgrund des noch nicht zustande gekommenen Schwebezustands eines Vertrags anerkannt werden.[496]

Seit 1. März 1928 befindet sich die maßgebende Darstellung für das Vertrauensverhältnis von Vertragsverhandlungen in reichsgerichtlicher Rechtsprechung wie folgt: „Es ist, obwohl im Bürgerlichen Gesetzbuch eine ausdrückliche allgemeine Bestimmung (hierüber) fehlt, in der Rechtsprechung, insbesondere auch der des

---

488 Leonhard, S. 544 ff., insbesondere S. 553. Zum „Verschulden bei Vertragsschluss“ Leonhards sowie zu seinem Unterschied von der Lehre der „culpa in contrahendo“ Jherings eingehend siehe Fn. 4.

489 RG JW 1912, 743 ff.

490 Herausgezogen wird diese Formulierung aus RGZ 95, 58, 60.

491 RGZ 107, 240, 242.

492 RGZ 103, 47, 49 ff.

493 RGZ 108, 408 ff.; 93, 163 ff.

494 RGZ 114, 155 ff.

495 RGZ 114, 155, 159.

496 RGZ 114, 155, 159.

Reichsgerichts, anerkannt, dass *schon bloße Vertragsverhandlungen selbst dann, wenn sie nicht zum Vertragsschluss führen, ein vertragsähnliches Vertrauensverhältnis unter den Beteiligten erzeugen, das sie zur Beachtung der im Verkehr erforderlichen Sorgfalt verpflichtet*"[497]. Diese Darstellung wurde formelhaft in verfolgten Rechtsprechungen wiederholt[498], indem überhaupt darauf verwiesen wurde, dass seit langer Zeit die Haftung aus dem „Verschulden beim Vertragsschluss" oder der „culpa in contrahendo" in reichsgerichtlichen Entscheidungen anzuerkennen war.[499] Außerdem wurde aber auch der Schadensersatzanspruch der einen Partei anerkannt, die im Vertrauen darauf erlitten hat, dass ein Vertrag wirksam ist.[500]

b) Die Vertrauenshaftung in der Rechtsprechung des Bundesgerichtshofs

Wie im Reichsgerichtshof beruhte der Bundesgerichtshof ebenfalls auf dem Vertrauensverhältnis in denjenigen Fällen, in denen die Existenz von vorvertraglichen Pflichten in Betracht kommen sollte; der Gedanke des Reichsgerichts für die Haftung aus culpa in contrahendo wurde weiterhin durch den Bundesgerichtshof fortgesetzt; dort wurde jedoch das Vertrauen, welches in reichsgerichtlicher Rechtsprechung unter Umständen vage zu sein schien, durch notwendiges Zusammentreffen mit vielfältigen Fällen *„inhaltlich"* zum konkreteren Vertrauen umgestaltet: Die denkbare Konkretisierung des Vertrauensinhaltes als ausschlaggebender Tatbestand eines vorvertraglichen Rechtsverhältnisses richtete sich nach den konkreten Fällen, in denen zur Entstehung außerdeliktischer Haftung vor allem das Rechtsverhältnis zwischen bestimmten Beteiligten vorausgesetzt werden sollte; das Rechtsverhältnis, das sich in reichsgerichtlicher Rechtsprechung als Vertrauensverhältnis bezeichnete, war in der Rechtsprechung des Bundesgerichtshofs ausdrücklich als Schuldverhältnis zu formulieren; verstanden wird hierbei, dass der Haftungsbereich, in dem solche Schuldverhältnisse bestehen, in heutigen Rechtslehren die „dritte Spur" oder den „Zwischenbereich" zwischen der echten Vertragshaftung und der Deliktshaftung darstellt.

Nach Auffassung der Rechtsprechung von 1952, die an die reichsgerichtliche Rechtsprechung anknüpfte, stelle erst die Haftung aus Verschulden bei Vertragsschluss „eine solche aus einem in Ergänzung des geschriebenen Rechtes geschaffenen gesetzlichen Schuldverhältnis" dar; dieses Schuldverhältnis stamme

497 RGZ 120, 249, 251. Diese Entscheidung ist selbstverständlich von derjenigen Ansicht der Rechtsprechung abzugrenzen, welche bei dem „Luisinelicht-Fall" auf der Lehre Leonhards beruhte.

498 Beispielsweise RGZ 162, 129, 156; 159, 33, 54.

499 RGZ 151, 357, 358; 143, 219, 222; 162, 129, 156; 132, 76, 79; 159, 33, 54 f.

500 RGZ 151, 357, 358.

aus der Aufnahme von Vertragsverhandlungen, und daher verpflichten sich die Parteien „zur verkehrsüblichen Sorgfalt im Verhalten“[501]; hierbei wurde die Formulierung „des durch Vertragsverhandlungen entstehenden vertragsähnlichen Vertrauensverhältnisses“ weiterhin in bundesgerichtlicher Rechtsprechung herangezogen[502]; im berühmten sog. „Bananenschalen-Fall“ von 1961 wurde diejenige Pflicht des Geschäftsinhabers erwähnt, die offensichtlich vom vorvertraglichen Schuldverhältnis ausging: Nach Auffassung der Rechtsprechung verpflichte sich der Geschäftsinhaber in diesem Fall zum Schutz des fremden Erhaltungsinteresses, d. h. „vertraglicher Schutz persönlicher Sicherheit“.[503]

Das in der Anbahnung von Vertragsverhandlungen begründete gesetzliche Schuldverhältnis[504] wurde weiterhin in denjenigen Fällen anerkannt, in denen die Eigenhaftung des Vertreters (oder Sachwalters) in Betracht gekommen war; hierbei wurde das Vertrauen in funktioneller Hinsicht für die Schadensersatzpflicht des Vertreters akzeptiert.[505] Nach Auffassung des Bundesgerichtshofs handle es sich bei diesen Fällen darum, ob der Vertreter gegen das „normale Verhandlungsvertrauen (oder Verhandlungsloyalität[506])“ verstoßen hat.[507] Denn der Vertreter biete bei der „Anbahnung von Geschäftsbeziehung“ dem anderen Verhandlungspartner „die von ihm persönlich ausgehende Gewähr für die Seriosität und Erfüllung des in Aussicht genommenen Rechtsgeschäfts“[508] an; dort seien insbesondere die Seriosität und die Erfüllung von maßgebender Bedeutung für den Willensentschluss des anderen Verhandlungspartners[509]; dieses vom Vertreter besonders in Anspruch genommene Vertrauen könne in seiner „außergewöhnlichen Sachkunde für den Vertragsgegenstand“, seiner „persönlichen Zuverlässigkeit“ oder seiner „eigenen Einflussmöglichkeit auf die Vertragsabwicklung“ ausgestaltet werden.[510] Ferner sei die Eigenhaftung des Vertreters, der allerdings das Vertrauen zugrunde liegt, auch dann anzuerkennen, wenn er das „eigene wirtschaftliche Interesse“ am Vertragsschluss habe[511]; in dem Fall, in

501 BGHZ 6, 330, 333.
502 BGH NJW 1960, 720, 721; BGHZ 47, 207, 211.
503 BGH NJW 1962, 31, 32. Zur konkreten Tatsache siehe B II 1.
504 BGHZ 56, 81.
505 BGHZ 56, 81, 83 ff.
506 BGHZ 79, 281, 283.
507 BGHZ 56, 81, 84.
508 BGH ZIP 2003, 571, 573; BGHZ 88, 67, 69.
509 BGHZ 56, 81, 84 f.
510 BGHZ 56, 81, 85.
511 BGH NJW 1986, 586 ff.; BGHZ 14, 313, 318; 87, 302, 304.

welchem es sich um mittelbares wirtschaftliches Interesse des Vertreters handle, werde hingegen keine Eigenhaftung des Vertreters anerkannt.[512]

Aus dem Fall der Eigenhaftung des Vertreters folgt sinnvollerweise, dass für die Haftung aus diesem Fall das besondere Vertrauen zwischen den Beteiligten erforderlich ist; die Besonderheit des Vertrauens hier stellt die haftungsbegründende Funktion des Vertrauens dar. Dieser Gedanke der Rechtsprechung wurde im Fall der „öffentlichen Ausschreibung" weitergegeben; nach Ansicht dieser Rechtsprechung erzeuge sich bei einem Ausschreibungsverfahren das vertragsähnliche Vertrauensverhältnis zwischen angebahnten Vertragsparteien.[513] Vor diesem Hintergrund kann das besonders rechtlich schutzwürdige Vertrauen als solches zwischen denjenigen Parteien definiert werden, die zwecks der Vertragsverhandlungen mit einem anderen in den von ihm beherrschten oder beeinflussten Bereich eintreten; insofern ist das vertragsähnliche Vertrauensverhältnis durch die Aufnahme von Vertragsverhandlungen anzuerkennen.[514]

Im Fall des „Abbruchs von Vertragsverhandlungen" erkannte der Bundesgerichtshof aufgrund des vertragsähnlichen Vertrauensverhältnisses ebenfalls die Schadensersatzpflichten an[515]; die eine Vertragsverhandlungspartei dürfe unter Umständen „berechtigterweise auf das Zustandekommen des Vertrags mit dem ausgehandelten Teil vertrauen"[516]; daher verpflichtet sich der andere Teil zum Schadensersatz, soweit er ohne triftigen Grund die Weiterverhandlung oder den Vertragsschluss abgelehnt hat und dadurch gegen das von ihm erweckte Vertrauen des anderen Teils verstößt und sich schließlich daraus ein Schaden ergibt.[517]

Der Bundesgerichtshof berief sich beim berühmten „Gemüseblatt-Fall" weiterhin auf das vertragsähnliche Vertrauensverhältnis als das in Ergänzung des geschriebenen Rechtes geschaffene gesetzliche Schuldverhältnis[518]; dieses Schuldverhältnis entstehe sowohl durch die Aufnahme von Vertragsverhandlungen als auch insbesondere bei der Anbahnung von Vertragsverhandlungen (oder eines Vertrags) sowie bei dem (ähnlichen) geschäftlichen Kontakt.[519] Die Entstehung dieses Schuldverhältnisses sei vor allem unabhängig davon, ob ein

---

512 BGH NJW 1986, 586 ff.; BGHZ 56, 81, 84; 87, 27, 33.

513 BGHZ 49, 77, 79; VersR 1966, 630.

514 Zum Teil siehe Keller, S. 80 f.

515 BGH LM Nr. 28 zu § 278 (Fa) BGB. Auf die Rechtsprechung eingehend siehe Krawitz, S. 39 ff.

516 BGH LM Nr. 28 zu § 278 (Fa) BGB.

517 BGH LM Nr. 28 zu § 278 (Fa) BGB.

518 BGHZ 66, 51, 54.

519 BGHZ 66, 51, 54 und 58.

Vertrag in der Tat zustande kommt oder der Vertrag wirksam ist[520]; bei diesem Schuldverhältnis kommen ebenfalls die Schutz- oder Obhutspflichten in Betracht. Bei den Fällen dieser Art liege der Legitimationsgrund der Haftung darin, dass „der Geschädigte sich zum Zwecke der Vertragsverhandlungen in den Einflussbereich des anderen Teils begeben hat und somit redlicherweise auf eine gesteigerte Sorgfalt seines Verhandlungspartners *vertrauen* kann“[521].

Im Übrigen ist der Fall der sog. „bürgerlich-rechtlichen Prospekthaftung“ im Zusammenhang mit dem Vertrauensbegriff bemerkenswert. In diesem Fall kommen die sog. Prospekthaftungsgrundsätze in Betracht, die sich in der Rechtsprechung entwickelten und an ein „typisiertes Vertrauen des Anlegers auf die Richtigkeit und Vollständigkeit der von den Prospekthaftungsverantwortlichen gemachten Angabe“ angeknüpft werden[522]; da der Anleger im Allgemeinen in typischer Weise auf den Prospektverantwortlichen vertraut[523], sei dies regelmäßig für ein „typisiertes Vertrauen“ zu halten. In diesem Fall kommt ebenfalls die Haftung aus Verschulden bei Vertragsschluss in Betracht.[524]

3. *Zusammenfassung*

Wie oben dargelegt, wird das Vertrauen, welches im vorvertraglichen Rechtsverhältnis in Betracht kommt, als „besonders rechtlich schutzwürdiges Vertrauen“ definiert. Unter Betrachtung dieses Vertrauens ist seit 1911 die Vertrauenshaftung aus sog. „Vertrauensgedanken sowie Vertrauensschuldverhältnis“ in der deutschen Rechtsprechung anzuerkennen, indem sie den verschiedenen Fällen der Haftung aus culpa in contrahendo entspricht. Der Kernpunkt der Auffassung der Rechtsprechung im Zusammenhang mit der Vertrauenshaftung liegt ausschlaggebend darin, dass im vorvertraglichen Stadium die außerdeliktischen Verpflichtungen, das Integritätsinteresse *(= Erhaltungsinteresse)* und damit auch das *negative Interesse* des Partners zu schützen, aufgrund des Vertrauens zwischen bestimmten Personen anerkannt werden können; das Vertrauensschuldverhältnis kennzeichnet sich hier freilich durch die Sonderverbindung, d. h., das zwischen den Parteien befindende Vertrauen begründet die Sonderverbindung.

In der Literatur ist seit langer Zeit ebenfalls die Vertrauenshaftung aus dem Vertrauensschuldverhältnis anzuerkennen. Umstritten ist jedoch, welches Vertrauen

---

520 BGHZ 66, 51, 54.
521 BGHZ 66, 51, 54.
522 BGH NJW 1993, 2865.
523 BGHZ 71, 284 ff.; BGH NJW 1978, 1625 ff.
524 BGHZ 71, 284; BGH NJW 1978, 1625; NJW 1981, 1449, 1450; 1982, 1514 ff.

berechtigterweise als Entstehungstatbestand des Schuldverhältnisses anzuerkennen ist; ferner soll im Schrifttum „der Vertrauensgedanke als Grundgedanke einer Haftung“ von „dem Vertrauen als Tatbestand des Schuldverhältnisses“ abzugrenzen sein; bei dem Letzteren wird insbesondere das Vertrauen entweder als Subjektives oder als Objektives qualifiziert; das subjektive Vertrauen spielt insbesondere im Zusammenhang mit konkretem Sachverhalt eine entscheidende Rolle; objektives Vertrauen hingegen richtet sich „im Ergebnis“ auf die Beseitigung der subjektiven Eigenschaft des Vertrauens. Die im Folgenden skizzierten Vertrauenslehren fokussieren die Tatbestandlichkeit des Vertrauens je nach dem Fall (oder der Situation); durch diese Lehre lässt sich dasjenige Vertrauen ermitteln und feststellen, das im Fall des Abbruchs von Vertragsverhandlungen als maßgebend gilt.

III. Dogmatische Grundlagen der Vertrauenshaftung

1. Die Lehre von sozialem Kontakt

a) Die Lehre von Dölle

Bei der Lehre von *Dölle* spielt im Zusammenhang mit dem Vertrauensschuldverhältnis das Anvertrauen der Rechtsgüter von Beteiligten eine maßgebliche Rolle; nach Ansicht *Dölles* handle es sich im sozialen Kontakt um das besondere Vertrauen, welches von beiden Beteiligten einander oder zumindest von dem einen Beteiligten zu dem anderen Beteiligten zu gewähren sei[525], d. h., dieses besondere Vertrauen lasse sich vor allem dadurch erwecken, dass die beiden Beteiligten „zur Erreichung des mit dem sozialen Kontakt verfolgten Zwecks“[526] bewusst die eigenen Rechtsgüter „dem Einfluss und damit der Obhut und Sorgfalt des Partners“[527] *anvertrauen*; dieses besondere Vertrauen dürfe insofern nicht enttäuscht werden.[528] Bei *Dölle* entsteht mithin ein Vertrauensverhältnis als Schuldverhältnis im Ergebnis aus dem Anvertrauen von Rechtsgütern der Beteiligten. Zur Entstehung eines Vertrauensschuldverhältnisses genüge es ferner, dass die eine Partei nach eigenem Willen[529] „zur Erreichung des bestimmten Zwecks“ in den von der anderen Partei beherrschten Rechtsbereich eintrete[530], soweit es sich

525 Dölle, ZgS 103 (1943), S. 67, 74.
526 Dölle, ZgS 103 (1943), S. 67, 74.
527 Dölle, ZgS 103 (1943), S. 67, 74.
528 Dölle, ZgS 103 (1943), S. 67, 74.
529 Bei diesem Fall ist ein geschäftlicher Kontakt erforderlich, dazu siehe Dölle, ZgS 103 (1943), S. 67, 75.
530 Dölle, ZgS 103 (1943), S. 67, 74.

dort nicht um die Anzeige-, Aufklärungs- und Mitteilungspflichten[531] handle, sondern um die Entstehung der Schutz-, Fürsorge- und Erhaltungspflichten[532]; hierbei könne der sog. „eigene Wille“ aber auch durch die Gewährung der Rechtsordnung ersetzt werden[533]; daher ist ein Eintritt in fremden Rechtsbereich ohne eigenen Willen oder eine bloße Berührung ohne bestimmten Zweck von keiner Bedeutung mehr für die Entstehung eines Vertrauensschuldverhältnisses. Die Frage, ob sich bei der Lehre von *Dölle* das Vertrauen als Tatbestand zwischen den Beteiligten zur Entstehung oder Anerkennung eines Schuldverhältnisses befindet, richtet sich endgültig nach dem Willen von jedem Beteiligten als subjektives Element; dabei stelle dieses (subjektive) Vertrauen genau den Rechtsgrund der Haftung dar.[534]

b) Die Lehre von Ballerstedt

Bei der Lehre von *Ballerstedt* ist das Vertrauen als Tatbestand konkreter und wirklicher als bei *Dölle*; bei *Ballerstedt* seien sog. „Inanspruchnahme und Gewährung des Vertrauens“ sowie der Grad an dem geforderten und gewährten Vertrauen maßgebend dafür, „ob und welche Schutz-, Erhaltungs-, Erklärungs- oder Unterlassungspflichten entstehen“[535]. Nach *Ballerstedt* diene die Rechtsfigur der culpa in contrahendo insbesondere dem Fall der Verletzung eines vertragsähnlichen Vertrauensschuldverhältnisses[536]; hierbei komme das „schuldrechtliche Rechtsgeschäft“ in Betracht, und dieses Rechtsgeschäft liege jedoch direkt keiner Verpflichtung aus „bindender Willenserklärung“ zugrunde[537]; eine Verpflichtung könne sich gleichwohl durch solches Rechtsgeschäft nur dann erweitern, wenn „ein Verhalten“ der einen Seite ein Vertrauen aufseiten des Partners in Anspruch nimmt und derselbe Partner das Vertrauen „in eben demjenigen Verhalten“ gewährt.[538] Zudem muss bei der Vertrauenshaftung *Ballerstedts* zusammen mit dem in der Tat gewährten Vertrauen das sog. „Vertrauendürfen“ in Betracht kommen.[539] Die Vertrauenshaftung in der Lehre von Ballerstedt sei

531 Dölle, ZgS 103 (1943), S. 67, 86.
532 Dölle, ZgS 103 (1943), S. 67, 87. Im heutigen BGB ist die Aufklärungspflicht gemäß § 241 Abs. 2 BGB berechtigterweise im Rahmen von Schutzpflichten einzuordnen.
533 Dölle, ZgS 103 (1943), S. 67, 75.
534 Dölle, ZgS 103 (1943), S. 67, 74 Fn. 1). Auch S. 74 f., 77 f. und 86 ff.
535 Ballerstedt, AcP 151 (1950/51), S. 501, 506.
536 Ballerstedt, AcP 151 (1950/51), S. 501, 507.
537 Ballerstedt, AcP 151 (1950/51), S. 501, 507.
538 Ballerstedt, AcP 151 (1950/51), S. 501, 507 Fn. 17).
539 Ballerstedt, AcP 151 (1950/51), S. 501, 508.

schließlich dann zu rechtfertigen, wenn sich „ein Rechtsschein als gegenständliche Vertrauensgrundlage" befindet und zugleich aufseiten des Vertrauenden die „Vertrauensfähigkeit" aus einzelnen Situationen vorhanden ist.[540] Aus diesen Gründen kommt bei der Lehre von *Ballerstedt* selbstverständlich „das subjektive Vertrauen" in Betracht[541]; wenn kein Bestehen dieses Vertrauens im Einzelfall wirklich anerkannt wird, entstehe kein Vertrauensschuldverhältnis.[542] Bei *Ballerstedt* lässt sich die Haftung aus vorvertraglichem Vertrauensschuldverhältnis durch das Vertrauen rechtfertigen.[543]

c) Zusammenfassung

Erst bei der Lehre von *Dölle* wird der subjektive Wille jedes Beteiligten daran angeknüpft, ob das Vertrauen Entstehungstatbestand eines Schuldverhältnisses ist. Bei dieser Lehre ist das Vertrauen vor allem als subjektiver Tatbestand zu verstehen. Dies gilt auch für die Lehre von *Ballerstedt*. Bei der Lehre von *Ballerstedt* richtet sich jedoch die Existenz vom Vertrauen nicht nach dem Willen von Beteiligten, sondern sie ist daran anzuknüpfen, dass eine Seite aufseiten des Partners tatsächlich das Vertrauen oder den glaubwürdigen Eindruck als ein solches in Anspruch nimmt und zugleich derselbe Partner dasselbe Vertrauen gewährt. Beseitigt wird dennoch bei der Lehre von *Ballerstedt* ebenso wie bei *Dölle* noch keine subjektive Eigenschaft des Vertrauens, die in folgenden Lehren nach wie vor der zu kritisierende Gegenstand ist. Bei der Lehre von sozialem Kontakt liegt der Vertrauensgedanke als Grundgedanke freilich der Haftung zugrunde.

Die subjektive Eigenschaft des Vertrauens kann vornehmlich diejenige Gefährdung herbeiführen, dass der Aufnahmebereich des Vertrauensschuldverhältnisses von willkürlicher Entscheidung abhängig oder ohne triftigen Grund unbegrenzt ausgedehnt oder verengt wird. Hierbei ist der objektivierende[544] oder normativierende[545] Begriff des Vertrauens erforderlich. Bei den Fällen, in denen der objektivierende oder normativierende Begriff des Vertrauens in Betracht kommt, richtet sich somit die Entstehung eines Vertrauensschuldverhältnisses nicht nach der individuellen und subjektiven Eigenschaft von Beteiligten, sondern danach, ob die Existenz von Vertrauen zwischen den Beteiligten *objektiv*

540 Ballerstedt, AcP 151 (1950/51), S. 501, 508.
541 Ballerstedt, AcP 151 (1950/51), S. 501, 508.
542 Siehe Ballerstedt, AcP 151 (1950/51), S. 501, 506.
543 Ballerstedt, AcP 151 (1950/51), S. 501, 508.
544 Dazu siehe z. B. Frost, S. 99 ff.; Thiele, JZ 1967, S. 649, 652.
545 Dazu siehe z. B. Fikentscher/Heinemann, Schuldrecht, § 26 I Rn. 202; Köndgen, S. 116.

anerkannt werden darf[546]. *Larenz* vertrat im Zusammenhang mit dem objektivierenden oder normativierenden Begriff des Vertrauens als objektiver Entstehungstatbestand eines Vertrauensschuldverhältnisses eine andere Auffassung, die der Lehre von geschäftlichem Kontakt zugrunde liegt.

2. Die Lehre von geschäftlichem Kontakt

a) Die Lehre von Larenz

Nach *Larenz*‘ Auffassung entstehe die sog. „allgemeine Redlichkeitserwartung“[547] zwischen den Beteiligten zum richtigen Zeitpunkt der Aufnahme von Vertragsverhandlungen oder eines geschäftlichen Kontakts.[548] Die erhöhten Sorgfalts- oder Rücksichtnahmepflichten seien aufgrund der allgemeinen Redlichkeitserwartung beiden Beteiligten aufzuerlegen.[549] Der Grund der vertragsrechtlichen Verantwortung für die Verletzung dieser erhöhten Pflichten sei wie folgt: „Derjenige, der mit einem anderen geschäftliche Beziehungen aufnimmt, regelmäßig erwartet, es mit einem redlich denkenden, sich loyal verhaltenden Partner zu tun zu haben, und diese ‚allgemeine Redlichkeitserwartung‘ den Schutz der Rechtsordnung verdient, weil ohne sie ein reibungsloser Geschäftsverkehr nicht möglich wäre“[550]. Abzugrenzen ist bei *Larenz* zudem die allgemeine Redlichkeitserwartung vom gesteigerten Vertrauen, welches die eine Partei unter besonderen Umständen der anderen Partei entgegenbringt[551].

Das gesteigerte Vertrauen befindet sich nach *Larenz* in den Fällen, in denen z. B. ein Vertreter oder Sachwalter wegen seiner Berufungsstellung solches Vertrauen genießen solle, also sog. Vertreter- oder Sachwaltereigenhaftung. Diese Ansicht von *Larenz* ist an die Auffassung *Ballerstedts* anzuknüpfen; wegen dieses besonderen Vertrauens ist „demjenigen, der es erweckt oder in Anspruch genommen hat“, die erhöhte Sorgfalts- oder Loyalitätspflicht aufzuerlegen[552];

546 Abzugrenzen ist daher das hier erwähnte „Vertrauendürfen“ vom oben in 1 b) dargelegten „Vertrauendürfen“.

547 Larenz, Schuldrecht I, S. 106.

548 Larenz, Schuldrecht I, S. 106.

549 Larenz, Schuldrecht I, S. 106. Aus allgemeiner Redlichkeitserwartung ergeben sich insbesondere diejenigen Pflichten, die gegenständlichen Mindestinformationen zu erteilen, die beim Vertragsabschluss für wesentlich gehalten werden, dazu auch Küpper, S. 38.

550 Larenz, Schuldrecht I, S. 106.

551 Larenz, Schuldrecht I, S. 106.

552 Larenz, FS Ballerstedt, S. 397–419, insbesondere S. 397 und 415; Larenz, Schuldrecht I, S. 106.

hierbei liege dieser erhöhten Sorgfalts- oder Loyalitätspflicht der Grundsatz von „Treu und Glauben“ im Sinne des § 242 BGB zugrunde[553].

b) Zusammenfassung

Bei der Lehre von *Larenz* beschränkt sich erst der Bereich, in dem das Vertrauen als Tatbestand in Betracht kommt, auf geschäftlichen Kontakt; im geschäftlichen Kontakt gilt vor allem der *einzelsituationsunabhängige* und *objektiv* in Betracht gekommene Entstehungstatbestand des Vertrauensschuldverhältnisses als entscheidend. In dieser Lehre handelt es sich daher um die „tatsächliche[554] Aufnahme von Vertragsverhandlungen oder des geschäftlichen Kontakts“[555]; daraus ergibt sich die allgemeine Redlichkeitserwartung[556], und sie wird als Vertrauen verstanden. Der Grund liegt nach *Larenz* darin, dass die allgemeine Redlichkeitserwartung im Vorstadium eines Vertragsschlusses als erhöhte Sorgfalts- oder Rücksichtnahmepflichten anzusehen ist, und dass diese allgemeine Redlichkeitserwartung daher von beiden Beteiligten nicht verletzt werden soll, und dass sie endgültig zur „Gewährleistung eines reibungslosen Geschäftsverkehrs“ in der Rechtsordnung und nach dem geltenden Recht geschützt werden soll.[557] Der allgemeinen Redlichkeitserwartung liegt jedenfalls der Vertrauensgedanke zugrunde. Soweit die allgemeine Redlichkeitserwartung zwischen den Beteiligten besteht, dürfen sie darauf vertrauen, dass die eigene allgemeine Redlichkeitserwartung jeder Partei von dem anderen Teil nicht verletzt wird.

Bemerkenswert in *Larenz*‘ Lehre ist, dass die Aufnahme von Vertragsverhandlungen oder eines geschäftlichen Kontakts nicht nur als Entstehungszeitpunkt des Vertrauensschuldverhältnisses verstanden wird, sondern auch als objektive Handlung, die dieses Schuldverhältnis verursacht; *Larenz* spricht ausdrücklich in seiner Schrift davon, dass durch die Aufnahme von Vertragsverhandlungen oder eines geschäftlichen Kontakts schon eine „rechtliche Sonderverbindung“[558] zwischen den Beteiligten entsteht. Die hier erwähnte „rechtliche Sonderverbindung“ stellt freilich ein Schuldverhältnis dar[559]; folglich ist bei der Lehre von *Larenz* ausschlaggebend, dass sich die Entstehung des vorvertraglichen Vertrauensschuldverhältnisses nicht

---

553 Larenz, Schuldrecht I, S. 106.

554 Das hier verwendete Wort „tatsächlich“ stellt nicht „Rechtsgeschäft“ dar, sondern „Realakt“. Dazu siehe Larenz, Schuldrecht I, S. 109.

555 Larenz, Schuldrecht I, S. 106.

556 So auch siehe Keller, S. 58.

557 Larenz, Schuldrecht I, S. 106.

558 Larenz, Schuldrecht I, S. 106.

559 Siehe beispielsweise Larenz, Schuldrecht I, S. 7.

nach dem subjektiven Vertrauen des Beteiligten richtet, sondern nach dem objektiven Zeitpunkt oder der objektiven Handlung[560]. Schließlich wird die subjektive Eigenschaft des Vertrauens in der Lehre von *Larenz* beseitigt[561], indem sie durch den objektivierenden und normativierenden Vertrauenstatbestand zu ersetzen ist. Aus diesem Grund ist die Lehre von geschäftlichem Kontakt im Rechtsinstitut der culpa in contrahendo von großer Bedeutung.

3. Die Lehre vom einheitlichem gesetzlichen Schutzverhältnis

a) Die Vertrauenshaftung in der Lehre von Canaris

Canaris versuchte erst in seiner Schrift, die verschiedenen Theorien über die Vertrauenshaftung zu vereinheitlichen.[562] In Betracht kommen könne seiner Auffassung nach die Vertrauenshaftung stets unter folgenden Voraussetzungen: Erstens sei ein Vertrauen bedeutsam für die Rechtsfolge, zweitens müsse das Vertrauen in der Tat vorliegen und drittens stelle dieses Vertrauen den „tragenden Grund“[563] der Rechtsfolgen dar.[564] Die Vertrauenshaftung unterscheide sich in seiner Lehre ebenfalls in der „vertrauensrechtlichen Erfüllungshaftung“ und der „vertrauensrechtlichen Schadensersatzhaftung“.[565] Die (vertrauensrechtliche) Schadensersatzhaftung könne sich wiederum terminologisch in der „Erklärungshaftung“[566] und der „Anvertrauenshaftung“[567] als die zwei wichtigsten Erscheinungsformen unterteilen.

Die Erklärungshaftung wird erst an konkrete Fälle angeknüpft. Nach Ansicht von *Canaris* werden im Bereich der Erklärungshaftung beispielsweise die Ansprüche aus §§ 122 und 179 BGB sowie die Vorschriften aus §§ 307 und 309 BGB a. F. umfasst[568]; bei diesen Vorschriften handle es sich um die Vertrauenshaftung,

---

560 Siehe vor allem Larenz, MDR 1954, S. 515–518, insbesondere 517 f. Aber auch Berger, S. 187; Diers, S. 53 f.; Müller-Graff, JZ 1976, S. 153, 155 f.; Gottwald, JuS 1982, S. 877, 878 f.

561 So auch Krebs, 2000, S. 182.

562 Dazu im „Vorwort“ von Canaris, Vertrauenshaftung.

563 Canaris, Vertrauenshaftung, S. 2.

564 Canaris, Vertrauenshaftung, S. 1 ff. Er formuliert diese Voraussetzungen in einer anderen Schrift wie folgt: „Von Vertrauenshaftung wird nur gesprochen, wenn der Vertrauensgedanke als konstituierendes Prinzip fungiert und die Inanspruchnahme und Gewährung des Vertrauens also eine notwendige Voraussetzung der Haftung darstellt“, dazu siehe Canaris, FS Schimansky, S. 43, 55.

565 Canaris, FG 50 Jahre BGB I, S. 129, 131 ff.

566 Canaris, Vertrauenshaftung, S. 532 ff.

567 Canaris, Vertrauenshaftung, S. 539 ff.

568 Canaris, FG 50 Jahre BGB I, S. 129, 171 f.; ders., FS Schimansky, S. 43, 50.

da es in den Anwendungsfällen von diesen Vorschriften selbstverständlich der „Inanspruchnahme und Gewährung des Vertrauens" als haftungsbegründende Voraussetzung zur Schadensersatzhaftung bedürfe[569]. Von diesem Standpunkt aus könne die Erklärungshaftung auch dann anerkannt werden, wenn der betreffende Tatbestand vom ungeregelten, aber eingeklagten Fall dem „Strukturmodell"[570] von soeben erwähnten Vorschriften ähnelt.[571]

Nach *Canaris* kommt die Anvertrauenshaftung in denjenigen Fällen in Betracht, in denen eine vertrauensrechtliche Schadensersatzhaftung über den Erklärungshaftungsbereich hinausgeht[572]; hierbei handelt es sich im Ganzen genommen um sog. „Eingriffs- oder Verletzungsschutz"[573] als Zielsetzung von Rücksichtnahmepflichten. Der hier erwähnte „Schutz" beschränke sich freilich nicht auf die Rechtsgüter im Sinne des § 823 Abs. 1 BGB[574]; hierbei kann somit eine vertrauensrechtliche Schadensersatzhaftung als Vertrauenshaftung dann in Betracht kommen, wenn insbesondere z. B. im Rahmen von Vertragsverhandlungen[575] der eine Beteiligte seine Rechtsgüter der „Einwirkungsmöglichkeit" des anderen Beteiligten anvertraut.[576]

In der Lehre von *Canaris* handelt es sich hauptsächlich im Zusammenhang mit dem Legitimationsgrund von Schutzpflichten um das sog. „einheitliche gesetzliche Schutzverhältnis"[577].

b) Das einheitliche gesetzliche Schutzverhältnis in der Vertrauenshaftung von Canaris

Nach *Canaris*' Auffassung ist die Vorstellung[578] dahin gehend abzulehnen, dass sich vor dem Vertragsschluss alle Schutzpflichten aus dem gesetzlichen Schuldverhältnis ergeben, wohingegen die Schutzpflichten nach dem Vertragsschluss aus dem vertraglichen Schuldverhältnis entstehen[579]; denn nach diesem

569 Canaris, ZHR 163 (1999), S. 206, 221 f.

570 Darauf eingehend siehe Canaris, FG 50 Jahre BGB I, S. 129, 175 f.

571 Canaris, FS Schimansky, S. 43, 49 ff.

572 Canaris, Vertrauenshaftung, S. 540; ders., FS Schimansky, S. 43, 52.

573 Canaris, Vertrauenshaftung, S. 540.

574 Canaris, Vertrauenshaftung, S. 540 f.

575 Canaris, Vertrauenshaftung, S. 540; ders., FS Schimansky, S. 43, 52.

576 Canaris, Vertrauenshaftung, S. 540 f.

577 Canaris, JZ 1965, S. 475–482, insbesondere S. 478 ff.

578 Canaris, JZ 1965, S. 475, 479.

579 Dazu vor allem Blomeyer, § 17 III 1 b S. 73: „Kommt es zum Vertrag, so wird die Obhutspflicht zur vertraglichen Nebenpflicht". Ähnlich BGH JZ 1964, 654, 655: „Die

dichotomischen Gedanken befindet sich bei dem Ersteren die Rechtfertigung von Schutzpflichten in dem Vertrauensgedanken und bei dem Letzteren stellen dagegen die Schutzpflichten „an sich“ die vertraglichen Pflichten mit rechtsgeschäftlicher Natur dar; und zwar legen bei dem Letzteren die Schutzpflichten ihren Geltungsgrund in den Parteienwillen.[580]

Aus diesem Grund stellt er die Lehre des sog. „einheitlichen gesetzlichen Schutzverhältnisses“ hin: „Alle Schutzpflichten finden ihre Grundlage in einem einheitlichen gesetzlichen Schutzverhältnis“[581]; nach seiner Ansicht sei erst das einheitliche Schutzverhältnis mit Beginn des geschäftlichen Kontakts zu begründen[582]; hierbei entstehe das einheitliche Schutzverhältnis unabhängig vom Willen der Vertragsparteien und folgerichtig stelle das einheitliche Schutzverhältnis nicht die rechtsgeschäftliche Natur dar, sondern die „gesetzliche“ Natur[583]; dieses einheitliche gesetzliche Schutzverhältnis finde seine Rechtfertigung in dem Vertrauensgedanken und seine „positiv-rechtliche“ Grundlage in § 242 BGB[584]; die Vertrauenshaftung, welche auf dem einheitlichen gesetzlichen Schutzverhältnis beruht, bilde endgültig die „dritte Spur“ zwischen der echten Vertragshaftung und der Deliktshaftung.[585]

c) *Der Legitimationsgrund der Vertrauenshaftung im einheitlichen gesetzlichen Schutzverhältnis von* Canaris

Nach Ansicht von *Canaris* finden erst die Schutzpflichten aus einem einheitlichen gesetzlichen Schutzverhältnis ihren Legitimationsgrund, der auch die „innere Rechtfertigung“[586] bedeutet, vor allem in der „Gewährung des in Anspruch genommenen Vertrauens“.[587] Bei *Canaris* werde zur Entstehung der Vertrauenshaftung notwendigerweise die Inanspruchnahme und Gewährung des Vertrauens

---

Haftung wegen positiver Vertragsverletzung beruht nicht auf der Inanspruchnahme von Vertrauen, sondern auf der Verletzung von vertraglichen Pflichten“.

580 Canaris, JZ 1965, S. 475, 479.

581 Canaris, JZ 1965, S. 475, 479.

582 Canaris, JZ 1965, S. 475, 479.

583 Canaris, JZ 1965, S. 475, 479.

584 Canaris, JZ 1965, S. 475, 479.

585 Canaris, FG 50 Jahre BGB I, S. 129, 176 ff.; ders., FS Larenz, S. 27, 84 ff. und 102 ff. Nach Ansicht von Canaris verdichte sich das einheitliche Schutzverhältnis über mehrere Stufen, also Beginn der Vertragsverhandlungen, Vertragsschluss, Eintritt in das Erfüllungsstadium. Dazu siehe Canaris, JZ 1965, S. 475, 479.

586 Dabei liege auch die positiv-rechtliche Grundlage in § 242 BGB. Dazu siehe Canaris, JZ 1965, S. 475, 476.

587 Canaris, JZ 1965, S. 475, 476.

vorausgesetzt, indem der Vertrauensgedanke zugleich eine Rolle als „konstituierender" Grundsatz spiele[588]; die Existenz und seine Anerkennung des Vertrauens im Rahmen des geschäftlichen Kontakts[589] gelte unter dem Gesichtspunkt des aufgeforderten Schutzes desjenigen Vertrauens als haftungsbegründende Funktion[590].

Ferner ist in der Lehre von *Canaris* der Legitimationsgrund der Vertrauenshaftung aus einheitlichem gesetzlichem Schutzverhältnis abzugrenzen, von solchem der Haftung aus rechtsgeschäftlicher Bindung; denn der Letztere beruht anders als bei dem Ersteren auf der Rechtsgeschäftslehre. Hierbei sei das Kriterium dieser Trennung das sog. „Erklärungsbewusstsein"[591]; bei fehlerhaftem Erklärungsbewusstsein handle es sich nicht um eine aus der privatautonomen Selbstbestimmung resultierende Selbstverantwortung aufgrund der Rechtsgeschäftslehre, sondern um eine nur vorhandene Selbstverantwortung aufgrund der Rechtsscheinlehre.[592] Dabei komme nur infrage, ob der Erklärende an den „äußeren Tatbestand" einer Erklärung gebunden sei[593]. Anerkannt werde die Vertrauenshaftung nicht aufgrund privatautonomer Selbstbindung (also der Haftung „*ex voluntate*"), sondern aufgrund des heteronomen Befehls (also der Haftung „*ex lege*", die sich auch als „gesetzliche Haftung" bezeichnet).[594] Die Vertrauenshaftung spiele schließlich als ergänzende Funktion gegenüber der Selbstbindung aus dem Rechtsgeschäft eine Rolle.[595]

d) Zusammenfassung

Zusammengefasst wird die Lehre von *Canaris* im Zusammenhang mit dem „Vertrauensgedanken als rechtlicher grundlegender Gedanke" sowie dem „Vertrauen als Tatbestand zur Entstehung der Schadensersatzhaftung" wie folgt:

Nach der Haftungskategorisierung von *Canaris* gehört die Schadensersatzhaftung aus der Verletzung von denjenigen Schutzpflichten, die sich bei *Canaris* aus einheitlichem gesetzlichem Schutzverhältnis ergeben, zur Anvertrauenshaftung als eine solche. Um diese Vertrauenshaftung anzuerkennen, soll das Vertrauen, welches tatsächlich bestehen soll, endgültig an die Rechtsfolge angeknüpft werden, soweit dieses Vertrauen von Bedeutung für die Rechtsfolge ist und zugleich

588 Canaris, FS Schimansky, S. 43, 55.
589 Canaris, FS Larenz, S. 27, 107.
590 Canaris, FS Larenz, S. 27, 107.
591 Canaris, Vertrauenshaftung, S. 427.
592 Canaris, Vertrauenshaftung, S. 428.
593 Canaris, Vertrauenshaftung, S. 428.
594 Canaris, Vertrauenshaftung, S. 428 f.
595 Canaris, Vertrauenshaftung, S. 440 ff.

als tragender Grund der Rechtsfolge gilt; insofern ist das Vertrauen maßgeblich im einheitlichen gesetzlichen Schutzverhältnis.

Das in Anspruch genommene und gewährte Vertrauen, welches in der Lehre von *Ballerstedt* den subjektiven Tatbestand des Vertrauensschuldverhältnisses darstellt[596], rechtfertigt bei *Canaris* ebenfalls die Existenz von schuldrechtlichen Pflichten im vorvertraglichen Stadium. Dabei funktioniert der „Vertrauensgedanke" als konstituierender Grundsatz; mithin wird der Vertrauensgedanke in Verbindung mit § 242 BGB dogmatisch als dritte Spur oder selbstständiger Zwischenbereich zwischen der echten Vertragshaftung und der Deliktshaftung begründet. Das Bestehen des in Anspruch genommenen und gewährten Vertrauens ist jedoch anders als bei *Ballerstedt* nicht subjektiv zu bewerten. Das Vertrauen, welches zum Zeitpunkt des Beginns vom geschäftlichen Kontakt objektiv begründet wird, hat im Hinblick auf den aufgeforderten Schutz dieses Vertrauens die haftungsbegründende Funktion. In der Lehre von *Canaris* spielt ferner die Vertrauenshaftung eine Rolle als eine Ergänzung, indem sie an die Rechtsscheinlehre anzuknüpfen ist. Canaris spricht zudem deutlich davon, dass die Vertrauenshaftung allein aufgrund der Existenz einer Sonderverbindung in Betracht kommen kann; hierbei ist die „Teilnahme am rechtsgeschäftlichen Verkehr" als ausschlaggebendes Kriterium anzusehen. Schließlich führt die Vertrauenshaftung zu den Rechtsfolgen aus einem Vertrag.[597]

4. Die Lehren von einseitigem Handeln

a) Die Lehre vom einseitigen Leistungsversprechen Hans Stolls

Bei der Lehre von *Hans Stoll* in Bezug auf die Vertrauenshaftung handle es sich um das sog. einseitige Leistungsversprechen.[598] Die Lehre vom einseitigen Leistungsversprechen gehe vor allem von der amerikanischen Lehre *„promissory estoppel"* aus.[599]

Nach *Hans Stolls* Ansicht könne die vertragsähnliche Vertrauenshaftung insofern in Betracht kommen, wenn ein einseitiges Leistungsversprechen an die Auskunft geknüpft werde, durch welches sich das Vertrauen des Versprechensempfängers in Anspruch genommen werde und ihn demnach zu Dispositionen veranlasse[600]; hierbei sei durch das Leistungsversprechen desjenigen Verhaltens,

596 Zur Lehre von Ballerstedt siehe 1 b) und c).
597 Canaris, FG 50 Jahre BGB I, S. 129, 196.
598 Hans Stoll, FS Flume, S. 741 ff.
599 Hans Stoll, FS Flume, S. 741 ff.
600 Hans Stoll, FS Flume, S. 741, 765 und 773.

bei welchem die „Inanspruchnahme und Gewährung des Vertrauens“ nur als passive Frucht von Bedeutung sei[601], das gesetzliche Schuldverhältnis zwischen dem Auskunftgeber und dem Versprechensempfänger zu schaffen.[602]

Obwohl das „Versprechen einer Leistung“ ggf. dahin gehend verstanden werden könne, dass der Erteilende der Auskunft die Richtigkeit der versprochenen Leistung garantiert[603], habe in den meisten Fällen „eine ausdrückliche oder konkludente Erklärung des Auskunftgebers, für die Auskunft einstehen zu wollen, nur den Sinn, dass er sorgfältig die Erteilung der Auskunft verspricht“[604]. Das „geartete“ Leistungsversprechen, das vom Auskunftgeber erteilt wird, spiele im Sinne des Einstehens für diejenige Auskunft eine entscheidende Rolle für die vertragsähnliche Vertrauenshaftung.[605]

In *Hans Stolls* Lehre sei folglich die Vertrauenshaftung nicht an den Vorwurf für den Vertrauenswerber anzuknüpfen, indem er das Vertrauen des Partners in Anspruch genommen und dadurch die Entscheidung desselben Partners für die Vermögensdispositionen erweckt habe, sondern nur an das gegebene Wort „Leistungsversprechen“[606]; denn die Leistungserwartung, die gemäß § 242 BGB geschützt werden muss, wird bereits unabhängig vom „rechtskonstitutiven Willen“ durch dieses Versprechen erweckt.[607] Schließlich handelt es sich in der Lehre des einseitigen Leistungsversprechens um dessen Nichterfüllung und die dadurch verursachte Enttäuschung der Leistungserwartung des Versprechensempfängers.[608]

b) *Die Lehre vom einseitigen Rechtsgeschäft* Heinrich Stolls

Die Lehre vom „einseitigen Rechtsgeschäft“ *Heinrich Stolls* erscheint unter dem Gesichtspunkt des einseitigen Handelns ähnlich wie die Lehre einseitigen Leistungsversprechens. Die Lehre einseitigen Rechtsgeschäfts nimmt jedoch ganz Abstand von der Lehre einseitigen Leistungsversprechens, welche unabhängig vom „rechtskonstitutiven Willen“[609] ist; in dem Ersteren beruhe die Entstehung

601 Hans Stoll, FS Flume, S. 741, 754.
602 Hans Stoll, FS Flume, S. 741, 754.
603 Hans Stoll, FS Flume, S. 741, 765.
604 Hans Stoll, FS Flume, S. 741, 765.
605 Hans Stoll, FS Flume, S. 741, 765 f.
606 Hans Stoll, FS Flume, S. 741, 755.
607 Hans Stoll, FS Flume, S. 741, 773.
608 Hans Stoll, FS Flume, S. 741, 755.
609 Siehe Hans Stoll, FS Flume, S. 741, 773.

eines Schuldverhältnisses, anders als in dem Letzteren, auf dem Rechtsgeschäft[610]; nach Ansicht *Heinrich Stolls* werde ein Schuldverhältnis dadurch geschaffen, dass eine Partei durch die Erklärungserteilung einseitig die Vertragsverhandlungen öffnet.[611] Dieses einseitige Handeln der Erklärungserteilung stelle richtig einseitiges Rechtsgeschäft dar, und zwar einseitiges geschäftsähnliches Handeln.[612] Zusammenzufassen ist der Grundgedanke in der Lehre von *Heinrich Stoll*, der insbesondere dem Vertrauensverhältnis zugrunde liegt, somit wie folgt:

In seiner Lehre habe er vor allem unter dem Gedanken der Gemein- und Volksgenossenschaft den Treuegedanken und die Treuepflichten im Rahmen des Schuldrechts betont[613]; er erkenne daher an, dass sich in einem Schuldverhältnis sowohl das Leistungsverhältnis als auch das Vertrauensverhältnis befinden[614]; denn der Einzelne müsse in der Verfolgung eigenen Ziels den sog. Rechtsgenossen aufseiten des Gegners sehen[615]; dieser Satz ergebe sich im gleichen Sinne ebenfalls aus den Treuepflichten zwischen dem Gläubiger und dem Schuldner, und dabei sei ihr Gemeinschaftsverhältnis als spezielle Erscheinungsform des in der Volksgemeinschaft befindenden Gemeinschaftsgedankens anzusehen[616].

c) Zusammenfassung

In der Lehre von einseitigem Leistungsversprechen *Hans Stolls* könne erst teilweise die Haftung aus dem „Abbruch von Vertragsverhandlungen" als typischer Sachverhalt[617] in Betracht kommen, insbesondere die Eigenhaftung des Vertreters oder Sachverwalters[618]; in seiner Lehre ist der Wille des Leistungsversprechenden ausschlaggebend, für die Auskunft oder den Rat einstehen zu wollen.[619] Die Erteilung dieses Willens erweckt das Vertrauen auf zukünftigen Vertragsschluss des Versprechensempfängers, und daraus ergibt sich ein gesetzliches Schuldverhältnis; hierbei führt die Erteilung des Leistungsversprechens

610 Heinrich Stoll, JW 1933, S. 34 ff.

611 Heinrich Stoll, JW 1933, S. 34, 36.

612 Heinrich Stoll, JW 1933, S. 34, 36. Er erwähnt auch den „Eintritt in die Vertragsverhandlungen" als Entstehungstatbestand eines Schuldverhältnisses.

613 Keller, S. 51.

614 Keller, S. 51.

615 Keller, S. 51.

616 Keller, S. 51.

617 Hans Stoll, FS Flume, S. 741, 754.

618 Hans Stoll, FS Flume, S. 741, 773.

619 Hans Stoll, FS Flume, S. 741, 773.

allein zur „Inanspruchnahme und Gewährung des Vertrauens“ als eine Frucht.[620] Somit wird das Vertrauen als Entstehungstatbestand eines Vertrauensschuldverhältnisses durch solches geartete Leistungsversprechen ersetzt; denn wie in anderen Vertrauenslehren, soll die Leistungserwartung, welche durch dasjenige bloße Leistungsversprechen herbeigeführt wurde, von dem Auskunftsgeber als „Vertrauenswerber“[621] nicht verletzt werden. Ferner beschränkt sich die Vertrauenshaftung hier nicht auf rechtsgeschäftlichen (oder rechtsgeschäftsähnlichen) Kontakt, der bei *Larenz* oder *Canaris* ausschlaggebend ist. In diesem Sinne ist denkbar, dass sich die Lehre von *Hans Stoll* an die Lehre von sozialem Kontakt anknüpft. Anerkannt werden kann daher die Vertrauenshaftung hier sowohl in familiären Fällen als auch in allgemeinen persönlichen Beziehungen, also „gesellschaftlichen Abmachungen“[622].[623] Insofern kann kritisiert werden, dass sich durch diese umfangreiche Anerkennung des Schuldverhältnisses das freie soziale Leben des Menschen vielmehr zurückhalten lässt; zudem ist in der Äußerung von *Hans Stoll* noch unklar, ob und aus welchem Grund, mit Ausnahme von der Haftung des Vertreters oder Sachverwalters, ein allgemeines und im Alltagsleben häufig verwandtes Versprechen tatsächlich im Schutzbereich der Rechtsordnung umfasst werden kann.

In der Lehre *Heinrich Stolls* liegt kein positives Recht dem Bestehen des Vertrauensschuldverhältnisses zugrunde. Stattdessen steht der Gedanke der Gemein- und Volksgenossenschaft unmittelbar im Vordergrund; dennoch kann niemals verneint werden, dass der Treuegedanke und die Treuepflichten aus den Gedanken der Gemeinschaften und Volksgenossenschaften der Anerkennung des Vertrauensschuldverhältnisses dienen. Jedoch gilt das Vertrauen in seiner Lehre nicht als Entstehungstatbestand, obgleich bereits das Bestehen des Vertrauensschuldverhältnisses anerkannt wird; dort kommt die einseitige Öffnung der Vertragsverhandlung nur als Entstehungstatbestand eines Schuldverhältnisses in Betracht. Dies führt endgültig dazu, dass, obwohl das Vertrauen gar keine Rolle als Tatbestand des Vertrauensschuldverhältnisses spielt, anders als bei sog. bloßen Leistungsverhältnis, welchem unmittelbar der Vertrag für die Leistung zugrunde liegt, dasselbe Vertrauensverhältnis neben dem Leistungsverhältnis bereits als Bestandteil eines Schuldverhältnisses qualifiziert wird; dies zeigt, dass das Schuldverhältnis schon im Voraus dem Vertrauensverhältnis zugrunde

620 Hans Stoll, FS Flume, S. 741, 754.
621 Hans Stoll, FS Flume, S. 741, 755.
622 Hans Stoll, FS Flume, S. 741, 773.
623 Hans Stoll, FS Flume, S. 741, 770 f.

liegt, d. h., das Vertrauensverhältnis ergibt sich schließlich nachträglich aus dem Schuldverhältnis; im heutigen BGB scheint dies unzutreffend zu sein.[624]

5. Die Lehre der Selbstbindung ohne Vertrag

a) Die Begriffsbestimmung der Selbstbindung

In der Lehre von *Köndgen* handelt es sich hauptsächlich um sog. „Selbstbindung ohne Vertrag". Nach seiner Auffassung aufgrund der Untersuchung des angloamerikanischen Vertragsrechts im Sinne des Common Laws[625] befinde sich im deutschen Recht auch das sog. Kontinuum zwischen „dem freiheitlichen Pol und der sozialen Kontrolle"[626]; in seiner Lehre stelle dasjenige Kontinuum die Selbstbindung dar, das aber auch als neue Sphäre zwischen der echten Vertragshaftung und der Deliktshaftung gelten könne.[627] Unter diesem Gesichtspunkt versuchte *Köndgen*, in Anlehnung an den Begriff der „Selbstbindung" eine neue Dogmatik in das bestehende Rechtssystem des BGB zu integrieren[628]; seiner Ansicht nach ist die Selbstbindung als „Inbegriff des kommunikativen Handelns"[629] anzusehen, und im Rahmen dieses kommunikativen Handelns könne eine Partei die von ihrem Willen unabhängigen, aber „stabilen und legitimen"[630] Erwartungen an ihre zukünftige Handlung aufseiten der anderen Partei erwecken[631]. Diese Selbstbindung wird insofern schließlich als „Extension des alten Versprechenskonzepts"[632] verstanden.

b) Die Vertrauenshaftung in der Lehre von Köndgen

In der durch *Köndgen* ermittelten, neu aufgezeigten Sphäre der „Selbstbindung ohne Vertrag" gehe es vor allem um die „Verpflichtungen aus Handeln zu kommunikativen Zwecken".[633] Aufgrund des Handelns zu kommunikativen Zwecken

---

624 Siehe z. B. Keller, S. 52.

625 Köndgen, S. 19 ff.

626 Köndgen, S. 64 f.

627 Zu der begrifflichen Abgrenzung des Haftungsbereichs (oder rechtlichen Einordnung einer Haftung) siehe 1. Teil 1. Abschnitt A.

628 Köndgen, S. 2 f. und 100 f. und 111.

629 Köndgen, S. 280.

630 Köndgen, S. 116.

631 Köndgen, S. 280.

632 Köndgen, S. 280. Die Lehre der „Selbstbindung ohne Vertrag" kann man zum Teil für einen Fortgang der Konzeption „einseitigen Leistungsversprechens" von Hans Stoll halten, dazu siehe Köndgen, S. 65 ff., insbesondere 82 ff.

633 Köndgen, S. 114.

mit einem anderen habe der Adressat die bestimmten Erwartungen, oder eine bestimmte Handlung des Adressaten lasse sich durch das Handeln des anderen Teils verursachen[634]; dabei verpflichtet sich der Handelnde mit kommunikativem Zweck, die „legitime Erwartung“[635] des Adressanten zu schützen. Das Handeln zu kommunikativen Zwecken nehme „im technischen Sinn“ Abstand von der Willenserklärung[636]; die Haftung wegen des Handelns zu kommunikativen Zwecken sei schließlich weder in echter Vertragshaftung noch in der Deliktshaftung zu umfassen[637]; insofern befinde sich diese Haftung im „Kontinuum zwischen dem freiheitlichen Pol und der sozialen Kontrolle“[638].

Die Stelle des Vertrauens, welche zur Anerkennung einer Vertrauenshaftung notwendig ist, sei in der Lehre der „Selbstbindung ohne Vertrag“ begrifflich durch die „legitime Erwartung“ zu ersetzen[639]; dabei richte sich die Selbstbindung, welche endgültig das Erwecken von legitimen Erwartungen darstelle[640], ausschlaggebend nach sog. „intentionaler oder normativer[641] Selbstdarstellung der Akteure“.[642] In Betracht kommen soll somit insbesondere die Rollenerwartung aufgrund der „Zusicherung professioneller Fähigkeiten“[643], also z. B. die sog. „Berufsrollen“[644].

Um das Erwartungshalten des Adressaten wegen der Selbstbindung anzuerkennen, sei neben der bisherigen *Entstehung*sbegründung dieser Erwartung die *Bestand*sbegründung der Selbstbindung erforderlich, d. h. die „Reziprozität als Hintergrundserwartung“[645]; nach Ansicht *Köndgens* sei der Begriff der Reziprozität, anders als seine Lehre, neben dem klassischen Vertragsgedanken, einerseits in terminologischer Hinsicht, andererseits in begrifflicher Hinsicht, einigermaßen zu vernachlässigen.[646] Die Reziprozität wird jedoch in seiner Lehre selbstverständlich als „funktionale Bedingung der stabilen sozialen Beziehung“[647]

634 Köndgen, S. 114.
635 Köndgen, S. 116.
636 Köndgen, S. 114.
637 Köndgen, S. 6 f.
638 Köndgen, S. 64 f.
639 Köndgen, S. 116.
640 Köndgen, S. 156 ff.
641 Köndgen, S. 174 ff.
642 Köndgen, S. 165 ff.
643 Köndgen, S. 177 ff.
644 Köndgen, S. 192 ff., insbesondere S. 210 ff.
645 Köndgen, S. 233 ff.
646 Köndgen, S. 235 ff.
647 Köndgen, S. 240 ff.

akzeptiert; daher ist die Reziprozität dort im Hinblick auf den rechtlichen Begriff als Rechtsprinzip zu qualifizieren[648]. Maßgeblich könne sich die „quasi-vertragliche Verpflichtung" in verschiedenen Fallgruppen durch den Begriff der Reziprozität von der quasi-deliktischen Pflicht abgrenzen lassen.[649]

c) Zusammenfassung

Die Lehre der „Selbstbindung ohne Vertrag" *Köndgens* scheint unter dem reinen dogmatischen Gesichtspunkt ausreichend überlegungswürdig zu sein: In seiner Lehre wird eine rechtlich bedeutsame neue Sphäre sichtbar vorausgesetzt, die als ausschlaggebend gilt; in dieser Sphäre zwischen dem echten (privatautonomen) Vertragsverhältnis und der deliktischen Zufallsbegegnung befindet sich ein Geflecht von schuldrechtlichen Beziehungen; sie unterliegt daher weder „dem alleinigen Regime des freien Willens *(= echtem Vertragsverhältnis)*" noch „dem Gebot des neminem laedere"[650]; insofern existiert das Bedürfnis dieser neuen Sphäre wegen der „Gebietsschranken"[651] bereits nach der Willenstheorie *Savignys* seit langer Zeit; dies scheint vernünftig zu sein, soweit im ganzen Haftungssystem des Privatrechts „die Begriffsbestimmung der rechtlichen Einordnung von Rechtsfolgen der Haftung *de lege lata*"[652] nicht in Betracht kommt.

Nach Ansicht *Köndgens* sehen die sich in der neuen Sphäre befindenden Verpflichtungen die „neuen verpflichtenden Merkmale" vor, nämlich die „Selbstbindung als Erwecken von Erwartungen", die „Rollenbeziehungen" und die „Reziprozität"[653]; durch diese Merkmale lässt sich die in neuer Sphäre bestehende Verpflichtung von den sich im Regelungsbereich unerlaubter Handlung befindenden Pflichten abgrenzen. Dieselbe Verpflichtung ergibt sich aus einem quasi-vertraglichen Schuldverhältnis und die Haftung aus ihrer Verletzung unterliegt dem Vertrauensgedanken.

---

648 Köndgen, S. 250 ff.

649 Köndgen, S. 283 ff. Auf die anwendbaren Fallgruppen der „quasi-vertraglichen Selbstbindung" eingehend siehe Köndgen, S. 284 ff.

650 Köndgen, S. 419.

651 Köndgen, S. 419.

652 Siehe 1. Teil 1. Abschnitt A. Die Verpflichtungen, welche in neuer Sphäre Köndgens in Betracht kommen sollen, können gemäß der „Begriffsbestimmung der rechtlichen Einordnung von Rechtsfolgen der Haftung *de lege lata*" berechtigterweise im Rahmen der Vertragshaftung behandelt werden.

653 Köndgen, S. 419.

IV. Zusammenfassung

Im Zusammenhang mit der Vertrauenshaftung handelt es sich um zwei Kernpunkte: Der Vertrauensgedanke, welcher als einheitlicher Legitimationsgrund der Haftung im ganzen Bereich der culpa in contrahendo gilt, und das Vertrauen, welches als Entstehungstatbestand eines Vertrauensschuldverhältnisses eine Rolle spielt; die beiden Begriffe unterscheiden sich überhaupt im Schrifttum, und dazu ist zuzustimmen; hingegen ist der Legitimationsgrund von Schutzpflichten in der Regel nicht in der Rechtsprechung zu erwähnen[654].

Der Legitimationsgrund der Vertrauenshaftung soll an den Grundgedanken dieser Haftung angeknüpft werden; somit stellt er denjenigen Gedanken dar, dass das besonders rechtlich schutzwürdige Vertrauen in der Rechtsordnung und nach geltendem Recht geschützt werden soll, soweit ein Vertrauen, wenn auch sein Begriff in verschiedenen Fächern unterschiedlich bestimmt ist, offensichtlich „als ein solches besonders rechtlich schutzwürdiges Vertrauen“ qualifiziert wird.[655] *Canaris* versucht mit dieser Betrachtung die Vertrauenshaftung aus einheitlichem gesetzlichem Schutzverhältnis zu erklären; er spricht deutlich davon, dass im Rahmen des geschäftlichen Kontakts der Vertrauensgedanke als „konstituierender“ Grundsatz der Haftung eine Rolle spielt, und dass zur Entstehung der Vertrauenshaftung notwendigerweise die Inanspruchnahme und Gewährung des Vertrauens vorausgesetzt wird.[656] Zudem kann die neue Sphäre, welche der Existenz des Vertrauensgedankens dient, auf der Lehre von *Köndgen* gestützt werden. Die Vertrauenshaftung unterliegt daher dem Vertrauensgedanken, unabhängig davon, ob das besonders rechtlich schutzwürdige Vertrauen entweder subjektiv oder objektiv verstanden wird; ferner liegt die rechtliche Grundlage dieses Vertrauensgedanken grundsätzlich in § 242 BGB.[657] Schließlich ist zu akzeptieren, dass, obwohl das besonders rechtlich schutzwürdige Vertrauen ggf. durch die anderen denkbaren verschiedenen Terminologien oder Erscheinungsformen ersetzt wird, die sich aus dessen Verletzung ergebende Vertrauenshaftung unter dem Vertrauensgedanken anerkannt wird; jedoch ist die Fragestellung

654 Vgl. Krebs, 2000, S. 41.

655 Das Vertrauen ist z. B. unter dem Gesichtspunkt philosophischer Begriffsbestimmung als kernhaft für das Zustandekommen oder die Beachtung eines Vertrags anzusehen und insofern kann der Vertrag unter dem Vertrauensgedanken zu schützen sein. Dazu siehe II 1 a) i).

656 Darauf eingehend siehe III 3 c).

657 Dazu beispielsweise siehe BGHZ 60, 221, 224; BGH NJW 1970, 1840, 1841; aber auch Canaris, JZ 1965, S. 475, 476; Fikentscher/Heinemann, Schuldrecht, § 26 I Rn. 199 ff.; Frost, S. 80; Frotz, S. 66; Larenz, Schuldrecht I, S. 106.

wichtiger, in welcher Weise „ein besonders rechtlich schutzwürdiges Vertrauen[658] als berechtigter Tatbestand zur Entstehung eines Vertrauensschuldverhältnisses" im vorvertraglichen Stadium anerkannt werden kann; dies richtet sich im Ergebnis danach, ob das Vertrauen „entweder subjektiv oder objektiv" aufgefasst und so qualifiziert wird.

Dass ein Vertrauen „subjektiv" aufgefasst wird, stellt dar, dass jeder Einzelne aus jeder subjektiven Sicht „tatsächlich" das Vertrauen hatte; die tatsächliche Existenz des Vertrauens soll sich gleichwohl nach der rechtlichen Bewertung dahin gehend richten, dass jeder Einzelne allgemein und gemeinsam dann dasselbe Vertrauen haben darf, wenn jeder Einzelne im gleichen Fall auszusetzen wäre. Verstanden wird in diesem Sinne die Anerkennung des besonders rechtlich schutzwürdigen Vertrauens „unter subjektivem Gesichtspunkt" endgültig dahin gehend, dass erstens das Vertrauen als konkret und einzelsituationsbedingt und vor allem als *kausal* gilt, und zweitens dennoch die rechtliche Bewertung desjenigen Vertrauens im Ergebnis durch objektive Erwägung je nach einzelnem Fall vorzunehmen ist, und drittens dadurch die Existenz desjenigen Vertrauens anerkannt wird; insofern ist das in Anspruch genommene und gewährte Vertrauen aus der Lehre von *Ballerstedt* ausschlaggebend. Schließlich kann das besonders rechtlich schutzwürdige Vertrauen unter subjektivem Gesichtspunkt als „qualifiziertes, besonderes und einzelsituationsbedingtes Vertrauen" bezeichnet werden.

Dass das besonders rechtlich schutzwürdige Vertrauen „objektiv" aufgefasst wird, ist dagegen unabhängig davon, ob jeder Einzelne im gleichen Fall „tatsächlich" dasjenige Vertrauen haben könnte. Hierbei ist freilich auch das besonders rechtlich schutzwürdige Vertrauen zur Entstehung eines Vertrauensschuldverhältnisses nicht auszuschließen; dies bedeutet, dass dort die Existenz desjenigen Vertrauens nur durch die objektiven, sichtbaren und vorausgesehenen Kriterien nachzuweisen ist; dasjenige Vertrauen ist folglich als ein tatbestandliches, „typisierbares" Merkmal anzusehen und diese Typisierung führt zur objektiven Anerkennung des Vertrauensschuldverhältnisses; insofern spielt dasjenige Vertrauen im Rahmen der Vertrauenshaftung eine *funktionale* Rolle. Die Objektivierung oder Normativierung des Vertrauens wird hierbei durch die folgenden Merkmale ermöglicht: „Die allgemeine Redlichkeitserwartung von *Larenz*, welche durch die Aufnahme von Vertragsverhandlungen oder eines geschäftlichen Kontakts nach außen hin in Erscheinung tritt", „Das einseitige Leistungsversprechen von *Hans Stoll*", „Das einseitige Rechtsgeschäft durch die Öffnung von Vertragsverhandlungen von *Heinrich Stoll*".

658 Zum besonders rechtlich schutzwürdigen Vertrauen siehe II 1 b).

Zusammenzufassen ist dementsprechend im Zusammenhang mit dem Fall des Abbruchs von Vertragsverhandlungen wie folgt: Im vorliegenden Fall wird ebenfalls der „Vertrauensgedanke als Grundgedanke der Haftung" freilich vom „Vertrauen als Entstehungstatbestand eines Vertrauensschuldverhältnisses" abgegrenzt. Wichtig ist, dass bei diesem Fall das subjektive Vertrauen von *Ballerstedt* eine Rolle als berechtigter Entstehungstatbestand des Vertrauensschuldverhältnisses spielt. Denn, wie im folgenden **3. Teil** dargelegt wird, liegt der Zurechnungsgrund der Ersatzhaftung für die entbehrlich gewordenen Aufwendungen, die beim Vertrauensschuldverhältnis der echten Vertragsverhandlungen im Sinne des § 311 Abs. 2 Nr. 1 BGB in Betracht kommen, berechtigterweise in dem in Anspruch genommenen und gewährten Vertrauen auf den Abschluss des angestrebten Vertrags;[659] zudem kommt die Schadensersatzhaftung aus dem

659 Im Zusammenhang mit dem Fall des „Abbruchs von Vertragsverhandlungen" sind einer Auffassung nach die sog. „Leistungspflichten vor Vertrag" durch die „Selbstbindung kraft sozialtypischer Sprechhandlung" zu begründen, dazu eingehend siehe Lüsing, S. 356 ff. und 392 ff. Bei dieser Auffassung richtet sich erst das *Schuldverhältnis* zwischen den Verhandlungsparteien im Rahmen der Vertragsverhandlungen (im Sinne des § 311 Abs. 2 Nr. 1 BGB), anders als bei Ballerstedt, nicht nach dem in Anspruch genommenen und gewährten Vertrauen, sondern nach der „sozialtypischen Sprechhandlung"; hierbei spielt sog. „sprachliches Handeln des Erklärenden als Teilnahme an einer Sonderbeziehung des Leistungsaustausches auf Grundlage einer normativen sprachlichen Praxis" eine für die Entstehung des Schuldverhältnisses von Vertragsverhandlungen entscheidende Rolle; dementsprechend hängt bei dieser Auffassung die Bewertung eines *Verhaltens* nicht vom tatsächlichen Erwecken des Vertrauens aufseiten des anderen Teils auf den Vertragsschluss ab, sondern davon, ob das Verhalten „nach den Normen der sprachlichen Praxis" die sog. „Festlegung" zugezogen hat; zudem ist bei dieser Auffassung ausschlaggebend, „welche Folgerungen ein kompetenter Sprecher der Sprachgemeinschaft nach den Regeln der sprachlichen Praxis ziehen musste". Somit ist bei dieser Auffassung zu verstehen, dass erstens die Normen der sprachlichen Praxis den *objektiven* Maßstab für die Bewertung eines sprachlichen Handelns des Erklärenden darstellen, und zweitens nach diesem objektiven Maßstab das sprachliche Handeln des Erklärenden „an sich" bewertet wird und der Erklärende beim Urteil von Festlegungen aufgrund seines sprachlichen Handelns im Rahmen der Selbstbindung eintritt, und drittens dabei allein der Wille als subjektiver Tatbestand für die „Festlegungen" gefordert wird, welcher naturgemäß von dem in Anspruch genommenen und gewährten, subjektiven Vertrauen Ballerstedts Abstand nimmt; aufgrund dieses Konzeptes der „Selbstbindung kraft sozialtypischer Sprechhandlung" könne vor allem die Entscheidungsschwierigkeit dafür überwunden werden, wann das gerade erwähnte, subjektive Vertrauen als normativ anerkannt werden soll. Dazu siehe Lüsing, S. 392 ff., aus welchen die zentralen begrifflichen Formulierungen über das Konzept der Selbstbindung kraft

bloß fahrlässigen Aufklärungsmangel *(= sog. nicht rechtzeitige Aufklärung)* im vorliegenden Fall nur im Rahmen desselben Vertrauensschuldverhältnisses in Betracht. Der existierende Bereich des Vertrauensschuldverhältnisses soll sich berechtigterweise auf geschäftlichen Kontakt beschränken; anderenfalls kann sich derjenige Rechtskreis, in dem jeder Einzelne eigene individuelle Freiheit entfalten und seine Interessen verfolgen darf, vielmehr verengen.[660]

E. Resümee

In diesem Abschnitt geht es um das Rechtsinstitut der culpa in contrahendo: Die Lehre der culpa in contrahendo entwickelt sich seit langer Zeit im deutschen Zivilrecht als ein Rechtsinstitut. Diese Theorie gewährt den Grund, warum im Rahmen des vorvertraglichen Stadiums die schuldrechtlichen Pflichten anerkannt und beachtet werden sollen; diese schuldrechtlichen Pflichten befinden sich im vorvertraglichen Vertrauensschuldverhältnis berechtigterweise aufgrund des besonders rechtlich schutzwürdigen Vertrauens zwischen den Beteiligten; insofern sind die Leistungspflichten[661] freilich auszuschließen. In diesem Sinne bezeichnet sich das Vertrauensschuldverhältnis heute als *„rechtsgeschäftsähnliches Schuldverhältnis“*[662] in § 311 Abs. 2 und 3 BGB. Im Vertrauensschuldverhältnis werden endgültig den beiden Parteien die (außerdeliktischen) Schutzpflichten *(= erhöhten Sorgfaltspflichten)* auferlegt; die Verletzung dieser Schutzpflichten führt „unter dichotomischem Haftungssystem nach dem geltenden Recht“ zur Vertragshaftung[663], die „unter dem Gesichtspunkt der ursprünglichen und entwickelten Rechtsnatur einer Haftung“ aber auch als Vertrauenshaftung qualifiziert wird.

Unter Berücksichtigung des genannten Hintergrundes geht es im **3. Teil** um den Umfang der Schadensersatzhaftung aus dem Abbruch von Vertragsverhandlungen zusammen mit ihren tatbestandlichen Voraussetzungen nach dem

---

sozialtypischer Sprechhandlung ohne Änderungen herausgezogen werden. Ferner zu vorvertraglichen Mitwirkungspflichten, außerdeliktischen Schutzpflichten und ihrer Rechtsnatur bzw. demnach zu den Rechtsfolgen, die sich nach dieser Auffassung berechtigterweise im Rahmen der Vertragsverhandlungen befinden, siehe Fn. 712 und 720.

660 Siehe Protokolle II S. 567.

661 Im Zusammenhang mit dem Pflichtenprogramm des Schuldverhältnisses siehe 3. Teil 1. Abschnitt A II 2 b) i).

662 Auf das Verhältnis der Sonderverbindung zum „rechtsgeschäftsähnlichem“ und „gesetzlichem“ Schuldverhältnis eingehend unter 3. Teil 1. Abschnitt A II 2 a) iii).

663 Siehe 1. Teil 1. Abschnitt A.

geltenden Recht; die bisher erwähnten Schutzpflichten wurden mit der Schuldrechtsmodernisierung 2002 bereits als positives Recht im BGB verankert, also § 241 Abs. 2 BGB in Verbindung mit § 311 Abs. 2 und 3 BGB; die Schutzpflichten, die im Fall des Abbruchs von Vertragsverhandlungen in Betracht kommen, ergeben sich insbesondere aus § 311 Abs. 2 Nr. 1 BGB in Verbindung mit § 241 Abs. 2 BGB; auf den Umfang der Schadensersatzhaftung finden freilich die schadensrechtlichen Vorschriften Anwendung, also insbesondere § 249 Abs. 1 BGB in Verbindung mit §§ 280 Abs. 1, 276 und 284 BGB.

3. Teil: Der Umfang der Schadensersatzhaftung aus dem Abbruch von Vertragsverhandlungen *de lege lata*

1. Abschnitt: Tatbestandliche Voraussetzungen der Schadensersatzhaftung

A. Die geltende Rechtsstruktur und die anwendbaren Vorschriften für den Fall des „Abbruchs von Vertragsverhandlungen"

I. Die Verankerung von §§ 311 Abs. 2 und Abs. 3 BGB

Wie im **2. Teil** festgestellt wird, bestehen aufgrund des Rechtsinstituts der culpa in contrahendo das Vertrauensschuldverhältnis als Sonderverbindung und die Schutzpflichten zwischen den Parteien von Vertragsverhandlungen. Mit der Schuldrechtsmodernisierungsreform vom 1. 1. 2002 wurden freilich die Fälle der *culpa in contrahendo* nicht unter §§ 823 ff. BGB über die Deliktshaftung geregelt, sondern in § 311 Abs. 2 und 3 BGB als neues positives Recht; sie spielen derzeit im Rahmen des Zivilrechts eine Rolle als zentrale Klausel der culpa in contrahendo.[664]

Bei der Verankerung der culpa in contrahendo ins BGB handelte es sich um ihren textlichen Ausdruck: Der Grundsatz der culpa in contrahendo, welcher sich zu einem von zentralen Rechtsinstituten des deutschen Zivilrechts entwickelte, sollte im Bürgerlichen Gesetzbuch als zentrale deutsche Zivilrechtskodifikation erklärt werden, und daher sollte das Bürgerliche Gesetzbuch wiederum Auskunft über den wirklichen Bestand des deutschen allgemeinen Schuldrechts geben[665]; unter dieser Betrachtung sollte das Rechtsinstitut der culpa in contrahendo nicht in allen Einzelheiten geregelt, sondern nur als abstrakte Rechtsnorm aufgebaut werden, die durch die Rechtsprechung der Konkretisierung und Ausdifferenzierung zugänglich ist.[666] Vor diesem Hintergrund kann auf die ursprüngliche Form der abstrakten Rechtsnorm erst in § 305 Abs. 2 des Kommissionsentwurfs (im Folgenden als „BGB-KE" bezeichnet) verwiesen werden.

§ 305 Abs. 2 BGB-KE regelt wie folgt: „*Ein Schuldverhältnis mit Pflichten nach § 241 Abs. 2 BGB-KE kann bereits durch Anbahnung eines Vertrags entstehen*"[667]. Diese Regelung, welche allein eine grundsätzliche Angabe enthält[668], scheint auf

664 BT-Drucksache 14/6040, S. 162; Heinrichs, FS Canaris, S. 429.

665 BT-Drucksache 14/6040, S. 162.

666 BT-Drucksache 14/6040, S. 162.

667 Herausgezogen wird die Vorschrift aus dem Abschlussbericht, 1992, S. 142.

668 Abschlussbericht, 1992, S. 144.

der einen Seite einigermaßen zurückhaltend zu sein; diese Regelungsweise beruhte jedoch auf der Ansicht der Kommission, dass die einzelne Regulierung der culpa in contrahendo vielmehr im einzelnen Fall „die große Bandbreite sowie die Vielfalt von den zu berücksichtigenden Pflichten, und die Unterschiede in den durch diese Pflichten geschützten Interessen" verhindert[669]; verstanden wird somit die Aufgabe dieser Vorschrift dahin gehend, dass sie nicht hinter den von der Rechtsprechung entwickelten Grundsätzen zurückbleiben und gleichzeitig die Abweichung von der geltenden Rechtslage vermeiden soll, und dass sie keinen Moment zu der Flut neuer Haftungsfälle (oder zu den übermäßigen Erforderungen) beitragen soll.[670]

§ 305 Abs. 1 S. 2 des Diskussionsentwurfs des Schuldrechtsmodernisierungsgesetzes vom 4. 8. 2000 (im Folgenden als „DiskE" bezeichnet) folgte weiterhin der Formulierung des § 305 Abs. 2 BGB-KE ohne Änderung. Diese Formulierung wurde jedoch kritisiert, weil darunter verstanden wurde, dass sie allein einen inhalts- und rechtsfolgenblinden Formalverweis auf die Rechtsprechung und Lehre darstelle, und dass sie in diesem Sinne der weiteren Rechtsfortbildung nur die Blankettermächtigung gewähre[671]; somit wurde diese Formulierung des § 305 Abs. 1 S. 2 DiskE damals als „Merkzettel-Gesetzgebung" empfunden, durch welche sogar die klare und tragbare, umfassende Regelung nicht ersetzt werden konnte[672].

Die inhaltlich vage Regelung wurde jedoch durch die zweite Schuldrechtskommission in der konsolidierten Fassung des Diskussionsentwurfs vom 6. 3. 2001 (im Folgenden als „KF" bezeichnet) modifiziert, und das Rechtsinstitut der culpa in contrahendo kam in § 311 Abs. 2 und 3 KF mithin klarer zum Ausdruck; die präzisierten Formulierungen wurden in der Drucksache 14/6040 des Deutschen Bundestags vom 14. 5. 2001 übernommen. Schließlich gelten §§ 311 Abs. 2 und Abs. 3 KF heute als Vorschriften von §§ 311 Abs. 2 und Abs. 3 BGB: Wie dem Wortlaut des § 311 Abs. 2 und 3 BGB entnommen wird, hat sich der Gesetzgeber bei der Gesetzgebung zum Ziel gesetzt, diese vage formulierte Regelung zu vermeiden und zugleich eine Generalklausel der culpa in contrahendo zu beschreiben. Die Vorschrift des § 311 Abs. 2 und 3 BGB führt endgültig dazu, dass sie im klaren und tragbaren, umfassenden Regelungsbereich der culpa in contrahendo berechtigterweise der „Bandbreite und Vielfalt der zu berücksichtigenden Pflichten" sowie den „Unterschieden in den durch diese Pflichten

669 Abschlussbericht, 1992, S. 144.
670 Abschlussbericht, 1992, S. 144.
671 Dauner-Lieb, S. 305, 317.
672 Dauner-Lieb, S. 305, 328.

geschützten Interessen" dient.[673] Der Fall des „Abbruchs von Vertragsverhandlungen" als Unterfall der culpa in contrahendo gehört heute schließlich zum Regelungsbereich des § 311 Abs. 2 Nr. 1 BGB, in welchem es sich um das Schuldverhältnis mit Pflichten nach § 241 Abs. 2 BGB handelt.

II. § 311 Abs. 2 Nr. 1 BGB in Verbindung mit § 241 Abs. 2 BGB

1. Einführung

Nach dem Schuldrechtsmodernisierungsgesetz entsteht aufgrund der neuen Vorschrift des § 311 Abs. 2 Nr. 1 BGB ein „rechtsgeschäftsähnliches" Schuldverhältnis mit Pflichten nach § 241 Abs. 2 BGB durch die Aufnahme von Vertragsverhandlungen[674]; das Schuldverhältnis kann gemäß § 241 Abs. 2 BGB (nach seinem Inhalt) jeden Teil zur Rücksicht auf die Rechte, Rechtsgüter und Interessen des anderen Teils verpflichten, also die sog. „Rücksichtnahmepflichten" oder „Schutzpflichten"; die beiden Pflichten sind füreinander gleichzusetzen.[675] Wenn diese Pflichten (aus Vorsatz oder Fahrlässigkeit) verletzt werden, so ist gemäß § 280 Abs. 1 S. 1 BGB ein Schadensersatzanspruch anzuerkennen.[676] Bevor die tatbestandlichen Voraussetzungen der Schadensersatzhaftung aus dem Abbruch von Vertragsverhandlungen ermittelt werden, müssen zunächst die Regelungsinhalte des § 241 Abs. 2 BGB und § 311 Abs. 2 Nr. 1 BGB festgesetzt werden.

2. Das Schuldverhältnis und die Pflichten in § 241 Abs. 2 BGB

a) Das Schuldverhältnis im Sinne des § 241 Abs. 2 BGB

i) Die Begriffsbestimmung

Das Schuldverhältnis im Sinne des § 241 Abs. 1 und 2 BGB ist herkömmlich als „rechtliche Sonderverbindung" oder „Gesamtheit des Rechtsverhältnisses" zwischen bestimmten Personen zu verstehen[677]; hierbei ist im Zusammenhang

---

673 BT-Drucksache 14/6040, S. 162.

674 Beispielsweise siehe Palandt-Grüneberg, § 311 Rn. 22. Die Verhandlungen eines Vertrags im Sinne des § 311 Abs. 2 Nr. 1 BGB beschränken sich dennoch mindestens im Rahmen dieser Arbeit nur auf die sog. echten Vertragsverhandlungen, darauf eingehend unter 3 b).

675 Der Begriff von Schutzpflichten werde im Gesetzestext durch die Pflicht zur Rücksicht ersetzt. Vgl. Dauner-Lieb, S. 305, 313.

676 ZIP 2011, 2026, Rn. 13.

677 Siehe z. B. Larenz, Schuldrecht I, S. 6 f.; Medicus/Lorenz, Schuldrecht AT, Rn. 2 (insbesondere Überschrift); Palandt-Grüneberg, Einl. v. § 241 Rn. 3 ff.; Heinrichs, FS Canaris, S. 426 ff.

mit § 311 Abs. 2 Nr. 1 BGB vorzugsweise ein Verständnis für das Schuldverhältnis im Sinne des § 241 Abs. 2 BGB als neu schriftlich eingeführte Norm erforderlich:

Das Schuldverhältnis im Sinne des § 241 Abs. 2 BGB kann in systematischer Korrelation mit § 241 Abs. 1 BGB deutlich verstanden werden; der Begriff des Schuldverhältnisses ist jedoch nicht direkt in § 241 Abs. 1 BGB zu definieren; daraus kann der Inhalt eines Schuldverhältnisses dennoch herausgezogen werden: Kraft des Schuldverhältnisses im Sinne des § 241 Abs. 1 BGB steht dem Gläubiger die Berechtigung zu, vom Schuldner eine „Leistung" fordern zu können; daher ist die Vorschrift des § 241 Abs. 1 BGB nach ihrem Wortlaut allein an die Leistungspflichten anzuknüpfen; insofern stellt das Schuldverhältnis im Sinne des § 241 Abs. 1 BGB das sog. Schuldverhältnis im engeren Sinne dar[678]. Hierbei ist folglich unter dem systematischen und auslegenden Gesichtspunkt eine Möglichkeit zu geben, dass die Vorschrift des § 241 Abs. 2 BGB nach ihrem Wortlaut im ganzen Pflichtenprogramm vernünftigerweise auf das Schuldverhältnis ohne Leistungspflichten anwendbar ist; dieses Schuldverhältnis kann als Schuldverhältnis im weiteren Sinne bezeichnet werden. Das Schuldverhältnis im weiteren Sinne ist bereits seit langer Zeit in der deutschen Rechtsprechung und Lehre aufgrund des Grundsatzes von „Treu und Glauben" nach § 242 BGB sowie der „ergänzenden Vertragsauslegung" nach §§ 133 und 157 BGB[679] anzuerkennen; in diesem Schuldverhältnis befinden sich die verschiedenen Pflichten. Schließlich umfasst das Schuldverhältnis im weiteren Sinne des § 241 Abs. 2 BGB im heutigen Zivilrecht von „komplexen Gebilden" sowohl die Leistungspflichten als auch die Nebenpflichten *(= weitere Verhaltenspflichten)*[680].[681]

Mit der Schuldrechtsmodernisierungsreform vom 1. 1. 2002 kann auch heute das Schuldverhältnis gemäß § 311 Abs. 2 und 3 BGB entstehen; wie aus dem Wortlaut von Vorschriften entnommen wird, befindet sich gemäß § 311 Abs. 2 und 3 BGB das rechtsgeschäftsähnliche Schuldverhältnis ohne Leistungspflichten

678 Henke, JA 1989, S. 186 f.; Schapp, JZ 2001, S. 583, 584.

679 Looschelders, Rn. 21.

680 MünchKomm-Bachmann, 7. Aufl., § 241 Rn. 33.

681 Medicus/Lorenz, Schuldrecht AT, Rn. 8; Brox/Walker, Schuldrecht AT, S. 7 Rn. 1. Siehe auch Larenz, JZ 1962, S. 105, 108: Das Schuldrecht im weiteren Sinne stelle sich als ein Komplex von Leistungspflichten und von weiteren Verhaltenspflichten sowie von Forderungen, Gestaltungsrechten und rechtlichen Zuständigkeiten als ein Rechtsverhältnis dar, für welches zwar das Bestehen einer Leistungspflicht oder mehrerer Leistungspflichten charakteristisch sei, das sich aber bei Weitem nicht in ihnen erschöpfe.

zwischen den Beteiligten. Somit werden die Entstehungsgründe des Schuldverhältnisses im weiteren Sinne des § 241 Abs. 2 BGB „in Parenthese" dadurch spezifiziert, dass § 311 Abs. 2 und 3 BGB offensichtlich in sich die Entstehungsgründe vorschreiben; im Fall des Abbruchs von Vertragsverhandlungen im Sinne des § 311 Abs. 2 Nr. 1 BGB handelt es sich schließlich um die Nebenpflichten *(= Rücksichtnahme- oder Schutzpflichten)* aus dem Schuldverhältnis im weiteren Sinne des § 241 Abs. 2 BGB.

ii) Die Bedeutung des Wortlauts „*kann*"

§ 241 Abs. 2 BGB regelt, dass das Schuldverhältnis nach seinem Inhalt jeden Teil zur Rücksicht auf die Rechte, Rechtsgüter und Interessen des anderen Teils verpflichten „*kann*"; diese Vorschrift könnte unter reiner Betrachtung des Wortlautes dahin gehend zu verstehen sein, dass die Schutzpflichten trotz des Bestehens von Schuldverhältnissen unter Umständen nicht entstehen können, und dass die Schutzpflichten beim Schuldverhältnis im Sinne des § 241 Abs. 2 BGB schließlich „begründungsbedürftig" sind.[682] Die Wahl der sog. „Kann-Regelung" in § 241 Abs. 2 BGB und die daraus resultierende Auslegungsfrage werden mithin kritisiert[683]; denn dass sich ein Schuldverhältnis zwischen den Beteiligten befindet, bedeutet vernünftigerweise, dass bereits die über den deliktsrechtlichen Regelungsbereich hinausgehende Sonderverbindung und demnach die außerdeliktischen Schutzpflichten zwischen denjenigen Beteiligten existieren; dem Bestehen eines Schuldverhältnisses ist die Existenzberechtigung von (mindestens) Schutzpflichten immanent.[684]

Diese Formulierung der „Kann-Regelung" kann ferner im Verhältnis mit § 311 Abs. 2 BGB kritisiert werden: In § 305 Abs. 1 S. 2 DiskE verblieb noch die „Kann-Regelung"; jedoch wurde sie in § 311 Abs. 2 KF weggestrichen[685], da die Formulierung der „Kann-Regelung" bei dieser Vorschrift für unzutreffend erachtet wurde.[686] Wenn ein Schuldverhältnis mithin z. B. gemäß der heutigen Vorschrift des § 311 Abs. 2 Nr. 3 BGB durch ähnlichen geschäftlichen Kontakt

682 Krebs, in: Das Neue Schuldrecht, § 3 Rn. 6; Erman-H. P. Westermann, 14. Aufl., § 241 Rn. 10.

683 Dauner-Lieb, S. 305, 313; Looschelders, Rn. 21.

684 Siehe Staudinger-Olzen, § 241 Rn. 562.

685 Die „Kann-Regelung" wird jedoch bei § 311 Abs. 3 BGB für angemessen gehalten, da das Wort „kann" klarstellt, dass ein Schuldverhältnis ebenfalls bei der Drittbeziehung als Ausnahme des Normalfalls von zwei Parteien entstehen „kann". Dazu siehe Thom, S. 94 Fn. 496).

686 Canaris, Schuldrechtsreform, S. 356 Fn. 1) zu § 241 Abs. 2.

entsteht, so verpflichtet sich jede Partei ohne Rückhalt zum Schutz von den Rechten, Rechtsgütern und Interessen des anderen Teils. Aus dieser Sicht scheint es folgewidrig zu sein, dass die zusätzliche Begründung, die in § 311 Abs. 2 BGB sinnlos ist, zur Entstehung von Schutzpflichten in der Vorschrift des § 241 Abs. 2 BGB bedürftig ist; denn bei den Nebenpflichten aus dem Schuldverhältnis im weiteren Sinne des § 241 Abs. 2 BGB können die Beteiligten in näherer (oder gleicher) Beziehung als bei rechtsgeschäftsähnlichem Schuldverhältnis im Sinne des § 311 Abs. 2 BGB liegen.[687] Aus diesem Grund soll das Wort „kann" schließlich in Verbindung mit dem Wortlaut „nach dem Inhalt (des Schuldverhältnisses)" auszulegen sein; folglich richtet sich der Inhalt oder Umfang von Schutzpflichten im Ergebnis nach „konkreten" Situationen des Schuldverhältnisses.[688] Dies zeigt, dass die „Kann-Regelung" in Verbindung mit dem „Inhalt" des Schuldverhältnisses nicht daran anzuknüpfen ist, ob die Schutzpflichten entstehen können, sondern daran, welche Schutzpflichten entstehen.[689] Die Schutzpflichten befinden sich somit ohne zusätzliches Begründungsbedürfnis bereits in dem Schuldverhältnis im weiteren Sinne des § 241 Abs. 2 BGB, wenn auch die Art sowie der Umfang von Schutzpflichten je nach den Situationen voneinander abweichen können.

iii) Die Sonderverbindung als schuldverhältnisbegründetes Merkmal

Der Begriff der Sonderverbindung knüpft im weiteren Sinne erst an § 241 Abs. 2 BGB an, einerseits hinsichtlich der Entstehungsursache eines Schuldverhältnisses an rechtsgeschäftsähnliches Schuldverhältnis aus erlaubtem Handeln, andererseits in Bezug auf die rechtliche Qualifikation an gesetzliches Schuldverhältnis[690]; die Bedeutung der „Sonderverbindung kann als schuldverhältnisbegründetes Merkmal" unter dem Gesichtspunkt der bisher gefundenen Dogmatik wie folgt zusammengefasst werden[691]:

In Anlehnung an *Aristoteles* und insbesondere *Savigny* kann das Schuldverhältnis erst durch den freien bzw. unfreien Willen entstehen; aus heutiger Sicht ist der Erstere jeweils mit dem Rechtsgeschäft (also dem rechtsgeschäftlichen

687 Ähnlich Thom, S. 94. Die Beziehung von leistungsbezogenen Nebenpflichten zwischen den Beteiligten im Sinne des § 241 Abs. 2 BGB ist näher als geschäftliche Kontakte im Sinne des § 311 Abs. 2 Nr. 2 BGB.

688 BT-Drucksache 14/6040, S. 126.

689 Krebs, in: Das Neue Schuldrecht, § 3 Rn. 6 f.

690 BeckOK/Gehrlein/Sutschet BGB § 311 Rn. 4.

691 Zu den geschichtlichen Umwandelungen von ganzen Obligationen siehe 1. Teil 1. Abschnitt B.

Schuldverhältnis) und der Letztere mit unerlaubter Handlung (also dem deliktischen Schuldverhältnis) zu verknüpfen. Hierbei muss freilich auch die Entstehung des Schuldverhältnisses durch ähnliches Rechtsgeschäft nach § 311 Abs. 2 und 3 BGB in Verbindung mit § 241 Abs. 2 BGB in Betracht kommen, nämlich das rechtsgeschäftsähnliche Schuldverhältnis; nach *Kasers* Verständnis[692] für das juristische Wort „*contractus*" im klassischen römischen Recht werden das rechtsgeschäftliche und rechtsgeschäftsähnliche Schuldverhältnis gemeinsam in einem erlaubten Handeln umfasst[693]; unter dem Gesichtspunkt der Willenstheorie von *Savigny* sind dagegen das rechtsgeschäftsähnliche und deliktische Schuldverhältnis gemeinsam in einem gesetzlichen Schuldverhältnis einzuordnen. Daher ergeben sich das rechtsgeschäftsähnliche Schuldverhältnis und das deliktische Schuldverhältnis *(= das deliktsrechtliche Schadensersatzschuldverhältnis)* berechtigterweise aus dem Gesetz, d. h., „unter der Willenstheorie" werden die beiden Schuldverhältnisse durch das Gesetz als schuldrechtliche Verhältnisse qualifiziert.[694]

Die Sonderverbindung als privatrechtlicher Begriff[695] stellt schließlich ein gemeinsames, eigenschaftliches Merkmal von den soeben erwähnten schuldrechtlichen Verhältnissen dar; sie wird als „spezifisch verbundener Status quo" der menschlichen Beziehung verstanden, der sich parallel zur allgemeinen Lebensbeziehung findet; zu diesem Status quo gehören nach dem geltenden Recht hauptsächlich die vertragliche Bindung nach § 311 Abs. 1 BGB, die Vertrauensbindung nach § 311 Abs. 2 und 3 BGB in Verbindung mit § 241 Abs. 2 BGB und die Bindung wegen des Schadensersatzverhältnisses nach §§ 823 ff. BGB; bei allen Fällen der Sonderverbindung ist freilich die Relativität zwischen bestimmten Beteiligten ausschlaggebend. Der Begriff der Sonderverbindung gilt im Rahmen der schuldrechtlichen Bindung endgültig als schuldverhältnisbegründetes Merkmal.

---

692 Kaser, Das römische Privatrecht I, § 122 I 2, S. 522; ders., Das römische Privatrecht II, § 260 I und II, S. 360 f.

693 Im Ergebnis gilt das Gleiche auch dann, wenn die Entscheidungen der Rechtsnatur einer Haftung auf „der rechtlichen Einordnung von Rechtsfolgen der Haftung *de lege lata*" beruhen.

694 Als gesetzliches Schuldverhältnis aus dem Gesetz befinden sich ebenfalls die Geschäftsführung ohne Auftrag und ungerechtfertigte Bereicherung, die aber auch im erlaubten Handeln umfasst werden.

695 BT-Drucksache 14/6040, S. 125.

b) Die Pflichten aus § 241 Abs. 2 BGB

i) Das Pflichtenprogramm des Schuldverhältnisses

Das Schuldverhältnis im weiteren Sinne des § 241 Abs. 2 BGB ist terminologisch unterschiedlich formuliert, wie z. B. ein „Gefüge“[696], „Organismus“[697] oder eine „konstante Rahmenbeziehung“[698]; somit stellt das Schuldverhältnis im weiteren Sinne unter dem inhaltlichen Gesichtspunkt die Gesamtheit schuldrechtlicher Beziehungen[699] dar; der Gläubiger und der Schuldner bestehen insofern miteinander als relative Rechtssubjekte, und daher werden die entsprechend relativen Pflichten beiden Parteien auferlegt. Diese relativen Pflichten teilen sich in der Regel in die Leistungs- und Nebenpflichten ein.[700]

Die Leistungspflichten sind erst in die Haupt- und Nebenleistungspflichten zu unterteilen. Die Hauptleistungspflichten, die sich unmittelbar aus der Vereinbarung von Vertragsparteien oder dem Gesetz ergeben, stellen den wesentlichen Bestandteil eines konkreten Schuldverhältnisses dar.[701] Sie richten sich auf die „Durchführung von Güterbewegungen“[702] sowie die „bewusste Mehrung von dem fremden Vermögen“[703]; insbesondere stehen bei gegenseitigen Verträgen die Hauptleistungspflichten von beiden Parteien im Austauschverhältnis.[704] Die Nebenleistungspflichten, wie z. B. die Pflicht zur Beratung oder zur Erteilung einer Bedienungsanleitung sowie ggf. die Auskunfts- oder Rechenschaftspflichten, sind dagegen diejenigen Pflichten, die an die ordnungsgemäße Erbringung oder sachgemäße Nutzung der Hauptleistung anzuknüpfen[705] und ggf. in Bezug auf die Hauptleistungspflichten einklagbar sind[706]. Sie können aber auch nach konkretem Schuldverhältnis eine eigenständige Zielsetzung, z. B. den Schutz des Erhaltungsinteresses vom Gläubiger bezwecken[707]; dazu gehört beispielsweise die Pflicht zur Krankenfürsorge nach § 617 BGB oder zur Schutzmaßnahme

---

696 Larenz, Schuldrecht I, S. 27; ders., JZ 1962, S. 105, 108.

697 Brox/Walker, Schuldrecht AT, S. 7 Rn. 1.

698 Herholz, AcP 130 (1929), S. 257 ff.

699 Siehe z. B. BGHZ 10, 391, 395; Staudinger-Olzen, § 241 Rn. 36.

700 Eine Reihe von diesen Pflichten werde noch nicht nach einheitlichen Terminologien kategorisiert. Dazu siehe Brox/Walker, Schuldrecht AT, S. 9 Rn. 5.

701 Brox/Walker, Schuldrecht AT, S. 9 Rn. 6.

702 Kress, S. 2 f.

703 Gernhuber, § 2 III 3a, S. 16.

704 Brox/Walker, Schuldrecht AT, S. 10 Rn. 7.

705 Brox/Walker, Schuldrecht AT, S. 10 Rn. 8.

706 Gernhuber, § 2 III 4a, S. 18.

707 Brox/Walker, Schuldrecht AT, S. 10 Rn. 8.

nach § 618 BGB.[708] Der geltende Rechtsgrund der Leistungspflichten stellt § 241 Abs. 1 BGB dar.

Die Nebenpflichten finden jedoch anders als Leistungspflichten ihre gesetzlichen Niederschlag in § 242 BGB sowie § 241 Abs. 2 BGB. Der Schuldner verpflichtet sich erst gemäß § 242 BGB, die Leistung so zu bewirken, wie Treu und Glauben mit Rücksicht auf die Verkehrssitte es erfordert; dieser Grundsatz von Treu und Glauben spielt im Rahmen des Privatrechts eine Rolle als „allgemeiner Rechtsgrundsatz“[709]. Angewendet werden kann somit die Vorschrift des § 242 BGB insbesondere unter dem Aspekt der verschiedenen Pflichtenarten auf unterschiedliche Fälle; insofern soll sie an konkrete Tatsache anzuknüpfen sein[710], sodass die Rechtssicherheit unter solcher Betrachtung erreicht werden soll.[711] Die Nebenpflichten aus § 242 BGB werden wiederum in die leistungsbezogenen und nichtleistungsbezogenen Nebenpflichten unterteilt: Die leistungsbezogenen Nebenpflichten sind erst nach dem Wortlaut des § 242 BGB an die Leistung anzuknüpfen; sie sind jedoch freilich von den Nebenleistungspflichten zu unterscheiden; beispielsweise gehören die Leistungstreue- und *Mitwirkungspflichten* genau zu den leistungsbezogenen Nebenpflichten[712]; somit

---

708 Brox/Walker, Schuldrecht AT, S. 10 Rn. 9.

709 Brox/Walker, Schuldrecht AT, S. 77 Rn. 1; aber auch Kress, S. 580; RGZ 159, 268, 270.

710 In diesem Sinne richtet sich der Umfang oder Inhalt von Schutzpflichten endgültig nach der konkreten Anwendung des § 242 BGB. Dazu siehe z. B. Heinrichs, FS Canaris, S. 427 f.

711 Brox/Walker, Schuldrecht AT, S. 80 Rn. 7.

712 Dazu siehe z. B. Gernhuber, § 2 III 4a, S. 18. Bei einer Auffassung spielen die Mitwirkungspflichten eine für die Rechtsnatur von außerdeliktischen Schutzpflichten entscheidende Rolle; erst unter der Voraussetzung, dass der Auffassung nach die Mitwirkungspflichten zu außerdeliktischen Schutzpflichten gehören, befinden sich die Mitwirkungspflichten der *leistungsbezogenen* Nebenpflichten, anders als allgemeines Verständnis, sowohl nach dem Vertragsschluss als auch im vorvertraglichen Stadium; daher sind insbesondere die vorvertraglichen Mitwirkungspflichten als sog. „*Leistungs*pflichten vor Vertrag“ zu qualifizieren und zugleich als die außerdeliktischen Schutzpflichten durch vorvertragliche Mitwirkungspflichten zu kennzeichnen; schließlich stellen bei dieser Auffassung die außerdeliktischen Schutzpflichten insofern die Leistungspflichten vor Vertrag dar. Ferner stellen dort diejenigen Mitwirkungspflichten nicht die Pflichten aus § 241 Abs. 2 BGB dar, sondern die Pflichten nach § 242 BGB sowie § 241 Abs. 1 BGB; infolgedessen ergibt sich aus der Verletzung von solchen vorvertraglichen Mitwirkungspflichten grundsätzlich der Anspruch auf Schadensersatz des positiven Interesses gemäß §§ 280 Abs. 1 und 2 und 281 BGB, dazu siehe Lüsing, S. 74 ff., 84 f. und 338. Meiner Meinung nach ist diese Auffassung jedoch mindestens unter Betrachtung der sog. nichtleistungsbezogenen

wird durch die leistungsbezogenen Nebenpflichten die Leistungserbringung oder Leistungsfolge gesichert oder gefördert.[713] Die nichtleistungsbezogenen Nebenpflichten richten sich hingegen, unabhängig vom Bestehen und Inhalt der Leistungspflichten, grundsätzlich auf den Schutz des Erhaltungsinteresses *(= Integritätsinteresses)* oder des *negativen Interesses* eines anderen; sowohl absolute Rechtsgüter als auch reines Vermögen sind folglich in die Schutzgegenstände von nichtleistungsbezogenen Nebenpflichten zu umfassen.[714] Diese nichtleistungsbezogenen Nebenpflichten bezeichnen sich ebenfalls als „Schutzpflichten“[715]; mit der Schuldrechtsmodernisierungsreform finden die Schutzpflichten heute ihren gesetzlichen Niederschlag sowohl in § 242 BGB als auch in § 241 Abs. 2 BGB[716]. Im heutigen BGB können die Schutzpflichten aus § 241 Abs. 2 BGB nach ihren

---

Nebenpflichten als außerdeliktische Schutzpflichten nicht konsensfähig; die Gründe dafür liegen darin, dass erstens im Rahmen des Pflichtenprogramms des Schuldrechts im Allgemeinen die Leistungspflichten von den Nebenpflichten Abstand nehmen, und zweitens sowohl die leistungsbezogenen als auch die nichtleistungsbezogenen Nebenpflichten den außerdeliktischen Schutzpflichten zugeordnet werden, und drittens die Mitwirkungspflichten als *leistungsbezogene* Nebenpflichten naturgemäß Abstand von *nichtleistungsbezogenen* Nebenpflichten nehmen, und demnach viertens die Mitwirkungspflichten als leistungsbezogene Nebenpflichten, anders als nichtleistungsbezogene Nebenpflichten, in der Regel erst nach dem Vertragsschluss nur im Zusammenhang mit der Sicherung oder Förderung der Leistungserbringung oder Leistungsfolge in Betracht kommen. Während somit der Zuordnung von außerdeliktischen Schutzpflichten zum vertragsrechtlichen Haftungsbereich als Folge nur unter dem Gesichtspunkt der „rechtlichen Einordnung von Rechtsfolgen der Haftung de lege lata“ zuzustimmen ist, sind die allgemeine Anerkennung der vorvertraglichen Mitwirkungspflichten als leistungsbezogene Nebenpflichten im Rahmen des Nichtabschlusses eines Vertrags und nur aus dem Grund der Zuordnung von außerdeliktischen Schutzpflichten zu *„Leistungspflichten“* vor Vertrag und damit die verallgemeinernde Anerkennung des positiven Interesses vor dem Vertragsschluss nicht konsensfähig. Siehe MünchKomm-Bachmann, 7. Aufl., § 241 Rn. 65. Hierbei ist jedoch zu beachten, dass die vorvertraglichen Mitwirkungspflichten allein *„ausnahmsweise“* im Zusammenhang mit spezifischen Fällen anerkannt werden können; dazu siehe MünchKomm-Bachmann, 7. Aufl., § 241 Rn. 66 ff. Ferner zu dogmatischen Grundlagen der oben erwähnten Auffassung siehe Fn. 659.

713 In diesem Sinne ist auch zu verstehen, dass sich die leistungsbezogenen Nebenpflichten aus dem Schuldverhältnis im weiteren Sinne des § 241 Abs. 2 BGB ergeben.

714 Vgl. BT-Drucksache 14/6040, S. 125 f.; BeckOK/Gehrlein/Sutschet BGB § 311 Rn. 42.

715 Dazu die begriffliche Unterscheidung zwischen Leistungs- und Schutzpflichten, vor allem siehe BT-Drucksache 14/6040, S. 125.

716 MünchKomm-Bachmann, 7 Aufl., § 241 Rn. 48 ff. und 53 ff.; Palandt-Grüneberg, § 214 Rn. 6 f. und § 242 Rn. 23 ff.

Eigenschaften als nichtleistungsbezogen qualifiziert werden; hierbei haben solche Schutzpflichten „mit konkretem Vertragsinhalt nichts zu tun“[717].

ii) Die Schutzpflichten im Sinne des § 241 Abs. 2 BGB

Die Schutzpflichten *(= Rücksichtnahmepflichten)*, die hiervor nur in der Rechtsprechung und Lehre anerkannt wurden und ihren gesetzlichen Niederschlag in § 242 BGB fanden, können heute aufgrund des positiven Rechts des § 241 Abs. 2 BGB anerkannt werden[718]; deshalb kann ein Fall, bei dem sich der Schadensersatzanspruch „vor einem Vertragsschluss“ aus der Missachtung von den bestimmten einschlägigen gesetzlichen Vorschriften ergibt, derzeit zu Fällen der Verletzung von Schutzpflichten *(= Rücksichtnahmepflichten)* im Sinne des § 241 Abs. 2 BGB gehören, d. h., in dem Fall findet derjenige Schadensersatzanspruch seinen gesetzlichen Niederschlag vornehmlich in § 241 Abs. 2 BGB.[719]

---

717 Vgl. Brox/Walker, Schuldrecht AT, S. 12 Rn. 14.

718 BeckOK/Gehrlein/Sutschet BGB § 311 Rn. 37. Dass die in der Rechtsprechung und Lehre entwickelten Schutzpflichten durch die neue schriftliche Vorschrift des § 241 Abs. 2 BGB im BGB verankert wurden, war bei der Schuldrechtsmodernisierungsreform ein klar beabsichtigtes Ziel des Gesetzgebers. Folglich sollten dafür der Gesetzgeber die „Sonderfälle der isolierten Schutzpflichten“ in § 311 Abs. 2 und 3 BGB gesetzlich regeln. Dazu siehe BT-Drucksache 14/6040, S. 125.

719 Dazu vor allem siehe BGH ZIP 2011, 2026. Im Zusammenhang mit diesem Fall sollen jedoch die folgenden zwei Punkte beachtet werden: (1) Bei vorliegendem Fall besteht freilich, ebenso wie bei anderen Fällen, das vorvertragliche Schuldverhältnis zwischen den Beteiligten, welches mindestens durch die Vertragsanbahnung im Sinne des § 311 Abs. 2 BGB entstehen kann und dessen Eigenschaft die Sonderverbindung zugrunde liegt und dessen Inhalt richtig die Schutzpflichten *(= Rücksichtnahmepflichten)* im Sinne des § 241 Abs. 2 BGB darstellt; die Sonderverbindung hier beruht selbstverständlich auf demjenigen in Anspruch genommenen und gewährten Vertrauen, in dem es darum geht, dass bei der Vertragsanbahnung die Rechte, Rechtsgüter und Interessen jeder Partei nicht durch den Partner verletzt werden dürfen; schließlich stellt bei diesem Fall das Schuldverhältnis zwischen den Beteiligten offensichtlich das Vertrauensschuldverhältnis dar (in diesem Sinne nimmt das Vertrauen hier freilich Abstand vom eben im Folgenden erwähnten Vertrauen). (2) Bei vorliegendem Fall liegt der Zurechnungsgrund nicht in dem Vertrauen des Geschädigten auf „die Beachtung der einschlägigen gesetzlichen Vorschriften des Schädigers“, sondern in dem Verstoß des Schädigers gegen solche Vorschriften, d. h., bei diesem Fall ist der Schadensersatzanspruch richtig abhängig von der „Schuldhaftigkeit des Verstoßes“ und dabei geht das sog. Verschuldensprinzip vor; schließlich bedarf es bei diesem Fall freilich nicht des zusätzlichen Vertrauenselements als Tatbestand zur Entstehung des Schadensersatzanspruchs. Zu den Verhältnissen zwischen den in

Wie im obigen **a)** dargelegt wird, kennzeichnen sich die Schutzpflichten aus dem Schuldverhältnis im weiteren Sinne des § 241 Abs. 2 BGB, durch die *Sonderverbindung (= Sonderbeziehung)* zwischen bestimmten Personen; die Schutzpflichten können aber auch hinsichtlich ihrer eigentlichen terminologischen Bedeutung im Rahmen des Deliktsrechts in Betracht kommen; denn der Eingriff in fremdes Erhaltungs- oder Integritätsinteresse kann durch die Verletzung von allgemeinen Sorgfaltspflichten herbeigeführt werden; dieser Eingriff setzt jedoch anders als beim rechtsgeschäftsähnlichen Schuldverhältnis kein relatives Rechtsverhältnis zwischen bestimmten Personen voraus; wie mehrmals erwähnt wird, beruht die deliktsrechtliche Beziehung eines Schadensersatzes allein auf derjenigen Sonderverbindung, die zumindest zeitlich nach dem Eingriff in den in §§ 823 ff. BGB geregelten Schutzbereichen oder Schutzgegenständen erst auszugestalten ist und demnach als Schadensersatzschuldverhältnis bezeichnet wird. Aus diesem Grund werden die Schutzpflichten aus dem Schuldverhältnis im weiteren Sinne des § 241 Abs. 2 BGB berechtigterweise als „außerdeliktisch" qualifiziert und bezeichnet.

Die Schutzpflichten aus § 241 Abs. 2 BGB werden unter systematischem Gesichtspunkt ebenfalls als „außerdeliktisch" qualifiziert: § 241 BGB ist die erste Vorschrift des Rechts der Schuldverhältnisse, welche in der Regel „im Schuldrecht Allgemeiner Teil" erwähnt wird; dies zeigt, dass sie nur Anwendung auf alle „bestehenden" Schuldverhältnisse findet; aus diesem Grund kommen die Schutzpflichten im Sinne des § 241 Abs. 2 BGB im Rahmen des Deliktsrechts erst dann in Betracht, wenn ein Schadensersatzschuldverhältnis zwischen den Beteiligten anerkannt wird. Der Gesetzgeber hat jedenfalls durch „die Einfügung von Schutzpflichten in § 241 Abs. 2 BGB" und durch „die Regelung des Sonderfalls von einzelnen Schutzpflichten in § 311 Abs. 2 und 3 BGB" selbstverständlich erklärt, dass die Schutzpflichten als „außerdeliktisch" qualifiziert werden[720];

---

vorvertraglichen Schuldverhältnissen (insbesondere bei den Vertragsverhandlungen) zu beachtenden, unterschiedlichen Pflichten sowie zwischen denjenigen Pflichten und dem Zurechnungsgrund beispielsweise siehe B II 3.

720 Siehe BT-Drucksache 14/6040, S. 125. Einer Auffassung nach sind die außerdeliktischen Schutzpflichten als „vertragsrechtliche Schutzpflichten" aus folgenden Gründen zu qualifizieren: (1) Bei dieser Auffassung sind die sog. „Regelungsaufgabe" des Schuldrechts und die sog. „zweckgerichtete soziale Interaktion der Sonderbeziehung (= Schuldverhältnisse)" mit der Relativität im Sinne des Schuldrechts vorauszusetzen. (2) Hierbei ist die Letztere (= Schuldverhältnisse) naturgemäß der Ersteren zuzuordnen, und ferner kennzeichnen sich die außerdeliktischen Schutzpflichten durch die Letztere. (3) Wenn sich ein sog. „Regelungserfordernis" in Rechtsordnungen

insofern ist wichtig, dass das reine Vermögensinteresse im Rahmen des Regelungsbereichs des § 241 Abs. 2 BGB in Betracht kommen kann[721].

c) Zusammenfassung

Zusammenzufassen sind das Schuldverhältnis und die Schutzpflichten im Sinne des § 241 Abs. 2 BGB wie folgt: Das Schuldverhältnis im Sinne des § 241 Abs. 2 BGB stellt das Schuldverhältnis im weiteren Sinne dar; bei diesem Schuldverhältnis kann insbesondere unter Betrachtung der Sonderverbindung und damit der Schutzpflichten das rechtsgeschäftsähnliche oder gesetzliche Schuldverhältnis in Betracht kommen. Die Schutzpflichten aus diesen Schuldverhältnissen stellen die leistungsbezogenen oder nichtleistungsbezogenen Nebenpflichten dar; hierbei ist der Fall des Abbruchs von Vertragsverhandlungen an die nichtleistungsbezogenen Nebenpflichten anzuknüpfen; das reine Vermögensinteresse im vorliegenden Fall lässt sich durch solche Schutzpflichten schützen, welches

---

befindet, so muss die Regelungsaufgabe erfüllt werden, wobei sich die Regelungsaufgabe nach sog. Regelungsrelevanz richtet und das Regelungserfordernis nach dem Regelungskreis zu bestimmen ist. (4) Der Haftungsgrund des sog. *privatautonomen Leistungsaustausches (= Sonderbeziehung)* im Rahmen der privatautonomen Gestaltungsfreiheit ist insbesondere dem Regelungskreis des Leistungsaustausches einschließlich des Güteraustausches zuzuordnen, d. h., dort befindet sich demnach das Regelungserfordernis. (5) Der Haftungsgrund stellt dort ausschlaggebend einen „von Rechtsordnung aufgespannten Möglichkeitsraum“ dar, in dem „ein sozialer Kontakt zur Überwindung der statischen Sphäre“ betrieben wird. (6) In diesem Möglichkeitsraum ist die Regelungsaufgabe der einschlägigen außerdeliktischen Schutzpflichten zu erfüllen und hierbei spielen die außerdeliktischen Schutzpflichten in Anlehnung an vertragliches Haftungssystem eine funktionelle Rolle als vertragsrechtliche Schutzpflichten, um in demjenigen Möglichkeitsraum vor zusätzlichen Risiken für den Bestand von Rechtsgütern und Vermögenswerten aus einer Sonderbeziehung des Leistungsaustausches zu schützen. Dazu siehe Lüsing, S. 96, 116 f., 112 ff. und 168 f. Schließlich werden dieser Auffassung nach im vorvertraglichen Stadium in Anlehnung an vertragliches Haftungssystem sog. vorvertragsrechtliche Mitwirkungspflichten der außerdeliktischen Schutzpflichten anerkannt; insofern sind diejenigen außerdeliktischen Schutzpflichten nun als vertragsrechtliche Schutzpflichten zu qualifizieren. Meiner Meinung nach ist dieser Auffassung jedoch nicht zuzustimmen, dazu siehe Fn. 712; diese Auffassung führt vor allem dazu, dass die allgemeine Anerkennung der Leistungspflichten vor dem Vertragsschluss einen schweren Verstoß gegen die negative Vertragsfreiheit verursacht.

721 BT-Drucksache 14/6040, S. 125 ff.

richtig das *negative Interesse* darstellt[722]. Ferner sind die Schutzpflichten im Sinne des § 241 Abs. 2 BGB freilich als „außerdeliktisch" zu qualifizieren. Vor diesem Hintergrund sind einige Sonderfälle von einzelnen Schutzpflichten bekanntermaßen heute in § 311 Abs. 2 und 3 BGB zu regeln; der Fall des Abbruchs von Vertragsverhandlungen ist insbesondere genau derjenige Fall, der in § 311 Abs. 2 Nr. 1 BGB geregelt ist.

3. § 311 Abs. 2 Nr. 1 BGB

a) Die Struktur des § 311 BGB

Im Ganzen gesehen regelt § 311 BGB ihrer Überschrift nach die rechtsgeschäftlichen und rechtsgeschäftsähnlichen Schuldverhältnisse. Zur „Begründung" sowie zur „Änderung des Inhalts" vom rechtsgeschäftlichen Schuldverhältnis ist gemäß § 311 Abs. 1 BGB ein Vertrag zwischen den Beteiligten erforderlich. § 305 BGB a. F. wurde ohne Veränderung in diese Vorschrift übernommen. Die Vorschrift des § 311 Abs. 1 BGB erklärt offensichtlich, dass ein Schuldverhältnis erst durch Rechtsgeschäft entsteht. Das rechtsgeschäftsähnliche Schuldverhältnis kann aber auch gemäß § 311 Abs. 2 und 3 BGB unter bestimmten Voraussetzungen entstehen; dieses Rechtsinstitut der culpa in contrahendo wurde mit der Schuldrechtsmodernisierungsreform vom 1. 1. 2002 ausdrücklich in § 311 Abs. 2 und 3 BGB verankert. Die Angabe des „rechtsgeschäftsähnlichen Schuldverhältnisses" ist jedoch nicht schriftlich in der Norm beschrieben. Dass das Schuldverhältnis aus § 311 Abs. 2 und 3 BGB berechtigterweise als rechtsgeschäftsähnliches Schuldverhältnis qualifiziert wird, beruht dennoch einerseits darauf, dass die beiden Absätze mittels des Wortes „auch" im Kontext des Abs. 1 jedes Schuldverhältnis zum Ausdruck bringen, andererseits darauf, dass die Gesetzesbegründung dieses Verständnis klarstellt[723].

§ 311 Abs. 2 BGB regelt in der Regel das rechtsgeschäftsähnliche Schuldverhältnis zwischen unmittelbaren Parteien; dieses Schuldverhältnis entsteht sowohl durch die Aufnahme von Vertragsverhandlungen (Nr. 1) als auch bei der Anbahnung eines Vertrags (Nr. 2) und ähnlichen geschäftlichen Kontakten (Nr. 3); hierbei stellt § 311 Abs. 2 Nr. 3 BGB eine Ausweitung der culpa in contrahendo dar; denn anders als bei § 311 Abs. 2 Nr. 1 und 2 BGB ist bei § 311

---

722 Zur Abgrenzung des negativen Interesses vom Erhaltungsinteresse (= Integritätsinteresse) siehe 2. Teil 2. Abschnitt B II und 2. Abschnitt B I; im Rahmen des vorvertraglichen Stadiums ist im Allgemeinen die „1. Fallgruppe" an das Erhaltungsinteresse und die „2. Fallgruppe" an negatives Interesse anzuknüpfen.

723 Siehe z. B. BT-Drucksache 14/7052, S. 190.

Abs. 2 Nr. 3 BGB zur Entstehung des rechtsgeschäftsähnlichen Schuldverhältnisses bereits allein der ähnliche Kontakt genügend, welcher für die Konstellation von Vertragsverhandlungen gehalten werden kann.[724] Die Schutzpflichten aus rechtsgeschäftsähnlichem Schuldverhältnis bestehen folglich gemäß § 311 Abs. 2 BGB in Verbindung mit § 241 Abs. 2 BGB regelmäßig zwischen unmittelbaren Parteien.

Anders als bei § 311 Abs. 2 BGB kann ein rechtsgeschäftsähnliches Schuldverhältnis gemäß § 311 Abs. 3 BGB aber auch zwischen denjenigen Personen entstehen, die nicht selbst eine Vertragspartei sein wollen. Die Adressaten des § 311 Abs. 3 BGB werden durch § 311 Abs. 3 S. 2 BGB klargestellt; es entsteht dann ein rechtsgeschäftsähnliches Schuldverhältnis, „wenn der Dritte in besonderem Maße Vertrauen für sich in Anspruch nimmt und dadurch die Vertragsverhandlungen oder den Vertragsschluss erheblich beeinflusst". Insofern können sich die Schutzpflichten aus rechtsgeschäftsähnlichem Schuldverhältnis gemäß § 311 Abs. 3 BGB in Verbindung mit § 241 Abs. 2 BGB zwischen den Drittbeziehungen befinden.

Die Konstellationen, in denen insbesondere gemäß § 311 Abs. 2 Nr. 1 bis 3 BGB eine Sonderverbindung zwischen unmittelbaren Parteien anerkannt wird, können nunmehr je nach konkreten Tatsachen voneinander unterschieden werden. Hierbei ist der Fall des „Abbruchs von Vertragsverhandlungen" offensichtlich an die Vorschrift des § 311 Abs. 2 Nr. 1 BGB anzuknüpfen.

b) § 311 Abs. 2 Nr. 1 BGB

i) Die Aufnahme von Vertragsverhandlungen

Das rechtsgeschäftsähnliche Schuldverhältnis entsteht gemäß § 311 Abs. 2 Nr. 1 BGB durch die Aufnahme von Vertragsverhandlungen, d. h., dieses Schuldverhältnis entsteht mit Beginn der Vertragsverhandlungen[725] und endet dann, wenn es zur Beendigung der Verhandlungen kommt oder der angestrebte Vertrag zustande kommt[726]; insofern befinden sich die Schutzpflichten im Sinne des § 241 Abs. 2 BGB zwischen den Verhandlungsparteien. Fraglich ist hier jedoch, welche konkrete Tatsache für den Beginn von Vertragsverhandlungen im Sinne des § 311 Abs. 2 Nr. 1 BGB gehalten werden kann. Im Schrifttum wird davon unterschiedlich gesprochen:

---

724 BT-Drucksache 14/7052, S. 163.

725 Siehe z. B. Heinrichs, FS Canaris, S. 431.

726 BT-Drucksache 14/6040, S. 163.

Nach einer Ansicht beginnen die Vertragsverhandlungen im Sinne des § 311 Abs. 2 Nr. 1 BGB dann, wenn zwei oder mehrere Personen, unabhängig von der Art des Vertrags, mit dem Zweck zum Abschluss desjenigen Vertrags in Verhandlungen treten[727]; die hier erwähnte Verhandlung stellt das noch nicht verbindliche Gespräch über einen zukünftigen Vertragsschluss dar, d. h., kein unmittelbarer Anspruch auf Abschluss des gesprochenen Vertrags kann anerkannt werden.[728] Nach anderer Ansicht könne auch eine einseitige Maßnahme der einen Seite bereits als Aufnahme von Vertragsverhandlungen im Sinne des § 311 Abs. 2 Nr. 1 BGB anzusehen sein, soweit die einseitige Maßnahme den anderen Teil genügend zum Abschluss des Vertrags veranlasst[729]; dazu gehöre die Werbemaßnahme.[730]

Beim Fall des § 311 Abs. 2 Nr. 1 BGB stellt vor allem die Verhandlung den *tatsächlichen Vorgang* dar[731]; insofern kann hauptsächlich ein besonders rechtlich schutzwürdiges, *subjektives* Vertrauen[732] in Anspruch genommen und gewährt werden. Dies zeigt, dass das Rechtsverhältnis im Sinne des § 311 Abs. 2 Nr. 1 BGB, insbesondere unter Betrachtung des Verhältnisses zu Nr. 2[733] sowie der voneinander abweichenden tatbestandlichen Voraussetzungen[734], berechtigterweise als Vertrauensverhältnis von „echten" Verhandlungen zum Abschluss eines Vertrags verstanden werden soll.[735] Ein Vertrauensverhältnis zwischen den Beteiligten entsteht freilich in Anlehnung an Nr. 2 und 3, beispielsweise durch ein bloßes Vorgespräch oder eine einseitige Maßnahme; das in diesen beiden Vorschriften in Betracht kommende Vertrauen nimmt jedoch anders als bei Nr. 1 Abstand vom qualifizierten, besonderen und einzelsituationsbedingten Vertrauen. Dagegen gilt bei Nr. 1 das subjektive Vertrauen als maßgeblich, wobei freilich ein tatsächlicher und echter Verhandlungsvorgang[736] erforderlich ist; bei dem tatsächlichen und echten Verhandlungsvorgang lässt sich das *reziprok-subjektive* Vertrauen dadurch ausgestalten und verdichten, dass jedes Interesse von Verhandlungsparteien abgewogen und ausgeglichen wird. Um dieses echte

727 Staudinger-Löwisch/Feldmann, § 311 Rn. 103; Kakatsakis, S. 33.
728 WM 2005, 1118.
729 Siehe exemplarisch Palandt-Grüneberg, § 311 Rn. 22.
730 Palandt-Grüneberg, § 311 Rn. 22.
731 MünchKomm-Emmerich, 7. Aufl., § 311 Rn. 43.
732 Dazu zusammenfassend siehe 2. Teil 2. Abschnitt D IV.
733 Dazu unter ii).
734 Dazu unter B.
735 BT-Drucksache 14/6040, S. 163.
736 MünchKomm-Emmerich, 7. Aufl., § 311 Rn. 43.

Verhandlungsverhältnis im Sinne des § 311 Abs. 2 Nr. 1 BGB anzuerkennen, ist es schließlich notwendig, dass im Verlauf des Gesprächs zum Vertragsabschluss die Parteien mindestens „unter das Reziprozitätsverhältnis mit dem gegenseitig bedeutsamen Verhalten" fallen und dass zugleich „der gemeinsam verfolgte Gegenstand des Vertrags" konkretisiert wird[737]; diese beiden Situationen stellen „die mindestens konkreten Tatsachen oder Mindestmerkmale" dar, durch welche sich „echte Verhandlungen im Sinne des § 311 Abs. 2 Nr. 1 BGB" kennzeichnen; ab diesem Zeitpunkt können daher das rechtsgeschäftsähnliche Schuldverhältnis im Sinne des § 311 Abs. 2 Nr. 1 BGB und die Anwendbarkeit dieser Vorschrift im Vorfeld des § 311 Abs. 2 Nr. 2 BGB in Betracht kommen. Das soeben aufgezeigte, gegenseitig bedeutsame Verhalten ist hinsichtlich der Entstehung des Vertrauensschuldverhältnisses endgültig an „das Erwecken des Vertrauens auf den Abschluss des angestrebten Vertrags in zurechenbarer Weise" anzuknüpfen, d. h., nach der Entstehung von echten Verhandlungen im Sinne des § 311 Abs. 2 Nr. 1 BGB ist nun erst zu prüfen, welches fortgesetzte Verhalten der einen Partei von solchen Verhandlungsparteien für das Erwecken des Vertrauens auf den Abschluss des angestrebten Vertrags ausschlaggebend ist[738]; der

737 Als Beispiel kann von dem Fall einer Probefahrt gesprochen werden. Bei einer Probefahrt handelt es sich um den Wagen, der bereits für den konkreten Gegenstand eines Vertrags zu halten war. Wenn ein Beteiligter den Wagen der Probefahrt beschädigt oder dieser Wagen vom anderen Beteiligten beschädigt wird, so kann der Geschädigte gemäß § 280 Abs. 1 BGB in Verbindung mit § 311 Abs. 2 Nr. 1 BGB und § 241 Abs. 2 BGB einen Anspruch auf Schadensersatz geltend machen, dazu siehe BGH NJW 1972, 1363. Bei diesem Fall ist jedoch die Anwendbarkeit des § 311 Abs. 2 Nr. 2 BGB naturgemäß nicht auszuschließen. Denn der Ersatz des sich aus diesem Fall ergebenden Schadens (z. B. Reparaturkosten des beschädigten Wagens) kann noch von § 311 Abs. 2 Nr. 2 BGB ausgehen, zum Verhältnis zwischen Nr. 1 und Nr. 2 des § 311 Abs. 2 BGB siehe ii). Dieser Fall stellt jedoch noch keinen Fall des Abbruchs von Vertragsverhandlungen dar, bei welchem es sich um die negative Vertragsfreiheit, das Erwecken des Vertrauens auf den Vertragsschluss und die davon ausgehenden Aufwendungen als Schaden handelt.

738 Ähnlich siehe Kakatsakis, S. 31 ff. und insbesondere 33, 110 ff., 102 f. und 174: dieser Auffassung nach kommt der Vertrauenstatbestand im Fall des „Abbruchs von Vertragsverhandlungen", welcher sich auch vom Standpunkt derselben Auffassung endgültig allein durch die Aushandlung aller wesentlichen Punkte des angestrebten Vertrags qualifizieren lässt, offensichtlich erst nach dem Zeitpunkt des Beginns von Verhandlungen in Betracht; dagegen ist bei dieser Auffassung zu verstehen, dass erstens die Verhandlungen im Sinne des § 311 Abs. 2 Nr. 1 BGB nicht strikt von denjenigen Verhandlungen abzugrenzen sind, die sich bei Fällen des § 311 Abs. 2 Nr. 2 BGB ebenfalls zwischen den Beteiligten befinden, und

gemeinsam verfolgte, konkretisierbare Gegenstand des Vertrags bezieht sich auf die Zielsetzung des Vertrags, und dies kann daher bezüglich des „Ersatzumfangs des Schadens aus dem ‚Abbruch von Verhandlungen' über dauerndes Vertragsverhältnis" fraglich sein[739].

Aus diesem Grund ist das bloße Vorgespräch keine solche Verhandlung[740]; das Vorgespräch, welches z. B. nur den unbestimmbaren Gegenstand eines zukünftigen Vertrags sowie die dadurch vielleicht erreichbaren gemeinsamen Wirtschaftsinteressen beinhaltet, wird unter dem Gesichtspunkt des „Reziprozitätsverhältnisses mit dem gegenseitig bedeutsamen Verhalten" und des „gemeinsam verfolgten, konkretisierbaren Gegenstands des Vertrags" nicht in § 311 Abs. 2 Nr. 1 BGB reguliert; aus gleichem Grund kann der Fall von einseitiger Maßnahme in § 311 Abs. 2 Nr. 1 BGB insofern in Betracht kommen, dass in demselben Fall das Reziprozitätsverhältnis mit dem gegenseitig bedeutsamen Verhalten zwischen den Beteiligten anerkannt und zugleich der gemeinsam verfolgte Gegenstand des Vertrags konkretisierbar wird.

---

demnach zweitens die Bedeutung der Verhandlungen im ganzen Rahmen der culpa in contrahendo nach dem objektiven Anfang der Vertragsverhandlungen später nur in Bezug auf den einzelnen Fall des „Abbruchs von Vertragsverhandlungen" in Betracht kommt und zu betonen ist. Dieser Auffassung ist unter dem Gesichtspunkt der strikten Unterscheidungen von jeden anwendbaren Fällen des § 311 Abs. 2 Nr. 1 und Nr. 2 BGB nicht zuzustimmen; zur Fallgruppierung nach konkreten Konstellationen aus culpa in contrahendo siehe 2. Teil 2. Abschnitt B II und zur Bedeutung der echten Verhandlungen im Sinne des § 311 Abs. 2 Nr. 1 BGB weiterhin siehe folgende Darlegungen.

739 Darauf eingehend unter 2. Abschnitt B III.

740 Siehe ebenso MünchKomm-Emmerich, 7. Aufl., § 311 Rn. 44. Das bloße Vorgespräch *(= das unverbindliche Gespräch oder Auslotungsgespräch)* kann dennoch unter den zusätzlichen Voraussetzungen im Sinne des § 311 Abs. 2 Nr. 2 BGB die Pflichten nach § 241 Abs. 2 BGB verursachen, dazu siehe auch MünchKomm-Emmerich, 7. Aufl., § 311 Rn. 44. Anders siehe Palandt-Grüneberg, § 311 Rn. 22; Heinrichs, FS Canaris, S. 432. Ferner unterscheiden sich die unverbindlichen Gespräche von den Auslotungsgesprächen in einem Schrifttum, in dem aufgrund der unverbindlichen Gespräche die Aufnahme von Vertragsverhandlungen im Sinne des § 311 Abs. 2 Nr. 1 BGB genügend anerkannt wird, dazu siehe BeckOK/Gehrlein/Sutschet BGB § 311 Rn. 45. Dem ist jedoch nicht zuzustimmen, und der Grund lautet wie folgt: Wenn die Unverbindlichkeit der Gespräche offensichtlich den Parteien bewusst ist, so kann die Aufnahme von Vertragsverhandlungen im Sinne des § 311 Abs. 2 Nr. 1 BGB zwischen denjenigen Parteien nicht anerkannt werden; wie eben erwähnt, können solche Gespräche auch unter den zusätzlichen Voraussetzungen im Sinne des § 311 Abs. 2 Nr. 2 BGB die Pflichten nach § 241 Abs. 2 BGB herbeiführen.

ii) Das Verhältnis der Nr. 1 zur Nr. 2 in § 311 Abs. 2 BGB

Das rechtsgeschäftsähnliche Schuldverhältnis entsteht gemäß § 311 Abs. 2 Nr. 2 BGB bei der Anbahnung eines Vertrags. Bei dieser Vorschrift sind anders als in § 311 Abs. 2 Nr. 1 BGB die Voraussetzungen zur Entstehung des rechtsgeschäftsähnlichen Schuldverhältnisses ausdrücklich beschrieben: Das rechtsgeschäftsähnliche Schuldverhältnis wird dann anerkannt, wenn bei der Anbahnung eines Vertrags der eine Teil im Hinblick auf eine etwaige (potenzielle) rechtsgeschäftliche Beziehung dem anderen Teil die Einwirkung auf seine Rechte, Rechtsgüter und Interessen ermöglicht oder ihm diese anvertraut. Bei § 311 Abs. 2 Nr. 2 BGB ist keine echte Verhandlung im Sinne des § 311 Abs. 2 Nr. 1 BGB erforderlich; dazu gehört z. B. der berühmte Linoleum-Fall[741] und Gemüseblatt-Fall[742]; im Fall des § 311 Abs. 2 Nr. 2 BGB treten die Beteiligten noch nicht in echte Vertragsverhandlungen, d. h., der anwendbare Bereich dieser Vorschrift erfährt eine Ausdehnung. Das rechtsgeschäftsähnliche Schuldverhältnis ist nach dieser Vorschrift bereits im Vorfeld echter Vertragsverhandlungen anzuerkennen[743]; insofern kann § 311 Abs. 2 Nr. 1 BGB für einen Spezialfall des § 311 Abs. 2 Nr. 2 BGB gehalten werden; schließlich werden die Tatbestände des § 311 Abs. 2 Nr. 2 BGB als Grundtatbestände des rechtsgeschäftsähnlichen Schuldverhältnisses verstanden.[744]

III. Zusammenfassung

Im Zusammenhang mit dem Fall des Abbruchs von Vertragsverhandlungen entsteht ein rechtsgeschäftsähnliches Schuldverhältnis gemäß § 311 Abs. 2 Nr. 1 BGB durch die Aufnahme von echten Verhandlungen eines Vertrags (die folgende geschriebene „Verhandlung“ gilt als „echte Verhandlung“, soweit kein anderes erwähnt wird); dabei sind „das Reziprozitätsverhältnis mit dem gegenseitig bedeutsamen Verhalten zwischen den Verhandlungsparteien“ und „der gemeinsam verfolgte, konkretisierbare Gegenstand des Vertrags“ mindestens als konkrete Tatsachen oder Mindestmerkmale zur Bestimmung des anwendbaren Bereichs oder der Grenzen des § 311 Abs. 2 Nr. 1 BGB anzusehen; diese zwei Merkmale sind vornehmlich unter dem Aspekt der scharfen und klaren Anwendung von einschlägigen gesetzlichen Vorschriften bedeutend. Hierbei ist zu beachten, dass diese zwei Merkmale nicht die tatbestandlichen Voraussetzungen der „Haftung“

741 RZG 78, 239.
742 BGH 66, 51.
743 Siehe z. B. Kakatsakis, S. 34 f.
744 MünchKomm-Emmerich, 7. Aufl., § 311 Rn. 42.

aus dem Abbruch von Vertragsverhandlungen nach § 311 Abs. 2 Nr. 1 BGB darstellen. Schließlich sollen insofern die tatbestandlichen Voraussetzungen der Haftung aus dem Abbruch von Vertragsverhandlungen geprüft werden.

B. Tatbestandliche Voraussetzungen der Haftung

I. Einführung

In der Rechtsprechung des Reichsgerichts wurde die Schadensersatzhaftung aus dem Abbruch von Vertragsverhandlungen nicht als solche aus culpa in contrahendo qualifiziert. Bei vorliegendem Fall war die Schadensersatzpflicht (in Bezug auf einige Fälle) nur dann anzuerkennen, wenn das sichere Versprechen eines Vertragsabschlusses wegen des vorsätzlich oder fahrlässig übersehenden Grundes gescheitert war; dabei beruhte diese Schadensersatzpflicht insbesondere auf z. B. § 823 Abs. 2 BGB in Verbindung mit § 263 StGB oder auf § 826 BGB.[745] Diese Entscheidungen des Reichsgerichts spielten dennoch in weiteren Fortentwicklungen der Haftung aus culpa in contrahendo in Bezug auf den Abbruch von Vertragsverhandlungen eine wichtige Rolle.[746] Die Schadensersatzhaftung aus dem Abbruch von Vertragsverhandlungen ist in der Rechtsprechung des Bundesgerichtshofs als diejenige Haftung anzuerkennen, welche sich richtig aus dem Rechtsinstitut der culpa in contrahendo ergibt. Das heißt, dass diese Schadensersatzhaftung anders als bei dem Deliktsrecht zu Recht vornehmlich ein schuldrechtliches Vertrauensverhältnis voraussetzt. Die tatbestandlichen Voraussetzungen der Schadensersatzhaftung aus vorliegendem Fall werden in einer leitenden Rechtsprechung zum Ausdruck gebracht:

> *„Im Rahmen der Vertragsfreiheit hat jeder Verhandlungspartner bis zum Vertragsabschluss grundsätzlich das Recht, von dem in Aussicht genommenen Vertragsschluss Abstand zu nehmen; aus diesem Grunde erfolgen Aufwendungen, die in Erwartung des Vertragsschlusses gemacht werden, auf eigene Gefahr. Nur wenn der Vertragsschluss nach den Verhandlungen zwischen den Parteien als sicher anzunehmen ist und in dem hierdurch begründeten Vertrauen Aufwendungen zur Durchführung des Vertrages vor dessen Abschluss gemacht werden, können diese vom Verhandlungspartner unter dem Gesichtspunkt des Verschuldens bei den Vertragsverhandlungen zu erstatten sein, wenn er den Abschluss des Vertrages später ohne triftigen Grund ablehnt. Dies gilt erst recht, wenn die Abschlussbereitschaft von vornherein nur vorgetäuscht war oder wenn sich im Laufe*

745 Küpper, S. 49 ff.

746 Dazu siehe RG LZ 1910, 80 Nr. 2; RGZ 104, 265, 267; 132, 26, 29; 143, 219, 222; 151, 357, 359; aber auch Küpper, S. 49 ff. Zur Anwendbarkeit des § 826 BGB auf den Fall des „Abbruchs von Vertragsverhandlungen" unter 2. Teil 1. Abschnitt C II 2 b).

der Verhandlungen die feste Entschlossenheit des Verhandlungspartners, den Vertrag abzuschließen, verflüchtigt, er jedoch der Gegenseite weiterhin seine unbedingte Bereitschaft vorspiegelt und sie damit täuscht"[747].

Dieser Rechtsprechung nach können die Verhandlungen eines Vertrags grundsätzlich jederzeit von jeder Partei abgebrochen werden, auch wenn Aufwendungen bereits im Vertrauen auf den Vertragsabschluss gemacht wurden.[748] Die Schadensersatzpflicht aus der Vertrauensverstoßung ist gleichwohl unter Betrachtung der folgenden drei Voraussetzungen anzuerkennen[749]: (1) Bei Vertragsverhandlungen wurde von der einen Verhandlungspartei in zurechenbarer Weise das Vertrauen darauf erweckt, dass der Abschluss des angestrebten Vertrags sicher ist, und die andere Partei hat in diesem Vertrauen Aufwendungen gemacht *(= das Vertrauensschuldverhältnis aus Vertragsverhandlungen)*; (2) diese Verhandlungen werden jedoch von der dasselbe Vertrauen erweckten Partei ohne triftigen Grund abgebrochen *(= der Abbruch von Vertragsverhandlungen ohne triftigen Grund)*;[750] (3) dabei können das *schuldhafte* Erwecken des Vertrauens[751] und das Erfordernis des *Verschuldens* problematisch sein.

II. Tatbestandliche Voraussetzungen der Haftung

1. Das Vertrauensschuldverhältnis aus Vertragsverhandlungen

a) Das Erwecken eines Vertrauens

Das Vertrauen muss zuerst als Tatbestand akzeptiert werden, um ein Vertrauensschuldverhältnis anzuerkennen. Bei dem Fall des Abbruchs von Vertragsverhandlungen bedeutet dies insbesondere, dass das Vertrauen auf den Abschluss des angestrebten Vertrags im Laufe der Verhandlungen im Sinne des § 311 Abs. 2 Nr. 1 BGB tatsächlich von einem Verhandlungspartner erweckt wird. Dabei gelten als ausschlaggebende Urteilungskriterien diejenigen von einem Partner geschaffenen, unmittelbaren oder mittelbaren Situationen, in denen glaubwürdig der Eindruck oder die Erwartung mitzuteilen ist, dass der angestrebte Vertrag

747 DStR 2001, 802–803, 803. Aber auch siehe BGHZ 76, 343, 349; BGH NJW 1980, 1683; BGH NJW 1996, 1884, 1885; BGH NJW 2013, 928.

748 Siehe z. B. BGH NJW 1998, 1885; 2013, 928; BGH NJW-RR 2001, 381.

749 Siehe BGH NJW 1975, 1774; BGH NJW 1978, 1802; BeckOK/Gehrlein/Sutschet BGB § 311 Rn. 57.

750 Krawitz, S. 35.

751 Zur Analyse der Rechtsprechung im Zusammenhang mit dem schuldhaften Erwecken eines Vertrauens siehe z. B. Krawitz, S. 33 ff.

als sicher zustande kommen wird.[752] Festzustellen ist daher, dass bei dem Fall des „Abbruchs von Vertragsverhandlungen" berechtigterweise „das subjektive, sprich qualifizierte, besondere und einzelsituationsbedingte Vertrauen" in Betracht kommt.[753] Da sich im vorliegenden Fall die Tatbestandlichkeit eines Vertrauens schließlich nach konkreten Tatsachen richtet,[754] scheint es daher schwierig zu sein, dass die definitiven und bestimmten Voraussetzungen oder Situationen, in denen sich ein Vertrauen als Tatbestand für den Fall des Abbruchs von Vertragsverhandlungen anerkennen lässt, anders als bei den Lehren des objektiven Vertrauens im Voraus vorgeschrieben werden. Anerkannt werden kann gleichwohl der Vertrauenstatbestand aufgrund der bisher gefundenen Rechtsprechungen beispielsweise in folgenden repräsentierten Fällen; wenn zuallererst die eine Partei den Abschluss des angestrebten Vertrags ausdrücklich als sicher in Aussicht gestellt und die andere Partei darauf vertraut hat[755], wenn der eine Partner den anderen Partner zu Vorleistungen oder bestimmten Dispositionen veranlasst hat[756], wenn die Parteien von Vertragsverhandlungen bereits mit der Durchführung des noch nicht zustande gekommenen Vertrags begonnen haben[757], wenn der eine Partner durch diejenige Aussage vor dem Vertragsabschluss sicherlich versprochen hat, dass er die Übertragung des angestrebten Vertrags genehmigen wird[758]. Im Übrigen gilt das dadurch erweckte Vertrauen auch als Tatbestand, wenn die Verhandlungen von demjenigen Partner aufgenommen und geführt wurden, der von vornherein ohne Abschlusswillen eines Vertrags die Abschlussbereitschaft nur vorgetäuscht hat.[759]

Aus diesen Beispielen folgt, dass sich im vorliegenden Fall das Vertrauen auf den Vertragsschluss durch konkrete Tatsachen rechtfertigen lassen muss, d. h., das Vertrauen als Tatbestand muss auf die rechtliche Bewertung dahin gehend anerkannt werden, dass sich der Richter im Prozess fest davon überzeugen lässt, dass jeder Einzelne unter gleichen Situationen jeweils „tatsächlich, aber allgemein und gemeinsam" mindestens den gleichen Grad an Vertrauen haben

752 Siehe z. B. BeckOK/Gehrlein/Sutschet BGB § 311 Rn. 58.
753 Dazu siehe 2. Teil 2. Abschnitt D II 1 b).
754 Dazu siehe 2. Teil 2. Abschnitt D IV.
755 BGH NJW 1970, 1840; BGH NJW-RR 1989, 627.
756 BGH NJW 1961, 169; BGH NJW 1985, 1778, 1781.
757 BGH NJW 1952, 1130; BGH LM Nr. 11 zu § 276 (Fa) BGB.
758 BGH WM 1968, 531; BGH WM 1984, 205.
759 OLG Stuttgart, BB 1989, 1932; BGHZ 76, 343, 349; BGH NJW 1980, 1683; 1996, 1884, 1885; 2013, 928.

darf[760]; insofern gilt das Vertrauen berechtigterweise als Tatbestand des Vertrauensschuldverhältnisses im Sinne des § 311 Abs. 2 Nr. 1 BGB.

b) Das Erwecken des Vertrauenstatbestandes „in zurechenbarer Weise"

Das Vertrauen als Tatbestand muss vom Verhandlungspartner „in zurechenbarer Weise" erweckt werden.[761] Diese erforderte Zurechenbarkeit ergibt sich vor allem aus dem Grundsatz der Selbstverantwortung[762]; eine Bindung in ganzen Rechtsordnungen entsteht im Hinblick auf die Privatautonomie einer

---

760 Zum subjektiven Vertrauen zusammenfassend siehe 2. Teil 2. Abschnitt D IV. Als Beispiel kann selbstverständlich von sog. Aushandlung aller wesentlichen Punkte des angestrebten Vertrags zwischen den Beteiligten gesprochen werden; insofern siehe Kakatsakis, S. 102 f., wobei insbesondere eine solche Aushandlung als einziger Maßstab für die Qualifizierbarkeit eines Vertrauens zum Tatbestand des Vertrauensschuldverhältnisses im vorliegenden Fall anzuerkennen sei. Meiner Meinung nach muss eine solche Aushandlung jedoch nur als einziger Maßstab nicht erforderlich sein; denn die Qualifizierbarkeit eines Vertrauens zum Tatbestand des Vertrauensschuldverhältnisses im Rahmen des vorliegenden Falles richtet sich immer noch nach der subjektiven, besonderen und einzelsituationsbedingten Bewertung. Bei der oben erwähnten Auffassung ist die Qualifizierbarkeit eines Vertrauens aufgrund der subjektiven, allen einzelsituationsbedingten Elemente zu bewerten; denn in dieser Auffassung ist zur Entscheidung eines Vertrauenstatbestandes auf das in besonderem Maße in Anspruch genommene Vertrauen im Sinne des § 311 Abs. 3 BGB und die Betrachtung der Schutzwürdigkeit des Vertrauens aufseiten des Vertrauenden *in konkreten Konstellationen* Bezug zu nehmen, dazu siehe Kakatsakis, S. 111 und insbesondere 110; anderenfalls ist die Tatbestandlichkeit eines Vertrauens in der Regel „objektiv" dann anzuerkennen, wenn die Rechtsgüter der einen Partei z. B. mit der Absicht zur Vorbereitung eines Vertragsschlusses (= geschäftliche Kontakte) im Bereich der Einwirkungsmöglichkeit der anderen Partei ausgesetzt werden (= beispielsweise Eintreten in die Verkaufsräume, dazu siehe Palandt-Grüneberg, § 311 Rn. 23 und zur Abgrenzung des Begriffs des objektiven Vertrauens von solchem des subjektiven Vertrauens unter 2. Teil 2. Abschnitt D IV). Bei der oben erwähnten Auffassung führen dennoch die subjektiven, besonderen und einzelsituationsbedingten Bewertungen allein zur Anerkennung einer solchen Aushandlung, und unter dem Aspekt von solchen Ergebnissen richtet sich die Qualifizierbarkeit eines Vertrauens einheitlich nur nach dem Bestehen einer solchen Aushandlung. Meiner Meinung nach ist dieser Folge jedoch nicht zuzustimmen. Im Zusammenhang mit der Aushandlung von allen wesentlichen Punkten eines angestrebten Vertrags siehe 2. Abschnitt B II 3 b).

761 BGH NJW 1975, 1774; 1978, 1802; Weber, AcP 192 (1992), S. 390, 402; zur kritischen Auffassung siehe Wertenbruch, BGH ZIP 2004, 1525, 1528 f.

762 Siehe z. B. Canaris, Vertrauenshaftung, S. 468; Küpper, S. 146 ff.

Rechtsgestaltung grundsätzlich durch die Selbstbestimmung[763]; dagegen kann „die Bindung zwischen den Parteien" ausgestaltet werden, obgleich bei der Vertrauenshaftung die Übereinstimmung von bindenden Willenserklärungen und die sich daraus ergebende rechtsgeschäftliche Wirkung ausgeschlossen werden, insbesondere bei dem Fall des Abbruchs von Vertragsverhandlungen unter dem Gesichtspunkt des bereits definierten, subjektiven Vertrauens berechtigterweise aufgrund desjenigen Verhaltens des Partners, mit dem der Vertrauende unmittelbar sein Vertrauen verknüpft.[764] Vor diesem Hintergrund sei die Zurechenbarkeit der Vertrauenshaftung heute in dogmatischer Hinsicht nach drei Prinzipien anzuerkennen: „Grundsätzliches Verschuldensprinzip und Exzeptionelles Veranlassungs- und Risikoprinzip[765]".[766]

Das Erwecken des Vertrauens auf den Abschluss eines Vertrags ist „an sich" nicht als pflichtwidrig anzusehen, weil dieses Vertrauenserwecken „*geradeswegs*" von keiner Missachtung des fremden Interesses spricht. Einer Ansicht nach läge bei diesem Fall die Pflichtverletzung[767] und somit das *Verschulden* nicht in „der Vertrauenswerbung", sondern in „dem späteren Vertrauensbruch"[768]; hierbei ist jedoch zu beachten, dass bei diesem Fall die Zurechnung nicht nur nach dem Verschuldensprinzip anzuerkennen ist, sondern ausnahmsweise nach dem

763 Küpper, S. 230.

764 Siehe 2. Teil 2. Abschnitt D III 1 und IV.

765 Zur Risikohaftung gehört beispielsweise das sog. „Betriebsrisiko" gemäß § 615 S. 3 BGB.

766 Canaris, Vertrauenshaftung, S. 473; Soergel-Wiedemann, Vor § 275 Rn. 136. Bei Canaris wird das Veranlassungsprinzip jedoch nicht als Zurechnungsgrund akzeptiert, dazu siehe Canaris, Vertrauenshaftung, S. 474 ff.

767 Zur Bedeutung der Pflichtverletzung hier siehe Fn. 859.

768 Küpper, S. 231. Einer anderen Auffassung nach liegt die Pflichtverletzung in diesem Fall dahingegen „nicht in dem Abbruch von Verhandlungen, sondern in der Schaffung des Vertrauenstatbestandes" und hierbei wird das Verschuldensprinzip als Zurechnungsgrund vorausgesetzt, dazu siehe Kakatsakis, S. 141 und insbesondere 105. Meiner Meinung nach ist dieser Auffassung nicht zuzustimmen; da bei der oben erwähnten Auffassung die Schaffung des Vertrauenstatbestandes, sprich das Erwecken des Vertrauens auf den Abschluss eines Vertrags unter Voraussetzung des Verschuldensprinzips „an sich" als pflichtwidrig bewertet werden muss, passt diese Vorstellung z. B. nicht zu demjenigen, der zum richtigen Zeitpunkt der Vertrauenserweckung bereits echten Freiwillen eines Vertragsschlusses hatte und trotzdem später durch „sog. dem Vertrauen objektiv entgegenstehendes Verhalten" gegen das so begründete Vertrauen des anderen Teils verstößt. Zu sog. dem Vertrauen objektiv entgegenstehendem Verhalten und demnach zu dem Umfang des Schadensersatzes eingehend siehe 2. Abschnitt B.

Veranlassungsprinzip; liegt der Zurechnungsgrund darin, dass dem Vertrauenswerber diejenige Situation bewusst ist oder mindestens bewusst sein muss, dass sein Verhalten die andere Partei zum Vertrauen auf den Abschluss des angestrebten Vertrags veranlasst[769]; ist insofern ein Anspruch auf Schadensersatz dann anzuerkennen, wenn der Vertrauenswerber gegen dasjenige Vertrauen dadurch verstößt, dass dieser später die Vertragsverhandlungen ohne triftigen Grund abbricht.

Auf der anderen Seite sind die zwei Fälle problematisch: Im ersten Fall geht es um die Verletzung der Aufklärungspflicht[770], im zweiten Fall erweckt der Vertrauenswerber von vornherein ohne Abschlusswillen des Vertrags das Vertrauen auf den Vertragsschluss dadurch, dass er die Abschlussbereitschaft nur vortäuscht und die Verhandlung aufnimmt und führt[771]. In diesen Fällen ist die Zurechnung nach dem Verschuldensprinzip anzuerkennen; denn die Pflichtverletzung und damit das Verschulden richten sich im ersten Fall nach dem mindestens bloß fahrlässigen Eingriff ins Selbstbestimmungsrecht, im zweiten Fall nach dem schuldhaften Erwecken eines Vertrauens. Insbesondere erstreckt sich im zweiten Fall das Verschulden durch nachträglichen Abbruch von Verhandlungen auf den Zeitpunkt des schuldhaften Erweckens des Vertrauens; dieses Verschulden muss dann freilich nicht in Betracht gezogen werden, wenn der angestrebte Vertrag schließlich zustande kommt.

c) *Die Voraussetzungen aufseiten des Vertrauenden und des Vertrauenswerbers*

Da es sich bei dem Fall des Abbruchs von Vertragsverhandlungen um das subjektive Vertrauen handelt, ist aufseiten des Vertrauenden das Vertrauendürfen erforderlich, sprich die „Vertrauensfähigkeit" aus einzelnen Situationen[772]; die Vertrauenshaftung kann in diesem Fall dann gerechtfertigt werden, wenn ein Rechtsschein als gegenständliche Vertrauensgrundlage existiert oder, „soweit das Vertrauen in eine Person rechtlichen Schutz genießen soll, diese in einer sozialen Funktion, mit einem Maß faktischer Selbstbestimmung auftreten" muss.[773]

---

769 Küpper, S. 231.

770 Wie im Folgenden ausgeführt wird, ist bei dem Fall des Abbruchs von Vertragsverhandlungen ohne triftigen Grund im Voraus die rechtzeitige Aufklärungspflicht vorauszusetzen. Durch ihre Verletzung entsteht ebenfalls der Schadensersatzanspruch. Dazu siehe 2 b) i) und 2. Abschnitt.

771 DStR 2001, 802–803, 803. Aber auch siehe BGHZ 76, 343, 349; BGH NJW 1980, 1683; BGH NJW 1996, 1884, 1885; BGH NJW 2013, 928.

772 Siehe 2. Teil 2. Abschnitt D III 1 b).

773 Ballerstedt, AcP 151 (1950/51), S. 501, 508.

Das Vertrauensschuldverhältnis und die davon ausgehende Vertrauenshaftung spielen zudem bekanntermaßen eine Rolle als „Surrogat“ der nicht zustande gekommenen, vertraglichen Bindung; daher ist wie bei der vertraglichen Bindung eine Geschäftsfähigkeit notwendig, auch die Zurechnungsfähigkeit aufseiten des Vertrauenswerbers[774] ist erforderlich; dabei finden die Vorschriften von §§ 104 ff. BGB entsprechende Anwendung[775]; das Vertrauen, welches vom geschäftsunfähigen Partner erweckt wurde, kann ihm letztlich nicht zugerechnet werden.[776]

2. Der Abbruch von Vertragsverhandlungen ohne triftigen Grund

a) Die Funktion des triftigen Grundes

Ein Anspruch auf Schadensersatz aus dem Abbruch von Vertragsverhandlungen kann dann in Betracht kommen, wenn im Rahmen des Vertrauensschuldverhältnisses *(= Vertrauensbindung)* „ohne triftigen Grund“ die weitere Verhandlung oder der endgültige Abschluss eines angestrebten Vertrags vom Vertrauenswerber verweigert wird oder er selbstverständlich die Erfüllung der Mitwirkungspflicht in weiteren Verhandlungen ablehnt.[777] Daneben kann ebenfalls eine Erscheinungsform dann gleichwertig anerkannt werden, wenn der Vertrauenswerber „ohne triftigen Grund“ die zuvor vereinbarten Punkte auf dem Wege wieder in Frage stellt und deswegen die weitere Verhandlung aufseiten des Vertrauenden als zwecklos anzusehen ist; insofern ist wie folgt zu verstehen: Dass bei diesem Fall der Vertrauenswerber „ohne triftigen Grund“ die bereits vereinbarten und festgelegten Punkte wiederum in Frage stellt, wird an sich für den Fehlschlag von Verhandlungen gehalten, soweit der Vertrauende nicht auf diese Fragestellung antwortet; daher gehört die Verantwortung des Verhandlungsfehlschlags berechtigterweise zum Vertrauenswerber.[778] Diese verschiedenen Erscheinungsformen des Abbruchs gelten im Ergebnis jeweils als gleichwertiger Haftungstatbestand. Dabei spielt das Bestehen eines triftigen Grundes für den Schadensersatzanspruch aus demselben Abbruch eine entscheidende Rolle: Dem Abbrechenden kann eine Möglichkeit gegeben werden, dass er durch *rechtzeitige* Erteilung der Aufklärung des triftigen Grundes für den Abbruch von Verhandlungen berechtigterweise aus dem Vertrauensschuldverhältnis sowie der

774 Canaris, Vertrauenshaftung, S. 451 ff.
775 Canaris, Vertrauenshaftung, S. 452 f. und 468 f.
776 Küpper, S. 301 f.
777 Küpper, S. 238.
778 Küpper, S. 238.

Schadensersatzhaftung entlassen wird. Somit muss im vorliegenden Fall die Frage beantwortet werden, ob ein Grund des Abbruchs von Verhandlungen „triftig" ist; der Abbruch von Vertragsverhandlungen ohne triftigen Grund gilt jedenfalls unabhängig von seinen Erscheinungsformen als Haftungstatbestand.[779]

b) Das Fehlen eines triftigen Grundes

i) Die Aufklärungspflicht zum triftigen Grund

Im Fall des Abbruchs von Vertragsverhandlungen ohne triftigen Grund ist in dogmatischer Hinsicht die „Aufklärungspflicht zum triftigen Grund" vorauszusetzen, die als eine solche von Schutzpflichten nach § 311 Abs. 2 BGB in Verbindung mit § 241 Abs. 2 BGB[780] gilt: Anzuerkennen ist im heutigen Recht mindestens diejenige ureigene Verpflichtung jeder Verhandlungspartei als potenzielle Vertragsparteien, sich selbstständig über die den angestrebten Verkehr betreffenden, allgemeinen Marktsituationen bzw. über die sich daraus ergebenden, möglichen Risiken bzw. über alternativen Chancen zu informieren[781]; der Grund dafür liegt darin, dass erstens die im Verkehr stehenden Parteien prinzipiell auf eigene Gefahr hin handeln, und dass zweitens die Quellen von den gerade erwähnten Informationen eigentlich im Rahmen von Vertragsverhandlungen allein jeder Partei bekannt sind und folgerichtig derjenigen Partei diese Quellen zur Verfügung stehen.[782] Vor diesem Hintergrund können die Informations- und Aufklärungspflichten zwischen den Parteien von Vertragsverhandlungen „ausnahmsweise" anerkannt werden, wobei es einfach zu akzeptieren ist, dass die beiden Pflichten im Zusammenhang mit geschäftlichen Situationen sowohl im Rechtsinstitut der culpa in contrahendo[783] als auch insbesondere im einzelnen Marktverhältnis[784] eine kernhafte Stellung einnehmen.

---

779 Zu beachten ist dennoch, dass sich der Umfang der Schadensersatzhaftung je nach dem unterschiedlichen Grad an Vertrauensbindung ändern kann; bei der Verweigerung des endgültigen Abschlusses eines angestrebten Vertrages kann der Anspruch auf Abschluss wegen stärkerer Bindung unter bestimmten Voraussetzungen in Betracht kommen, während bei der Verweigerung des Weiterverhandelns der Anspruch Abstand vom Vertragsschluss nimmt; zum konkreten Umfang des Schadensersatzes wegen des stärkeren Grades an Vertrauensbindung siehe 2. Abschnitt.

780 Zur dogmatischen Darlegung zusammenfassend siehe z. B. Küpper, S. 173 ff.

781 Emmerich, § 7 Rn. 8; BeckOK/Gehrlein/Sutschet BGB § 311 Rn. 70; BGH NJW 1997, 3230.

782 Siehe z. B. NJW 1997, 3230; OLG München WM 1994, 236.

783 Siehe MünchKomm-Emmerich, 7. Aufl., § 311 Rn. 64.

784 Siehe beispielsweise Emmerich, § 7 Rn. 7 f.

Bei Informationspflichten handelt es sich um die Erteilung von unzutreffenden Informationen, die dazu führen, dass wegen dieser Erteilung endgültig ein für den Partner nachteiliger oder unerwünschter Vertrag abgeschlossen wird; hierbei ist freilich und vernünftigerweise vorauszusetzen, dass derselbe Partner anderenfalls nicht den Vertrag abgeschlossen hätte.[785] Die dogmatische Grundlage, warum die Haftung für die Verletzung von Informationspflichten in der Verhandlungsführung eines Vertrags anerkannt wird, liegt darin, dass die Erteilung der unzutreffenden Informationen im Ergebnis in die Selbstbestimmung des anderen Teils eingreift, und dass er deswegen an einen ungewünschten Vertrag gebunden wird. Somit kann die Aufklärungspflicht in Anlehnung an die Informationspflicht wie folgt formuliert werden: „Die Pflicht, im Rahmen von Vertragsverhandlungen die eine Partei gegenüber dem anderen Teil über die besonderen und zusätzlichen Umstände aufklären zu müssen, kommt nur dann in Betracht, wenn die besonderen und zusätzlichen Umstände bereits nur derselben Partei bewusst sind und gleichzeitig unter der Voraussetzung, dass der andere Teil die Erwartung haben darf, über diese Umstände von derselben Partei informiert zu werden, dieselbe Partei kennt oder kennen muss, dass die Kenntnis von diesen besonderen und zusätzlichen Umständen des anderen Teils Einfluss auf seine Entscheidung nehmen kann“[786]; wie im folgenden **2. Abschnitt** dargelegt wird, kommt im Rahmen der Verhandlungen im Sinne des § 311 Abs. 2 Nr. 1 BGB die Aufklärungspflicht tatsächlich erst nach dem Erwecken des subjektiven Vertrauens auf den Vertragsschluss im Zusammenhang mit dem Umfang des Schadensersatzes in Betracht; die Aufklärungspflicht muss beim vorliegenden Fall nach der Entstehung eines triftigen Grundes *„rechtzeitig (= ohne Verspätung)“* erfüllt werden, da anderenfalls dazwischen das Selbstbestimmungsrecht des anderen Teils offensichtlich verletzt werden kann.[787]

Gesprochen wird „im Allgemeinen“ von der Aufklärungspflicht im Zusammenhang mit den für die Entschließung des Partners zum Vertragsschluss wesentlichen Punkten; hierbei kommen hauptsächlich die Durchsetzbarkeit des angestrebten Vertrags oder die Risiken, die an denjenigen Vertrag verbunden

---

785 Gleichbedeutend siehe Emmerich § 7 Rn. 8 ff.; BeckOK/Gehrlein/Sutschet BGB § 311 Rn. 70 ff. und insbesondere Rn. 72.

786 Vgl. vornehmlich Emmerich, § 7 Rn. 8; BeckOK/Gehrlein/Sutschet BGB § 311 Rn. 70 ff.; aber auch siehe BGHZ 60, 221, 224; 71, 386, 396; BGH NJW 2000, 803, 804; 2001, 2163, 2164; NJW 1970, 653, 655; 1974, 849, 851; 1987, 909, 910; WM 1964, 921, 923; 1965, 1115, 1116; 1986, 11, 12; ZMR 1969, 122, 123.

787 Siehe BeckOK/Gehrlein/Sutschet BGB § 311 Rn. 70 ff.; RGZ 103, 47, 50; 111, 233, 234 f.; 120, 249; BGHZ 71, 386, 389=NJW 1978, 1802, 1804; BGH NJW 1978, 41; 1985, 1769; WM 1987, 319; NJW-RR 1989, 211; NJW 1995, 45, 47.

sind[788], in Betracht: Die Kenntnis der allgemeinen Marktsituationen ist mithin erst auszuschließen, wenn diese Kenntnis vornehmlich von jeder Verhandlungspartei selbst ermöglicht werden kann[789]; das Wissen, welches in der Regel nur dem Experten oder dem Insider bekannt ist, gehört dagegen zum Rahmen von Aufklärungspflichten, soweit es eine schwere Ungleichmäßigkeit von Informationen zwischen den Parteien herbeiführt[790]; die Aufklärungspflichten beschränken sich zudem allein auf „präsentes Wissen"[791]; daher gelten die sog. Nachforschungs- und Untersuchungspflichten nur als einfache Aufklärungspflichten über die bereits bewussten Umstände[792].

Das Gleiche gilt auch für die Aufklärungspflichten im Rahmen der Verhandlungen im Sinne des § 311 Abs. 2 Nr. 1 BGB. Da im hier interessierenden Fall jedoch die Verhandlung nicht endgültig ihren Abschluss erreicht, ist das Selbstbestimmungsrecht des anderen Teils daran anzuknüpfen, ob er aufgrund der Zusicherung des Vertragsabschlusses durch den Partner nach dem Zeitpunkt des Vertrauenserweckens Aufwendungen gemacht hat; derselbe Partner muss nach dem Zeitpunkt des Vertrauenserweckens dem anderen Teil über denjenigen Grund aufklären, welcher dem bereits von ihm erweckten Vertrauen des anderen Teils entgegensteht. Hierbei können im Hinblick auf die Verletzung von Aufklärungspflichten zwei Unterfälle erstellt werden: Im ersten Unterfall geht es darum, dass, obwohl ein dem Vertrauen entgegenstehender Grund bereits aufgeklärt wurde, der Grund nicht als triftig zu bewerten ist; wenn bei diesem Unterfall der nicht triftige Grund zugleich nicht rechtzeitig erteilt wurde, kommen die zwei Ansprüche ggf. zur Konkurrenz zwischen dem Vertrauensbruch ohne triftigen Grund und der verspäteten Erteilung der Aufklärung[793]. Im zweiten Unterfall geht es darum, dass, obgleich ein triftiger Grund existierte, die Aufklärung nicht rechtzeitig erteilt wurde. Bei diesem Unterfall beschränken sich die zu ersetzenden Aufwendungen auf den Zeitraum zwischen dem Zeitpunkt der Entstehung des triftigen Grundes und dem Zeitpunkt der verspäteten Erteilung der Aufklärung. Die einzelnen Fälle sind im folgenden **2. Abschnitt** dargelegt.

---

788 MünchKomm-Emmerich, 7. Aufl., § 311 Rn. 69; BeckOK/Gehrlein/Sutschet BGB § 311 Rn. 70 ff.

789 MünchKomm-Emmerich, 7. Aufl., § 311 Rn. 69; BeckOK/Gehrlein/Sutschet BGB § 311 Rn. 70 ff.

790 MünchKomm-Emmerich, 7. Aufl., § 311 Rn. 69; BeckOK/Gehrlein/Sutschet BGB § 311 Rn. 71.

791 MünchKomm-Emmerich, 7. Aufl., § 311 Rn. 69.

792 BeckOK/Gehrlein/Sutschet BGB § 311 Rn. 73; Fleischer, S. 573 ff.

793 Siehe BeckOK/Gehrlein/Sutschet BGB § 311 Rn. 77.

ii) Das Bestehen des triftigen Grundes

Unter dem Aspekt des Schadensersatzes muss das Bestehen eines triftigen Grundes im Hinblick auf die Genauigkeit und Sicherheit des Urteils strikt und „objektiv" ermittelt und festgestellt werden, sodass sich dadurch eine zu leichtsinnige oder wählerische Anerkennung des Schadensersatzes vermeiden und abwenden lässt; ferner spielt diese objektive Betrachtungsweise des triftigen Grundes eine Rolle als Ausgleicher zwischen der Vertragsfreiheit und der Vertrauenshaftung; die objektive Betrachtungsweise des triftigen Grundes kann auch hauptsächlich die Verklemmtheit der fairen Marktordnung im Rahmen der Rechtsordnung vermeiden. Aus diesem Grund kann wie folgt betont werden: Die Frage, ob bei dem Fall des Abbruchs von Vertragsverhandlungen im Sinne des § 311 Abs. 2 Nr. 1 BGB der Anspruch auf Ersatz eines Schadens *(= die entbehrlich gewordenen Aufwendungen)* anerkannt werden kann, richtet sich schließlich danach, ob ein vom Vertrauenswerber nachträglich aufgeklärter, das Vertrauen des anderen Teils auf den Vertragsschluss „brechender" Grund unter dem „objektiven" Gesichtspunkt als „triftig" bewertet werden kann.

1) Objektive Betrachtung des triftigen Grundes

Bei dem Fall des § 311 Abs. 2 Nr. 1 BGB ist klar, dass der hier infrage kommende, triftige Grund sinnvollerweise erst nach dem „Abbruch von Verhandlungen" in Betracht kommt. Dies zeigt, dass sich die Frage, ob ein Grund des Abbruchs von Verhandlungen als triftig bewertet werden kann, nicht danach richtet, ob der Abbrechende den Grund bereits vor dem Zeitpunkt des Abbruchs, z. B. nur aus innerem Anlass oder geringem Motiv oder subjektivem Beweggrund hatte; daher sind das Faktum des Abbruchs von Verhandlungen und die „objektive" Betrachtungsweise des Grundes für denjenigen Abbruch ausschlaggebend.[794]

Das Faktum des Abbruchs von Verhandlungen als ein haftungsauslösendes entscheidendes Moment lässt sich nicht davon beeinflussen, von welchen Anlässen ein Grund für den Verhandlungsabbruch ausgeht; das Faktum des Abbruchs genügt an sich für den Haftungstatbestand, weil bei diesem Fall der Zurechnungsgrund bereits überwiegend im Veranlassungsprinzip liegt.[795] Daraus kann die „Schlussfolgerung aus zwei Schwerpunkten" gezogen werden: Wenn das Faktum des Abbruchs vorliegt, so richtet sich die Schadensersatzhaftung des

794 Eine ähnliche Auffassung siehe z. B. Küpper, S. 248 ff.

795 Anders als bei den überwiegenden Fällen liegt der Zurechnungsgrund des Anspruchs aus der bloß nicht rechtzeitigen Aufklärung im Verschuldensprinzip. Dazu siehe 1 b) und 3.

Abbrechenden zuerst danach, dass sich im Laufe von Verhandlungen ein von ihm erkennbar gewesener Grund für den Abbruch befand.[796] Dabei beschränkt sich dieser erste Schwerpunkt wiederum auf den zweiten Schwerpunkt, dass gleichwohl die Anlässe, welche vom Abbrechenden nicht in Betracht kamen und demnach auf die Entscheidung des Abbrechenden gar keinen Einfluss nahmen, bei der Bewertung der Triftigkeit auszuklammern sind, obwohl der Abbrechende diese Anlässe als einen Grund hätte erkennen können.[797] Der Grund, welchen der Abbrechende für die Rechtfertigung seines Verhaltens anführte, kann folglich *prinzipiell* „mindestens" als zu betrachtender Gegenstand qualifiziert werden, wenn dieser Grund im Laufe der Verhandlungen erkennbar war und damit unabhängig von seinen verschiedenen Formen, sprich z. B. dem inneren Anlass eines geringen Motiv- oder subjektiven Beweggrunds auf die Entscheidung des Abbrechenden Einfluss nahm.

Da hierbei die Triftigkeit eines Grundes den Gegenstand rechtlicher Entscheidung im Prozess darstellt, sollen die soeben formulierten Schwerpunkte, genauer die Erkennbarkeit und die Einwirkungsmöglichkeit dennoch endgültig daran angeknüpft werden, dass die Triftigkeit des Grundes vor allem unter dem Gesichtspunkt der „Objektivität" bewertet werden soll, und dass durch diese objektive Betrachtungsweise alle inneren Anlässe auszuschließen sind, die in der Verhandlungsführung nicht von außen her erkennbar waren; dies bedeutet freilich dahin gehend, dass dem Richter die übermäßige Haftung zum Ergründen von solchen inneren Anlässen nicht aufgelegt wird[798].

Wie bisher wiederholt betont wurde, kommt bei vorliegendem Fall erst nach dem Abbruch von Verhandlungen infrage, ob ein Grund des Verhandlungsabbruchs als triftig bewertet wird. Folglich ist es unter objektiver Betrachtungsweise sinnlos, ob der Abbrechende zum Zeitpunkt des Abbruchs die Triftigkeitsentscheidung des Grundes gekannt hat, solange der Grund damals von dem Abbrechenden aufgeklärt wurde; ferner muss der Abbrechende nicht im Voraus die hinreichenden Gründe begründen; daher steht dem Vertrauenden im Allgemeinen kein Forderungsrecht auf vorherige Erteilung einer Auskunft für die Gründe zu. Dies ist eine daraus logisch gezogene Folge, weil in das Selbstbestimmungsrecht, welches bei vorliegendem Fall durch rechtzeitige Aufklärung für einen triftigen Grund geschützt werden soll, nicht eingegriffen werden soll; dieses *zu schützende* Selbstbestimmungsrecht stellt keinen Gegenstand dar, der

796 OLG Düsseldorf NJW-RR 1988, 988, 989.

797 BGH WM 1974, 508, 510.

798 Küpper, S. 250.

erfüllt werden muss.[799] Die sog. Begründungspflicht spiele in diesem Fall keine Rolle[800]; der Abbrechende kann gleichwohl das erhöhte Risiko der Verurteilung im Prozess tragen, es sei denn, er hat über die Gründe des Verhandlungsabbruchs sorgfältig und rechtzeitig aufgeklärt.[801] Hat im Übrigen der Abbrechende im Voraus das Weiterverhandeln vorbehalten, soll der Vertrauende ab diesem Zeitpunkt auf eigenes Risiko handeln und Aufwendungen machen.[802]

2) Einzelsituationsbedingte Bestimmung des triftigen Grundes

Im vorliegenden Fall geht das Vertrauensschuldverhältnis vom „subjektiven", sprich qualifizierten, besonderen und einzelsituationsbedingten Vertrauen aus; die Vertrauensbindung richtet sich nach den Einzelsituationsbedingungen. Der triftige Grund, warum trotz des Abbruchs von Verhandlungen der Vertrauenswerber aus der Schadensersatzhaftung entlassen werden darf, kann entsprechend nicht umhin, je nach der einzelnen Situation bewertet zu werden[803]; hierbei scheint die rechtliche Bedeutung der Terminologie „triftig" weder in einschlägigen Rechtsprechungen noch im Schrifttum einheitlich definiert wird.

Die Bedeutung des Wortes „triftig" kann in der Rechtsprechung als eine Anlehnung an die Formulierungen der „sachfremden[804] oder unbilligen[805] Erwägungen" verstanden werden. Die beiden Wörter „sachfremd" und „unbillig" sind offensichtlich als synonym anzusehen, weshalb sie unmittelbar nebeneinander genutzt werden[806]. Der triftige Grund muss somit im „sachlichen" Bereich stehen, d. h., wie in **1)** dargelegt wird, muss dieser im Zusammenhang mit dem einschlägigen Fall die Erkennbarkeit sowie die Einwirkungsmöglichkeit behalten und in diesem Sinne „sachlich" sein; denn der Abbrechende kann sich bloß durch die subjektiven, inneren Anlässe nicht entlasten lassen[807]; zudem ist der „triftige" Grund in einer Rechtsprechung mit dem „wichtigen" Grund gleichzusetzen[808]; insofern kann der juristische Wortsinn von „triftig" unter dem Gesichtspunkt der

---

799 Darauf eingehend unter 2. Teil 2. Abschnitt C I 2.
800 BGHZ 45, 258, 267; Küpper, S. 251 f.
801 Küpper, S. 251 f.
802 Siehe z. B. Küpper, S. 250 f. und 252.
803 Siehe z. B. BGH LM Nr. 28 zu § 276 (Fa) BGB=WM 1969, 595, 597.
804 BGH LM Nr. 11 zu § 276 (Fa) BGB; WM 1966, 737, 739; 1969, 692, 694; Betrieb 1966, 105; BeckOK/Gehrlein/Sutschet BGB § 311 Rn. 62.
805 BGH WM 1965, 1115, 1116.
806 BGHZ 71, 386, 395; 76, 343, 351; MDR 1986, 651.
807 Vgl. Hans Stoll, FS Flume, S. 741, 756.
808 BGHZ 88, 373, 385.

„Sachlichkeit und Wichtigkeit“ vom allgemeinen Sprachgebrauch unterschieden werden[809]. Ferner ist im Schrifttum der Begriff des triftigen Grundes nicht unmittelbar definiert, sondern das Argument für denjenigen Grund vorzubringen, weshalb der Abbrechende sich durch einen triftigen Grund entlasten kann oder darf. Das Argument, welches freilich auch in der Rechtsprechung genommen wird, ist wie folgt: Im Fall des (mittelbaren) Kontrahierungszwangs vermag das Vertrauen auf das Zustandekommen des angestrebten Vertrags an sich noch keine stärkere Bindung als die vertragliche Bindung ausgestalten[810]; dabei bindet sich gleichwohl der Vertrauenswerber mindestens an die ausdrücklichen Erklärungen, die er im Laufe der Verhandlungen selbstverständlich erteilt hat[811]. Somit darf demjenigen Vertrauenswerber vor dem Zustandekommen des Vertrags keine einseitige Änderungsbefugnis über die konkretisierten und vereinbarten Punkte aufs Neue gegeben werden[812], es sei denn, „die später neu verursachten bestimmten Umstände“ machen ihm solche Punkte nicht mehr zumutbar.[813] Schließlich richtet sich im vorliegenden Fall die Bewertung der Triftigkeit eines Grundes wegen der Subjektivität des Vertrauenstatbestandes unter Betrachtung der „Erkennbarkeit und Einwirkungsmöglichkeit“ des Grundes nach „einzelnen Umständen“; dabei kann hauptsächlich die „Unzumutbarkeit“ der Erhaltung des Vertrauensschuldverhältnisses oder des Eingehens des Vertragsschlusses ausschlaggebend sein. Unter diesen wesentlichen Kriterien kann sich der Vertrauenswerber endgültig der Schadensersatzpflicht entziehen. Insofern kann zusammenfassend von den folgenden Kriterien gesprochen werden:

Ein Grund, der „zum Zeitpunkt“ des Erweckens eines Vertrauens bestand, kommt erst nicht in Betracht; dies ist grundsätzlich davon unabhängig, ob der Grund damals dem Vertrauenswerber in Betracht kommen musste oder ob er dem Vertrauenden bekannt war oder hätte bekannt sein müssen[814]; gemäß § 254 Abs. 1 BGB kann die Minderung des Anspruchs nur in Betracht kommen, soweit der Vertrauende „selbst“ denselben Grund herbeiführte, welcher Einfluss

809 BGH LM Nr. 6 zu § 157 (B) BGB.

810 Küpper, S. 240 f.; auch zu einem ausschlaggebenden Kriterium siehe Hans Stoll, FS v. Caemmerer, S. 435, 450; Gottwald, JuS 1982, S. 877, 879.

811 NJW 1975, 1774=WM 1975, 923, 924; ArbG Marburg, BB 1969, 2041, 2042.

812 Weimar, ZMR 1966, S. 161 f.

813 BGH LM Nr. 28 zu § 276 (Fa) BGB. Dabei gelte das Gleiche auch dann, wenn der Vertrauenswerber etwa erhebliche Umstände für unwichtig erachtete, dazu siehe Küpper, S. 241.

814 Küpper, S. 242.

auf die Inanspruchnahme des Vertrauens hatte.[815] Zudem kann ein Grund dann als triftig bewertet werden, wenn er unabhängig von den bereits ausgehandelten und festgelegten, vertraglichen Punkten ist oder als unwichtig erwähnt wird[816] und zugleich die Unzumutbarkeit der Erhaltung des Vertrauensschuldverhältnisses oder des Eingehens des Vertragsschlusses vorliegt, oder wenn sich derjenige in einem Umstand befindet, dass sich nachträglich durch diesen Grund die Auflösung der *vertraglichen* Bindung berechtigen lässt, da in diesem Fall die Vertrauensbindung freilich nicht stärker als die Vertragsbindung sein kann[817]. Darüber hinaus kann ein Grund dann triftig sein, wenn er zum Zeitpunkt des Erweckens eines Vertrauens sowohl nicht voraussehbar als auch später nicht vermeidbar war und der Abbruch von Verhandlungen folglich nach dem „objektiven Gewicht des Grundes"[818] nicht vertrauenswidrig zu sein scheint; hierbei ist ebenfalls vor allem die Unzumutbarkeit der Erhaltung des Vertrauensschuldverhältnisses oder des Eingehens des Vertragsschlusses maßgeblich.[819] Wichtig ist aber auch aufseiten des Vertrauenswerbers, dass die bisher aufgezeigte Unzumutbarkeit berechtigterweise an das Bemühen um die Erhaltung des Vertrauensschuldverhältnisses oder das Eingehen des Vertragsschlusses anzuknüpfen sein muss[820]; daher darf der Vertrauenswerber die Verhandlung dann abbrechen, wenn, obwohl er sich bereits bemühte, um z. B. den Vertragsschluss oder dessen Voraussetzungen zu sichern, im Ergebnis das Bemühen aber wirkungslos ist[821]. Als Unzumutbarkeit gilt im gleichen Kontext eine „erhebliche und unvorhersehbare Verschlechterung der Vermögenslage"[822] des Vertrauenswerbers[823], wenn ihm dieser Umstand nachträglich bewusst ist[824]; in diesem Fall findet keine Anwendung des Grundsatzes dahin gehend statt, dass „jeder für seine finanzielle Leistungsfähigkeit einstehen muss"[825].

Ferner kommt eine Chance (oder Möglichkeit) infrage, bei welcher der Abbrechende das gleiche Geschäft mit einem Dritten machen kann; nach Ansicht der

815 Ähnlich Küpper, S. 242.
816 Ähnlich Küpper, S. 243.
817 Küpper, S. 243.
818 Herausgezogen wird diese Formulierung aus Küpper, S. 242.
819 Küpper, S. 243.
820 Ähnlich Küpper, S. 243 f.
821 Siehe beispielsweise BGH WM 1967, 798, 799.
822 Herausgezogen wird diese Formulierung aus Küpper, S. 246.
823 OLG Bremen, BB 1974, 577, 578.
824 Küpper, S. 246.
825 Vgl. BGHZ 83, 293, 300.

Rechtsprechung[826] verstoße der Vertragsschluss mit dem Dritten dann gegen das Vertrauen, wenn der Vertrauenswerber unter genauen Bedingungen wie frühere Bedingungen denjenigen Vertrag abschließt und deswegen den früheren Vertragsschluss mit dem Vertrauenden verweigert. In diesem Fall ist aber diejenige Chance des günstigeren und vorteilhafteren Vertragsschlusses problematisch, die erst nach dem Erwecken des Vertrauens entsteht oder dem Vertrauenswerber bewusst ist.[827] Diese Frage richtet sich nach der Stärke des Vertrauens als Tatbestand, und zwar nach der Intensität der Vereinbarung über wesentliche Vertragspunkte[828]; wenn die wesentlichen Vertragspunkte noch offengelassen werden, hat der Vertrauenswerber überhaupt die Befugnis, mit dem Dritten den günstigeren und vorteilhafteren Vertrag abzuschließen[829]; wenn hingegen die Aushandlung über wesentliche Vertragspunkte zwischen dem Vertrauenswerber und dem Vertrauenden anerkannt wird und dadurch das Vertrauen des Vertrauenden auf den Vertragsschluss fest zugesichert wird, kann keine solche Befugnis anerkannt werden[830]; denn es soll anzuerkennen sein, dass dasselbe Vertrauen des Vertrauenden stärker als das Interesse des Vertrauenswerbers ist.[831] Der Grund dafür liegt darin, dass der Vertrauenswerber im Vorstadium des Vertrauenserweckens durch die Aushandlung über wesentliche Vertragspunkte die Chance des günstigeren und vorteilhafteren Geschäfts mit einem Dritten erwägen musste.[832] Im Übrigen ist im Fall des Irrtums im Sinne des § 119 BGB klar, dass der vermeidbare Irrtum nicht als triftiger Grund anerkannt wird.[833]

Die Entscheidung der Triftigkeit eines Grundes kann aber auch mit den Umständen aufseiten des Vertrauenden verbunden sein; in folgenden Fällen wird ein Grund für den Verhandlungsabbruch des Vertrauenswerbers als triftig bewertet: Wenn die Abschlussbereitschaft des Vertrauenden weggefallen ist oder unsicher wird[834]; wenn der Vertrauende gegen die Pflicht verstößt, die sich aus

---

826 BGH WM 1976, 923, 924.

827 Siehe z. B. BGH WM 1974, 508, 510.

828 Küpper, S. 245. Dass die wesentlichen Vertragspunkte zwischen den Beteiligten bereits ausgehandelt werden, spielt auch „im Fall der zu sehr verspäteten Erteilung der Aufklärung des nicht triftigen Grundes" in Bezug auf den Umfang der Schadensersatzhaftung eine ausschlaggebende Rolle, dazu siehe 2. Abschnitt B II 3.

829 BGH WM 1976, 923, 924. Gleichbedeutend BeckOK/Gehrlein/Sutschet BGB § 311 Rn. 61.

830 Küpper, S. 245.

831 Küpper, S. 245 f.

832 Küpper, S. 246.

833 Küpper, S. 246.

834 Vgl. BGH WM 1974, 508, 510.

einem anderen wirksamen Vertrag mit dem Vertrauenswerber ergibt[835]; wenn nachgewiesen wird, dass die Finanzen und Fähigkeiten des Vertrauenden zur Erreichung des vertraglichen Zwecks ungeeignet oder mangelhaft sind[836]; wenn vielfach ein besonders vertrauenswidriges Verhalten des Vertrauenden vorliegt, z. B. „beleidigendes Verhalten"[837]; wenn der Vertrauende durch eigene Umstände die Verhandlung hinauszögert und dazwischen aufseiten des Vertrauenswerbers eine wesentliche Änderung herbeigeführt wird und deswegen der Vertrauenswerber aufgrund der Überprüfung der Zweckmäßigkeit Abstand vom Abschluss des eigentlich angestrebten Vertrags nimmt.[838]

c) Zusammenfassung

Schließlich kann der Begriff des triftigen Grundes angemessen als „der nachträglich in Betracht kommende, die Entlastung des Abbrechenden legitimierende Grund" definiert werden. Fehlt es beim Abbruch von Vertragsverhandlungen dem Vertrauenswerber an einem triftigen Grund, so verpflichtet er sich zum Schadensersatz; das setzt freilich die Aufklärungspflicht zum triftigen Grund voraus und der Grund muss ohne Verspätung aufgeklärt werden. Die Entscheidung der Triftigkeit eines Grundes soll auf Objektivität beruhen, wobei die Erkennbarkeit und die Einwirkungsmöglichkeit ausschlaggebend sind; im einzelnen Fall kann die Unzumutbarkeit der Erhaltung des Vertrauensschuldverhältnisses bzw. des Eingehens des Vertragsschlusses sowohl aufseiten des Vertrauenden als auch aufseiten des Vertrauenswerbers als maßgeblich gelten.

3. Verschulden

Die Schadensersatzansprüche aus culpa in contrahendo setzen gemäß §§ 311 Abs. 2, 241 Abs. 2, 280 Abs. 1, 276, 249 und 284 BGB grundsätzlich voraus, dass jeder Pflichtige seinen Pflichtverstoß zu vertreten hat[839], und zwar die Vorwerfbarkeit

835 Vgl. BGH WM 1970, 1110, 1111. Denn in diesem Fall wäre es im Allgemeinen schwierig, zu erwarten, dass wegen des bereits gescheiterten Vertrauens zwischen den Beteiligten die sonstigen Vertrauensschuldverhältnisse weiterhin bestehen bleiben oder der angestrebte Vertrag zustande kommt.

836 Vgl. OLG Stuttgart Betrieb 1985, 911, 912.

837 Vgl. BGH Urteil von 6. 5. 1963 – VII ZR 76/62, herausgezogen wird dies aus Küpper, S. 247 Fn. 340).

838 Vgl. WM 1956, 863, 864.

839 Siehe Emmerich, § 7 Rn. 72.

nach § 276 BGB[840]. Obwohl das Gleiche prinzipiell auch für den Fall des Abbruchs von Vertragsverhandlungen ohne triftigen Grund gilt, kommt die Schadensersatzhaftung aus vorliegendem Fall heute immer noch infrage, ob sie in die verschuldensunabhängige Haftung einzuordnen ist oder die Verschuldenshaftung darstellt[841]. Diese rechtliche Einordnung braucht dennoch im Fall des Abbruchs von Verhandlungen im Sinne des § 311 Abs. 2 Nr. 1 BGB nicht einheitlich zu sein und kann somit je nach Einzelfall bestimmt werden. Schließlich handelt es sich im vorliegenden Fall im Zusammenhang mit dem Verschulden hauptsächlich um die folgenden Erscheinungsformen[842] des Verhandlungsabbruchs:[843]

Im ersten Fall ist das schuldhafte Erwecken des Vertrauens auf den Vertragsschluss dahin gehend fraglich, dass erstens, obwohl der Vertrauenswerber von vornherein gar keinen Abschlusswillen des einschlägigen Vertrags hatte, er die Verhandlung aufgenommen oder geführt, und zweitens dadurch das Vertrauen auf den Vertragsschluss des anderen Teils erweckt hat, und drittens gleichwohl wegen seines Abbruchs endgültig der angestrebte Vertrag nicht zustande gekommen ist. In diesem Fall kann anerkannt werden, dass im Allgemeinen die zum Zeitpunkt des schuldhaften Vertrauenserweckens mögliche Vorwerfbarkeit

---

840 Vgl. BGHZ 71, 386, 395; 76, 343, 349; VersR 1965, 764, 766 und 767; OLG Düsseldorf NJW-RR 1986, 508, 509; OLG Köln BauR 1977, 343, 344.

841 Zur Einordnung in verschuldensunabhängige Haftung siehe z. B. Canaris, FG 50 Jahre BGB I, S. 129, 181 f.; Singer, S. 268, 279, 303 ff.; Weber, AcP 192 (1992), S. 390, 399 und 427 ff.; aber auch BGH LM Nr. 28 zu § 276 (Fa) BGB=WM 1969, 595; 1974, 508. Zur Einordnung in die Verschuldenshaftung siehe z. B. Emmerich, § 7 Rn. 72; eine ähnliche Auffassung siehe Küpper, S. 265 f.

842 Auf konkrete Erscheinungsformen des Verhandlungsabbruchs im Zusammenhang mit dem Umfang der Schadensersatzhaftung eingehend unter 2. Abschnitt A.

843 Im Zusammenhang mit der grundsätzlichen Verschuldenshaftung und exzeptionellen verschuldensunabhängigen Haftung sollen die folgenden Punkte beachtet werden: (1) Die überwiegenden Fälle aus culpa in contrahendo und die daraus resultierenden Haftungen werden prinzipiell dem Bereich der Verschuldenshaftung zugeordnet. (2) Bei dem Fall des „Abbruchs von Vertragsverhandlungen“ als ein Unterfall der culpa in contrahendo kann die verschuldensunabhängige Haftung jedoch „ausnahmsweise“ und nur unter den konkreten Umständen anerkannt werden; dies gilt auch bereits für den Regulierungsbereich des Vertragsrechts (siehe z. B. § 615 S. 3 BGB für die Haftung aus „Betriebsrisiko“). (3) Aus diesen Gründen soll nicht missverstanden werden, dass alle Haftungen aus culpa in contrahendo insbesondere wegen des Wortes „culpa“ ohne Ausnahme der Verschuldenshaftung zugeordnet werden. Schließlich unterliegen sowohl die Verschuldenshaftung als auch die verschuldensunabhängige Haftung aus dem Fall des „Abbruchs von Vertragsverhandlungen“ gemeinsam dem Rechtsinstitut der culpa in contrahendo. Anders siehe Krawitz, S. 208 ff.

an sich von vornherein bestand, und dass gleichwohl diese Vorwerfbarkeit zum richtigen Zeitpunkt des endgültigen Abbruchs von Verhandlungen nun erst für die Schadensersatzhaftung in Betracht kommt. Denn keine Schadensersatzhaftung ist freilich dann anzuerkennen, wenn, obwohl das Erwecken des Vertrauens schuldhaft war, jedenfalls der angestrebte Vertrag durch weitere Verhandlungen zwischen den Parteien zustande kommt; in diesem Fall richtet sich die Schadensersatzhaftung nur nach der Triftigkeitsentscheidung des Grundes vom Verhandlungsabbruch. Wird folglich ein Abbruchsgrund nicht als triftig bewertet, so erstreckt sich das Verschulden nun erst auf den Zeitpunkt des Vertrauenserweckens. Denn in diesem Fall kannte oder musste der Abbrechende freilich denjenigen Umstand kennen[844], dass er das Vertrauen auf den Vertragsschluss aufseiten seines Partners erweckt hat. Von diesem Standpunkt aus liegt der Zurechnungsgrund desselben Falles im schuldhaftem Erwecken des Vertrauens und dieser Fall fällt schließlich unter die Verschuldenshaftung.[845]

Im zweiten Fall geht es darum, dass, obgleich ein triftiger Grund bestand, der Abbrechende nicht rechtzeitig darüber aufklärte. Dieser Fall gehört erst nur zu einer Verletzung der Aufklärungspflicht;[846] wenn trotz des Bestehens eines triftigen Grundes der Abbrechende darüber verspätet aufklärte, so werden diejenigen Aufwendungen endgültig „entbehrlich“, die der Vertrauende im Zeitraum zwischen dem richtigen Zeitpunkt der Entstehung eines triftigen Grundes und dem Zeitpunkt der tatsächlichen Erteilung der Aufklärung machte. Folglich ist die Verletzung dieser bloßen Aufklärungspflicht dem Abbrechenden vorwerfbar, und hierbei ist die Verschuldenshaftung anzuerkennen.[847]

Im dritten Fall ist der Verhandlungsabbruch ohne triftigen Grund problematisch, wobei er sich wiederum in zwei Unterfälle teilen lässt: Erster Unterfall, in welchem der nicht triftige Grund rechtzeitig aufgeklärt wurde, und zweiter Unterfall, in welchem der nicht triftige Grund nicht rechtzeitig aufgeklärt wurde. Bei dem ersten Unterfall kommt nur das Fehlen eines triftigen Grundes infrage;[848] hierbei sei es nach einer Ansicht notwendig (und vernünftigerweise so zu verstehen), dass sich das Verschulden auf den Zeitpunkt des Erweckens des Vertrauens auf den Vertragsschluss dann erstreckt, wenn der Abbrechende zum ausschlaggebenden Zeitpunkt des Abbruchs von Verhandlungen dasjenige

844 Dazu siehe folgender, erster Unterfall im dritten Fall.
845 Im Ergebnis siehe Krawitz, S. 213 f.
846 Siehe z. B. BeckOK/Gehrlein/Sutschet BGB § 311 Rn. 76.
847 Im Ergebnis siehe Krawitz, S. 213 f.
848 Siehe z. B. BeckOK/Gehrlein/Sutschet BGB § 311 Rn. 66.

Vertrauen des anderen Teils kannte oder kennen musste[849]; denn das Verschulden müsse grundsätzlich zum richtigen Zeitpunkt des Abbruchs gegeben werden; diese Vorstellung sei auch in der Regel zu akzeptieren.[850] Meiner Meinung nach ist jedoch dieser Ansicht nicht zuzustimmen: Anders als beim obigen ersten Fall ist in diesem ersten Unterfall unter dem strikten Gesichtspunkt der Dogmatik und des Handlungsunrechts die verschuldensunabhängige Haftung anzuerkennen, da der Abbruch von Verhandlungen an sich ohne Weiteres keine *vorsätzliche* oder *fahrlässige* Verletzung einer Pflicht darstellt und demnach zum richtigen Zeitpunkt des Abbruchs kein Verschulden gegeben wird; ferner wie im obigen **1 b)** dargelegt wird, liegt der Zurechnungsgrund dieses Falles im Veranlassungsprinzip; dieser erste Unterfall nimmt selbstverständlich Abstand vom obigen ersten Fall; schließlich ist die Haftung aus diesem ersten Unterfall in verschuldensunabhängige Haftung einzuordnen. Beim zweiten Unterfall kommt die nicht rechtzeitige Aufklärung des nicht triftigen Grundes infrage; dieser zweite Unterfall wird ebenso unter dem Gesichtspunkt des Umfangs des Schadensersatzes als verschuldensunabhängige Haftung qualifiziert, da sowohl die Aufwendungen, welche zwischen dem Zeitpunkt des Erweckens des Vertrauens und dem Zeitpunkt der tatsächlichen Erteilung der verspäteten Aufklärung gemacht wurden, im Ergebnis als gesamter Schaden anerkannt werden können als auch der Zurechnungsgrund, welcher im Veranlassungsprinzip liegt; im Übrigen ist bloß in theoretischer Hinsicht denkbar, dass der Anspruchsteller diejenigen Aufwendungen getrennt verlangt, die er einerseits im Zeitraum zwischen dem Zeitpunkt des Vertrauenserweckens und dem Zeitpunkt des Entstehens des nicht triftigen Grundes gemacht hat und andererseits im Zeitraum zwischen dem Zeitpunkt des Entstehens des nicht triftigen Grundes und dem Zeitpunkt der tatsächlichen Erteilung der nicht rechtzeitigen Aufklärung desjenigen Grundes gemacht hat.

Im vierten Fall geht es darum, dass der Abbrechende, unabhängig von der Triftigkeit eines Grundes, den Grund nach seinem Entstehen „zu sehr verspätet" aufgeklärt hat und deswegen die wesentlichen Vertragspunkte bereits ausgehandelt wurden; in diesem Fall ist die Haftung ebenfalls als verschuldensunabhängige Haftung zu verstehen, da das Veranlassungsprinzip offensichtlich der Zurechnung zugrunde liegt.

---

849 Hans Stoll, FS v. Caemmerer, S. 435, 449 Fn. 58).

850 Küpper, S. 256.

Im Übrigen hat der Geschäftsherr gemäß § 278 BGB insofern das Verschulden seines Gehilfen zu vertreten, dass er durch seinen Gehilfen die Vertragsverhandlungen mit dem anderen Teil aufgenommen oder geführt hat und später aus Vorsatz oder Fahrlässigkeit des Gehilfen diese Vertragsverhandlungen abgebrochen wurden oder der Abschluss des angestrebten Vertrags verweigert wurde *(also unter Betrachtung des Verschuldensprinzips)*.[851] In diesem Fall kann auch die verschuldensunabhängige Haftung insofern zum Geschäftsherrn gehören, dass sein Gehilfe bei Vertragsverhandlungen im Rahmen seiner Verrichtung den Partner zum Vertrauen auf den Abschluss des anstrebten Vertrags veranlasst hat und später ohne triftigen Grund die Verhandlungen abgebrochen oder den Abschluss des angestrebten Vertrags verweigert hat *(also unter Betrachtung des Veranlassungsprinzips)*. In beiden Fällen muss schließlich unter Betrachtung des bestehenden, vorvertraglichen Schuldverhältnisses das Verhalten des Gehilfen berechtigterweise mit dem Verhalten des Geschäftsherrn gleichgestellt werden.

C. Resümee

Im Fall des Abbruchs von Vertragsverhandlungen handelt es sich um ein rechtsgeschäftsähnliches Schuldverhältnis nach § 311 Abs. 2 Nr. 1 BGB in Verbindung mit § 241 Abs. 2 BGB; um § 311 Abs. 2 Nr. 1 BGB anzuwenden, sind „das Reziprozitätsverhältnis mit dem gegenseitig bedeutsamen Verhalten zwischen den Verhandlungsparteien" und „der gemeinsam verfolgte, konkretisierbare Gegenstand des Vertrags" als die mindestens konkreten Tatsachen oder Mindestmerkmale erforderlich. Unter diesen Mindestmerkmalen können „die tatbestandlichen Voraussetzungen der Haftung" aus dem Abbruch von Vertragsverhandlungen nun geprüft werden.

Um das Vertrauensschuldverhältnis von Vertragsverhandlungen im Sinne des § 311 Abs. 2 Nr. 1 BGB anzuerkennen, muss in der Verhandlungsführung das Vertrauen auf das Zustandekommen des angestrebten Vertrags der einen Partei in zurechenbarer Weise von der anderen Partei zu erwecken sein; wird dasselbe Vertrauensschuldverhältnis vom Vertrauenswerber „ohne triftigen Grund" abgebrochen, so steht der sich daraus ergebende Schadensersatzanspruch dem Vertrauenden zu; aus diesem Grund kann der Begriff des triftigen Grundes als „der nachträglich in Betracht kommende, die Entlastung des Abbrechenden legitimierende Grund" definiert werden; das Verschulden als tatbestandliche Voraussetzung der Haftung richtet sich nach einzelnen Erscheinungsformen des

851 Siehe z. B. BeckOK/Gehrlein/Sutschet BGB § 311 Rn. 110.

Vertrauensverstoßens, und zwar das „dem Vertrauen objektiv entgegenstehende" oder „pflichtwidrige" Verhalten; der Erstere ist an das Fehlen des triftigen Grundes sowie die verschuldensunabhängige Haftung anzuknüpfen; der Letztere ist mit dem schuldhaften Erwecken des Vertrauens oder der Verletzung der rechtzeitigen Aufklärungspflicht verbunden, und dort schließlich die Verschuldenshaftung anzuerkennen. Unter Berücksichtigung des genannten Hintergrundes ist im folgenden **2. Abschnitt** der konkrete Umfang des Schadensersatzes zu ermitteln; der Umfang des Schadensersatzes richtet sich berechtigterweise nach konkretem Inhalt des jeweils voneinander abweichenden Vertrauens, welches sich im Vertrauensschuldverhältnis befindet.

2. Abschnitt: Der Umfang der Schadensersatzhaftung

A. Die Erscheinungsformen des Verhandlungsabbruchs

Wie im **1. Abschnitt B** festgestellt wird, unterscheiden sich beim Abbruch von Vertragsverhandlungen im Sinne des § 311 Abs. 2 Nr. 1 BGB die tatbestandlichen Voraussetzungen der Schadensersatzhaftung je nach einzelnem Fall. Hierbei handelt es sich im Zusammenhang mit der Verletzung jeder Verpflichtung sowie dem Umfang des sich daraus ergebenden Schadensersatzes endgültig um die drei Hauptfälle: *1. Hauptfall*, in dem es um schuldhaftes Erwecken des Vertrauens auf den Vertragsschluss geht („das Vertrauen auf den Abschluss des angestrebten Vertrags" ist im Folgenden einfach als das Vertrauen bezeichnet, soweit kein anderes erwähnt wird), und *2. Hauptfall*, in dem ein Grund des Abbruchs von Vertragsverhandlungen vorliegt, und *3. Hauptfall*, in dem der Abbrechende, unabhängig von der Triftigkeit eines Grundes, den Grund nach seinem Entstehen „zu sehr verspätet" aufgeklärt hat und deswegen die wesentlichen Vertragspunkte bereits ausgehandelt wurden und schließlich der Abschluss des Vertrags eine bloße Formsache darstellt.

In *1. Hauptfall* handelt es sich um das schuldhafte Erwecken des Vertrauens dahin gehend, dass, obgleich der Abbrechende von vornherein gar keinen Abschlusswillen des einschlägigen Vertrags hatte, er durch eine Täuschung (z. B. die lügenhafte Abschlussbereitschaft oder die Erteilung vorgetäuschter Informationen) die Vertragsverhandlung aufgenommen oder den anderen Teil diese Verhandlung aufzunehmen angestiftet hat, und dass er weiterhin die Verhandlung geführt und das Vertrauen aufseiten des anderen Teils erweckt und schließlich gleichwohl die Verhandlung abgebrochen hat.[852] Wenn bei diesem Fall nach schuldhaftem Vertrauenserwecken der angestrebte Vertrag durch weitere Verhandlungen ohne Abbruch zustande kommt, so spielen die soeben vorgelegten Täuschungen freilich gar keine Rolle; andernfalls richten sich die Schadensersatzhaftung und ihr Umfang, wie im **1. Abschnitt B II 3** erwähnt wird, vornehmlich nach der Triftigkeitsentscheidung des Abbruchgrundes (*1. Hauptfall* ist im Folgenden einfach als „*Fall I*" bezeichnet).

---

852 OLG Stuttgart, BB 1989, 1932; BGHZ 76, 343, 349; BGH NJW 1980, 1683; 1996, 1884, 1885; 2013, 928.

2. Hauptfall ist wiederum in zwei Unterfälle einzuteilen:

Im ersten Unterfall ist ein Grund des Verhandlungsabbruchs als „triftig" zu bewerten. Dieser erste Unterfall unterteilt sich zuletzt in zwei kleine Unterfälle; der erste kleine Unterfall, in dem der Abbrechende den triftigen Grund rechtzeitig aufgeklärt hat, und der zweite kleine Unterfall, in dem es darum geht, dass, obgleich ein triftiger Grund bestand, der Abbrechende darüber „nicht rechtzeitig", sprich „verspätet" aufgeklärt hat; beim ersten kleinen Unterfall lässt sich der Abbrechende berechtigterweise entlasten, wohingegen ihm beim zweiten kleinen Unterfall eine Schadensersatzpflicht aufzuerlegen ist; beim zweiten kleinen Unterfall kommen nur diejenigen Aufwendungen in Betracht, zu welchen der Vertrauenswerber wegen seiner nicht rechtzeitigen Aufklärung den Vertrauenden im Zeitraum zwischen dem richtigen Zeitpunkt der Entstehung des triftigen Grundes und dem Zeitpunkt der tatsächlichen Erteilung der Aufklärung des triftigen Grundes veranlasst hat (dieser zweite kleine Unterfall ist im Folgenden einfach als „*Fall II*" bezeichnet).

Im zweiten Unterfall dagegen ist ein Grund des Verhandlungsabbruchs als „nicht triftig" zu bewerten. Dieser zweite Unterfall unterteilt sich ebenfalls zuletzt in zwei kleine Unterfälle; der erste kleine Unterfall, in dem der Abbrechende den nicht triftigen Grund rechtzeitig aufgeklärt hat, und der zweite kleine Unterfall, in dem der Abbrechende den nicht triftigen Grund zugleich „nicht rechtzeitig" aufgeklärt hat; beim ersten kleinen Unterfall verpflichtet sich der Abbrechende zum Ersatz für die Aufwendungen, welche der Vertrauende im Zeitraum zwischen dem richtigen Zeitpunkt des Vertrauenserweckens und dem Zeitpunkt der rechtzeitigen Erteilung der Aufklärung des nicht triftigen Grundes gemacht hat (dieser erste kleine Unterfall ist im Folgenden einfach als „*Fall III*" bezeichnet); beim zweiten kleinen Unterfall verpflichtet sich der Abbrechende zum Ersatz der Aufwendungen, welche der Vertrauende im Zeitraum zwischen dem richtigen Zeitpunkt des Vertrauenserweckens und dem Zeitpunkt der tatsächlichen Erteilung der Aufklärung des nicht triftigen Grundes gemacht hat (dieser zweite kleine Unterfall ist im Folgenden einfach als „*Fall IV*" bezeichnet); wie im **1. Abschnitt B II 3** kurz erwähnt wird, ist es bei *Fall IV* theoretisch denkbar, dass ggf. der Anspruch aus dem Abbruch von Vertragsverhandlungen ohne triftigen Grund und ein solcher aus der Verletzung von rechtzeitigen Aufklärungspflichten teilweise zur Konkurrenz kommt[853]. Schließlich handelt es sich bei *Fall I*, *II*, *III* und *IV*, wie bei der Vertrauenshaftung im Allgemeinen anerkannt wird, um den Ersatz „negativen Interesses".[854]

853 BeckOK/Gehrlein/Sutschet BGB § 311 Rn. 78.

854 Darauf eingehend unter B.

Im *3. Hauptfall* dagegen ist bezüglich der Ersatzhaftung des „positiven Interesses" folgendes zu beachten: In diesem Hauptfall, in dem die wesentlichen Vertragspunkte zwischen dem Vertrauenswerber und dem Vertrauenden bereits im Vorstadium der „tatsächlichen" Erteilung der Aufklärung für einen Grund ausgehandelt werden und der Abschluss des Vertrags nur eine bloße Formsache darstellt, ist es ausschlaggebend, dass die Schadensersatzhaftung im Ergebnis, unabhängig von der Triftigkeitsentscheidung des Grundes, anerkannt werden kann: Dass ein Grund des Abbruchs z. B. rechtzeitig aufgeklärt und bereits als triftig bewertet wurde, bedeutet, dass die wesentlichen Vertragspunkte zu diesem Zeitpunkt noch nicht völlig ausgehandelt wurden; läge die Aushandlung von wesentlichen Vertragspunkten im Vorfeld der Triftigkeitsentscheidung des Grundes vor, so könnte der Grund nicht als triftig bewertet werden, es sei denn, das Interesse des Vertrauenswerbers ist stärker als das Interesse des Vertrauenden an den Anspruch auf Vertragsschluss[855]. Das Gleiche gilt auch, falls der Abbrechende einen Grund, dem später eine Möglichkeit der Triftigkeitsentscheidung gegeben werden könnte, nach seinem Entstehen „zu sehr verspätet" aufgeklärt hat und deswegen die wesentlichen Vertragspunkte inzwischen bereits ausgehandelt wurden und schließlich der Abschluss des Vertrags nur eine bloße Formsache darstellt: Obwohl der Grund später nur unter dem Gesichtspunkt der bloßen Bewertung als triftig anerkannt wird, verpflichtet sich der Abbrechende zum Schadensersatz, soweit ebenfalls sein Interesse nicht stärker als das Vertrauen des Vertrauenden ist. Im *3. Hauptfall* kann insbesondere „in Anlehnung an die Bindung von Parteien im Vorvertragsverhältnis"[856] der Ersatz positiven Interesses in Betracht kommen (*3. Hauptfall* ist im Folgenden einfach als *„Fall V"* bezeichnet).

B. Der Umfang des Schadensersatzes

I. Die Arten und Begriffsbestimmungen des Schadens

Eine Schadensersatzhaftung kann gemäß § 280 Abs. 1 BGB durch die Verletzung einer Pflicht[857] aus dem Schuldverhältnis entstehen. Der Schadensersatzanspruch sowie die Schadensberechnung zielen dabei gemäß § 249 BGB in der Regel auf denjenigen Ausgleich eines Schadens, der grundsätzlich die

855 Dazu siehe B II 3.

856 Dazu siehe B II 3 b).

857 Die Pflicht hier stellt im Zusammenhang mit dem Fall des vorvertraglichen Schuldverhältnisses bekanntermaßen freilich die Rücksichtnahmepflichten dar. BGH ZIP 2011, 2026, Rn. 13.

Herstellung des Zustandes darstellt, der bestehen würde, wenn der zum Ersatz verpflichtende Umstand nicht eingetreten wäre. Dies gilt freilich auch **für die Haftung a**us culpa in contrahendo, die im Rahmen des vorvertraglichen Schuldverhältnisses in Betracht kommt.[858] In der Rechtsprechung und Literatur scheint vornehmlich verstanden zu werden, dass der in § 249 BGB geregelte, zum Ersatz verpflichtende Umstand im Hinblick auf das vorvertragliche Schuldverhältnis endgültig *„zweispuriges Verhalten“*[859], sprich einerseits *„das dem Vertrauen objektiv entgegenstehende Verhalten“*[860] und andererseits *„das pflichtwidrige Verhalten“*[861] darstellt.

Handelt es sich ebenfalls um den Umfang der Schadensersatzhaftung aus culpa in contrahendo, so wird der entsprechende Inhalt eines Anspruchs im Allgemeinen durch die beiden Begriffe, sprich „negatives Interesse *(= Vertrauensinteresse = Vertrauensschaden)*“[862] und „positives Interesse *(= Erfüllungsinteresse*

858 Siehe z. B. Palandt-Grüneberg, § 280 Rn. 8 und Einl. v. § 241 Rn. 4.

859 Beispielsweise siehe Canaris, Vertrauenshaftung, S. 5. Das hier zweispurige Verhalten stellt naturgemäß die Erscheinungsformen der Pflichtverletzung im Sinne des heutigen § 280 Abs. 1 BGB dar, d. h., die Vorschrift des § 280 Abs. 1 BGB hat die Bedeutung des Ausgangspunkts über die Schadensersatzhaftungen aus allen Schuldverhältnissen, dazu siehe MünchKomm-Ernst, 7. Aufl., § 280 Rn. 10 ff., 14 und 92. Wie bereits wiederholt betont wurde, sind im Rahmen des vorliegenden Falles jedoch die konkreten tatbestandlichen Voraussetzungen der Schadensersatzhaftung aus jedem Verhalten jeweils noch zu prüfen.

860 Vgl. BGH LM Nr. 3, 11, 23 und 28 zu § 276 (Fa) BGB; BGHZ 71, 386, 395; 76, 343, 349; Soergel-Wiedemann, Vor § 275 Rn. 136; Häsemeyer, S. 71; hierbei stellt das dem Vertrauen objektiv entgegenstehende Verhalten „an sich“ *kein* vorsätzliches oder fahrlässiges pflichtwidriges Verhalten dar, d. h., solches Verhalten ist an schuldhaftes *Ergebnis* anzuknüpfen, wobei, wie wiederholt betont wurde, die Pflichtverletzung im Sinne des § 280 Abs. 1 BGB in dem Abbruch von Vertragsverhandlungen liegt und der Zurechnungsgrund darin besteht, dass dem Vertrauenswerber die Umstände bewusst sind oder mindestens bewusst sein müssen, dass sein Verhalten den anderen Teil zum Vertrauen auf den Abschluss des angestrebten Vertrags veranlasst.

861 Vgl. BGH WM 1955, 728, 729; NJW 1965, 812, 814; WM 1965, 1115, 1117 f.; WM 1965, 674, 675; WM 1966, 89, 91; VersR 1966, 630, 631; WM 1974, 754, 755. Das hier pflichtwidrige Verhalten stellt dasjenige Verhalten dar, welches, anders als beim Vertrauen objektiv entgegenstehenden Verhalten, zum richtigen Zeitpunkt des Eingriffs in Rechtsgütern des anderen voraussetzt, dass derselbe Eingriff als vorsätzlich oder fahrlässig bewertet wird.

862 Vgl. BGH LM Nr. 3, 11, 23 und 28 zu § 276 (Fa) BGB; BGHZ 71, 386, 395; 76, 343, 349; Häsemeyer, S. 71.

= *Nichterfüllungsschaden)*"[863] umschrieben, und ändert sich je nach dem Fall aufgrund der beiden Begriffe. Hierbei spielt ebenfalls § 249 BGB als allgemeiner Maßstab des Schadensersatzrechts eine Rolle[864]. Nach einem Anteil aus den Rechtsprechungen[865] und Lehren[866] beschränkt sich der Schadensersatzanspruch aus culpa in contrahendo (zwecks des „negativen Vertrauensschutzes"[867]) nur auf den Umfang des negativen Interesses, welches sich ausdrücklich oder stillschweigend an die in §§ 122 und 179 Abs. 2 BGB anerkannte *Vertrauenshaftung*[868] anlehnt; in diesen Fällen ist freilich das endgültige Nichtzustandekommen des angestrebten Vertrags vorauszusetzen. Beim anderen Anteil der Rechtsprechungen[869] und Lehren[870] hingegen, obwohl nur ein Vertrauensschuldverhältnis zwischen den Beteiligten anerkannt wird, ist der Schadensersatzanspruch unter prinzipieller Kausalitätsbetrachtung nach § 249 BGB[871] (zwecks des „positiven

---

863 BGH WM 1955, 728, 729; NJW 1965, 812, 813; WM 1965, 1115, 1117 f.; WM 1965, 674, 675; WM 1966, 89, 91; VersR 1966, 630, 631; WM 1974, 754, 755.

864 Esser/Schmidt, Schuldrecht, § 29 II 6, S. 443; Gottwald, JuS 1982, S. 877, 883; Schmitz, S. 145; RGZ 95, 58, 60 f.; 103, 47, 50 f.; 132, 76, 79; BGH WM 1955, 728, 729; WM 1962, 347, 348; NJW 1972, 822, 824; BGHZ 33, 302, 311; 47, 206, 214; 69, 53, 56; NJW 1981, 1673; 1981, 2050, 2051; 1985, 1769, 1771; ZIP 1988, 505, 508.

865 Siehe etwa RGZ 104, 265, 268; BGH LM Nr. 3, 11, 23 zu § 276 (Fa) BGB; BGHZ 71, 386, 395; 76, 343, 349; LAG Berlin, BB 1978, 1671.

866 Siehe etwa Häsemeyer, S. 71; Bohrer, S. 290 Fn) 230.

867 Diese Formulierung stammt aus Canaris, Vertrauenshaftung, S. 5. Nach seiner Auffassung werde vom „negativen Vertrauensschutz" in demjenigen Fall gesprochen, in welchem dem Vertrauenden ausschließlich ein Anspruch auf Ersatz des „Vertrauensschadens" gewährt wird.

868 Anders als in § 311a BGB, bei dem der Schadensersatz statt der Leistung, sprich positives Interesse anerkannt wird, beschränkte sich vor der Schuldrechtsmodernisierung 2002 die Haftung aus dem unwirksamen Vertrag gemäß §§ 307 und 309 BGB a. F. nur auf negatives Interesse, das nicht über den Umfang des positiven Interesses hinausgeht.

869 Siehe etwa RGZ 95, 58, 60; 97, 336, 339; 103, 47, 50 f.; 132, 76, 80; 147, 103, 110; 159, 33, 57; BGH WM 1955, 728, 729; NJW 1965, 812, 814; WM 1965, 1115, 1117 f.; WM 1965, 674, 675; WM 1966, 89, 91; VersR 1966, 630, 631; WM 1974, 754, 755; BAG AP Nr. 4 zu § 35 AVAVG=MDR 1969, 876.

870 Siehe etwa Blomeyer, § 33 III 2 a, S. 197; Gottwald, JuS 1982, S. 877, 884; Larenz, Schuldrecht I, S. 113.

871 Siehe RGZ 95, 58, 60 f.; 103, 47, 50 f.; 132, 76, 79; BGH WM 1955, 728, 729; WM 1962, 347, 348; NJW 1972, 822, 824; BGHZ 33, 302, 311; 47, 206, 214; 69, 53, 56; NJW 1981, 1673; 1981, 2050, 2051; 1985, 1769, 1771; ZIP 1988, 505, 508.

Vertrauensschutzes"[872]) im Rahmen des positiven Interesses anzuerkennen[873]; hier soll folglich selbstverständlich und notwendigerweise vorausgesetzt werden, dass der angestrebte Vertrag ohne den zum Ersatz verpflichtenden Umstand wirksam zustande gekommen wäre.[874] Im Zusammenhang mit dem Umfang des Schadensersatzes ist es problematisch, was unter dem Begriff des negativen Interesses und positiven Interesses als „Inhalte eines Schadensersatzanspruchs" jeweils im Rahmen des ganzen Schadensersatzrechts grundsätzlich verstanden werden kann.

Unter dem Gesichtspunkt einer reinen Auslegung des § 249 BGB über den Grundsatz der Naturalrestitution soll erst das negative Interesse an das endgültige Nichtzustandekommen eines Vertrags und das positive Interesse dagegen mindestens an das wirksame Zustandekommen eines Vertrags angeknüpft werden. Der dogmatische Grund dafür liegt wie folgt vor: Das negative Interesse, welches in der Rechtsprechung und Literatur auch als Vertrauensinteresse oder Vertrauensschaden beschrieben wird, beruht wie z. B. die Schadensersatzpflicht im Sinne von §§ 122 und 179 Abs.2 BGB, allein auf dem sich vor dem wirksamen Zustandekommen eines Vertrags bereits befundenen Vertrauen. Deshalb stellt der Gegenstand der Einstandspflicht, die auf solchem Vertrauen beruht, im Allgemeinen die Aufwendungen dar; das positive Interesse, das in der Rechtsprechung und Literatur als gleichbedeutend mit dem Begriff des Erfüllungsinteresses oder Nichterfüllungsschadens verstanden wird, kann im Gegensatz mindestens ab dem richtigen Zeitpunkt eines Vertragsabschlusses, aufgrund von den sich daraus ergebenden Rechten und Pflichten, nun erst in Betracht kommen.

Somit kann im ganzen Schadensersatzrecht begrifflich „nach dem Maßstab desjenigen Zustandes, der ohne ‚dem Vertrauen objektiv entgegenstehendes' oder ‚pflichtwidriges' Verhalten bestehen würde", das negative Interesse als dasjenige bestimmt werden, welches die weiter bestehende, eigentliche Vermögenslage aufseiten des Geschädigten ist, die ihm nicht entgangen wäre, wenn er sich

---

872 Diese Formulierung stammt aus Canaris, Vertrauenshaftung, S. 5. Nach seiner Ansicht werde vom positiven Vertrauensschutz in demjenigen Fall gesprochen, in dem der Vertrauende einen Anspruch auf „Vertrauensentsprechen" erhält.

873 Dabei ist ggf. das Erfüllungsinteresse ausdrücklich zu erwähnen. Teilweise wird auch vom negativen Interesse gesprochen, durch dessen Ersatz das positive Interesse gedeckt wird. Zum Ersteren siehe z. B. BGH NJW 1965, 812, 813; WM 1974, 754, 755, und zum Letzteren siehe BGH WM 1955, 728, 729; BGHZ 49, 77, 83.

874 Siehe Blomeyer, § 33 III 2 a, S. 197; Gottwald, JuS 1982, S. 877, 884; Larenz, Schuldrecht I, S. 113.

nicht auf den Vertrag oder die Vertragsverhandlungen eingelassen hätte[875], und das positive Interesse als dasjenige, welches der Geschädigte durch den wirksamen Vertragsschluss sowie dessen vereinbarungsmäßige Durchführung hätte gewinnen können[876]. Unter diesen Begriffsbestimmungen des negativen und positiven Interesses ist die Schadensberechnung nach § 249 BGB im Fall des Abbruchs von Vertragsverhandlungen vorzunehmen.

II. Der Ersatz des negativen und positiven Interesses

1. Einführung

Die Schadensersatzhaftung aus culpa in contrahendo ergibt sich aus dem Vertrauensschuldverhältnis unter dem Vertrauensgedanken: Im Rahmen desselben Vertrauensschuldverhältnisses dürfen die Verhandlungsparteien darauf vertrauen, dass in der Verhandlungsführung ohne „objektiv vertrauensentgegenstehendes oder pflichtwidriges Verhalten" des Partners der Status quo des eigenen Vermögens fortzuerhalten ist oder die Vertragsverhandlung wirksam zum Abschluss des angestrebten Vertrags kommen wird; wenn sich ein solches Vertrauen nicht endgültig forterhalten kann oder nicht völlig entsprochen wird, entsteht die Vertrauenshaftung.[877] Bei einer Vertrauenshaftung stellt der herzustellende Zustand im Sinne des § 249 BGB im Ergebnis das „Vertrauensforterhalten" oder die „völlige Vertrauensentsprechung" dar.[878] Dies zeigt klar, dass, obgleich das Vertrauensschuldverhältnis selbstverständlich durch den Vertrauenstatbestand entsteht, nach der Entstehung dieses Schuldverhältnisses das Vertrauensforterhalten oder die völlige Vertrauensentsprechung wiederum von den verschiedenen Inhalten desselben Vertrauens abhängig ist.[879] Unter dieser prinzipiellen Vorstellung können in Bezug auf den Abbruch von Vertragsverhandlungen im Sinne des § 311 Abs. 2 Nr. 1 BGB, nach reiner Auslegung des § 249 BGB, die zwei Ansprüche als Inhalt der Haftung in Betracht kommen: „Erster Anspruch" auf

---

875 Siehe etwa Küpper, S. 263. In diesem Sinne nimmt der Begriff des negativen Interesses Abstand von solchem des Erhaltungs- oder Integritätsinteresses, zu einschlägigen Fallgruppen siehe 2. Teil 2. Abschnitt B II.

876 Siehe etwa Küpper, S. 263.

877 Der Zurechnungsgrund der Haftung aus objektiv dem Vertrauen entgegenstehenden Verhalten unterscheidet sich offensichtlich von solchem der Haftung aus dem pflichtwidrigen Verhalten; der Erstere liegt in dem Veranlassungsprinzip, der Letztere liegt hingegen in dem Verschuldensprinzip.

878 Siehe Canaris, Vertrauenshaftung, S. 6 f.

879 Darauf eingehend unter 3 a).

negatives Interesse, der sich daraus ergibt, weil die Aufwendungen, die nach dem Erwecken des Vertrauens gemacht wurden, wegen des endgültigen Abbruchs von Verhandlungen entbehrlich geworden sind; „zweiter Anspruch" auf positives Interesse, der **über** den ersten Anspruch hinausgeht und zugleich nur dann anerkannt werden kann, wenn das Interesse des Vertrauenden an den Abschlussanspruch, dem die stärkere Vertrauensbindung zugrunde liegt, den Vorzug vor dem Interesse des Abbrechenden an den Verhandlungsabbruch hat. Nach der Fallunterteilung, die im obigen **A** durchgesetzt wurde, ist der erste Anspruch angemessen an *Fall I, II, III* und *IV* anzuknüpfen, aber auch der zweite Anspruch an *Fall V*; wie oben erwähnt wurde, ist insbesondere in *Fall IV* denkbar, dass theoretisch ggf. der Anspruch aus dem objektiv vertrauensentgegenstehenden Verhalten *(= dem Abbruch von Vertragsverhandlungen ohne triftigen Grund)* und solcher aus dem pflichtwidrigen Verhalten *(= der Verletzung von rechtzeitigen Aufklärungspflichten)* teilweise zur Konkurrenz führt[880]; trotzdem kommt *Fall IV* in folgender Darlegung allein unter dem Gesichtspunkt des ersten Anspruchs in Betracht, da dies hauptsächlich in Bezug auf den Umfang des Schadensersatzes dem Geschädigten genügt. Bei zweitem Anspruch muss beachtet werden: Um den Anspruch auf negatives Interesse als solchen auf positives Interesse zu erstrecken, ist aufseiten des Geschädigten neben dem objektiv vertrauensentgegenstehenden oder pflichtwidrigen Verhalten des Schädigers auch „ein besonderer Umstand" erforderlich; denn die Haftung für negatives Interesse zielt im Allgemeinen auf den Ersatz von entbehrlich gewesenen Aufwendungen ab und ihr kann insofern zugestimmt werden. Die Schwierigkeit liegt jedoch in *Fall V*; denn unter dem Gesichtspunkt einer reinen Auslegung des § 249 BGB muss die Verpflichtung zum Ersatz positiven Interesses richtig den Anspruch auf Abschluss des angestrebten Vertrags voraussetzen; solcher Anspruch muss jedoch dem Grundsatz der negativen Abschlussfreiheit unterliegen.[881]

2. Der Ersatz des negativen Interesses

a) Schuldhaftes Erwecken des Vertrauens

Im Zusammenhang mit dem Ersatz des negativen Interesses kommt nach der oben in **A** durchgesetzten Fallunterteilung zunächst der *Fall I* in Betracht: In diesem Fall ist hauptsächlich ausschlaggebend, dass das auszugleichende und zum Ersatz verpflichtende Interesse diejenigen Aufwendungen darstellt, die erst nach

---

880 Siehe z. B. BeckOK/Gehrlein/Sutschet BGB § 311 Rn. 78.

881 Zur negativen Abschlussfreiheit siehe 1. Teil 2. Abschnitt C I.

dem Erwecken des Vertrauens gemacht wurden[882]; demgegenüber ist zu verstehen, dass der Vertrauende, wenn auch der Vertrauenswerber von vornherein gar keinen Abschlusswillen hatte, das Risiko von denjenigen Aufwendungen, die vor schuldhaftem Vertrauenserwecken zu tätigen waren, eigenverantwortlich trug; denn als rechtlich-erheblich gilt allein derjenige Schaden, welcher durch die Verletzung der Verhaltenspflichten verursacht wurde, den Wegfall des Zwecks von Aufwendungen abzuwenden[883]; solcher Zweck an sich kann erst nach dem Erwecken des Vertrauens anerkannt werden. *Ferner* ist die Ersatzpflicht freilich dann sinnlos, wenn der angestrebte Vertrag, auch wenn das Vertrauen schuldhaft zu erwecken war, durch weitere Verhandlung zustande kommt; denn gemäß § 116 Abs. 1 BGB kann der Vertrauenswerber die Nichtigkeit seiner Willenserklärung nicht deshalb geltend machen, weil er sich insgeheim vorbehält, dass er keinen Vertrag abschließen will. Insofern wird der Geschädigte in diesem Fall „bei dem Ersteren" nach der Lösungsweise jedes folgenden *Falls II, III* und *IV* den Ersatzanspruch auf die entbehrlich gewordenen Aufwendungen, und „bei dem Letzteren" unter Bezugnahme auf § 116 Abs. 1 BGB sowie die Lösungsweise des folgenden *Falls V* den Anspruch auf Vertragsschluss geltend machen.

b) Das Bestehen eines Grundes vom Verhandlungsabbruch

Bei dem Bestehen des „triftigen Grundes" handelt es sich um *Fall II*; in diesem Fall liegt nur die Verletzung der rechtzeitigen Aufklärungspflicht als pflichtwidriges Verhalten vor. Hierbei soll zu akzeptieren sein, dass das dort rechtlich schutzwürdige Vertrauen des Geschädigten, weil er wegen verspäteter Erteilung der Aufklärung eines triftigen Grundes nach dem Zeitpunkt des Entstehens des triftigen Grundes ohne Verhandlungsabbruch noch tatsächlich das Vertrauen hatte *(= das noch Bestehen des Vertrauensschuldverhältnisses)*, im Hinblick auf den Schadensersatz denjenigen Inhalt hat, in dem es um das Forterhalten des Status quo seines Vermögens geht, soweit kein besonderer Umstand vorliegt. Demzufolge lässt sich der Abbrechende aufgrund des Bestehens eines triftigen Grundes aus der Ersatzhaftung derjenigen Aufwendungen entlassen, die der Vertrauende im Zeitraum zwischen dem Zeitpunkt des Erweckens des Vertrauens und dem richtigen Zeitpunkt der Entstehung des triftigen Grundes gemacht hat; der Schädiger hat jedoch gemäß § 249 Abs. 1 BGB den Zustand des Geschädigten herzustellen, der dann bestehen würde, wenn er ohne Verspätung die Aufklärung für den triftigen Grund erteilt hätte. Aus diesem Grund steht

882 Siehe beispielsweise BGH WM 1962, 936; WM 1967, 1010, 1012.
883 Siehe Küpper, S. 274 f.

bei *Fall I* dem Geschädigten der Anspruch auf negatives Interesse zu[884]; der Geschädigte kann nur diejenigen Aufwendungen geltend machen, die von ihm im Zeitraum zwischen dem richtigen Zeitpunkt der Entstehung des triftigen Grundes und dem Zeitpunkt der verspäteten, tatsächlichen Erteilung der Aufklärung des triftigen Grundes gemacht wurden und gleichwohl im Ergebnis entbehrlich geworden sind.

Bei dem Fehlen des triftigen Grundes handelt es sich um *Fall III* und *IV*: In beiden Fällen wird anerkannt, dass „im Hinblick auf den Umfang des Schadensersatzes" keine Verletzung der rechtzeitigen Aufklärungspflicht als pflichtwidriges Verhalten in Betracht kommt oder kommen kann[885], sondern nur der objektive Bruch des Vertrauens als Folge des dem Vertrauen objektiv entgegenstehenden Verhaltens ausschlaggebend ist: In beiden Fällen soll ebenfalls auszulegen sein, dass sich dort das besonders rechtlich schutzwürdige Vertrauen noch nicht auf positives Erlangen des Interesses richtet, sondern nur auf das Forterhalten des Status quo vom Vermögen, soweit kein besonderer Umstand vorliegt; somit besteht allein wegen zeitlicher Distanz zwischen beiden Fällen ein differenzieller Ersatzumfang von beiden Ansprüchen. Schließlich kann in beiden Fällen der Anspruchsteller den Ersatz derjenigen Aufwendungen verlangen, die er im Zeitraum zwischen dem richtigen Zeitpunkt des Erweckens des Vertrauens und dem Zeitpunkt der tatsächlichen Erteilung der Aufklärung des nicht triftigen Grundes gemacht hat.

3. *Der Ersatz des positiven Interesses*

a) *Exzeptionelle Anerkennung des Anspruchs auf Vertragsschluss*

Wie oben in *Fall I, II, III* und *IV* festgestellt wird, kommt im Fall des Abbruchs von Vertragsverhandlungen grundsätzlich der Ersatzanspruch auf negatives Interesse in Betracht; nach einer Analyse[886] nehmen die überwiegenden Rechtsprechungen und Literaturen ebenfalls bei vorliegendem Fall, anders als bei anderen Fälle der culpa in contrahendo, Abstand von einer reinen Auslegung des § 249 BGB: Obwohl bei vorliegendem Fall, genauso wie in anderen Fällen, „ohne zum Ersatz verpflichtenden Umstand" der angestrebte Vertrag wirksam hätte zustande kommen können, lehnen sie in diesem Fall grundsätzlich den Anspruch

884 Siehe z. B. BGH WM 1955, 728, 729; NJW 1984, 866, 869; WM 1962, 347, 348=VersR 1962, 562; WM 1968, 531; WM 1984, 205, 206; NJW 1973, 1455, 1456.

885 Siehe A.

886 Küpper, S. 265.

auf Vertragsschluss des Geschädigten ab[887]; dies ist unter Betrachtung des § 154 Abs. 1 BGB und der negativen Vertragsfreiheit grundsätzlich angemessen.

Die in dieser Arbeit interessierende Schadensersatzhaftung gilt erst nur im Rahmen von Schranken der Vertragsfreiheit[888]; die Ausübung der Vertragsfreiheit des einen Teils darf nicht in die Rechtsgüter des anderen Teils eingreifen; wenn sich durch den Eingriff ein Schaden verursachen lässt, so verpflichtet sich der Schädiger zum Ersatz des Schadens; im Rahmen des Vertrauensschuldverhältnisses im Sinne des § 311 Abs. 2 Nr. 1 BGB können als Arten des zum Ersatz verpflichteten Schadens hauptsächlich, wie in **A II** begrifflich bestimmt wird, das negative und positive Interesse in Betracht kommen; der Anspruch auf positives Interesse setzt freilich unter dem dogmatischen Gesichtspunkt den Abschlussanspruch auf den angestrebten Vertrag voraus; schließlich kommt infrage, ob zum Zeitpunkt des Abbruchs von Verhandlungen dem Geschädigten der Abschlussanspruch zustehen kann. Im Fall des Abbruchs von Vertragsverhandlungen ohne triftigen Grund sind jedoch anders als andere Fälle der culpa in contrahendo, trotz des Gesichtspunkts einer reinen Auslegung des § 249 BGB, solcher Abschlussanspruch des Geschädigten sowie der Ersatz des Erfüllungsinteresses in Geld grundsätzlich auszuschließen; denn im vorvertraglichen Stadium soll anzuerkennen sein, dass sog. „negative Vertragsfreiheit" prinzipiell noch den Vorrang vor solchem Anspruch hat und der Ersatz des negativen Interesses insofern genügend dem Ausgleich des Schadens entspricht, es sei denn, ein besonderer Umstand besteht, den Abschlussanspruch anerkennen und legitimieren zu können.

In *Fall I*, *II*, *III* und *IV* als überwiegende Fälle über den Abbruch von Vertragsverhandlungen beschränkt sich der Umfang des Schadensersatzes auf negatives Interesse als Aufwendungen, weil in diesen Fällen ausgelegt sein soll, dass der Inhalt des Vertrauens, welcher sich dort durch das objektiv vertrauensentgegenstehende oder pflichtwidrige Verhalten eingreifen lässt, auch das Forterhalten von dem Status quo des eigenen Vermögens, aber nicht das positive Erlangen eines vertraglich angestrebten Interesses darstellt. Verstanden werden kann diese Vorstellung in Anlehnung an den Grundgedanken *Jherings* dahin gehend, dass das endgültige Nichtzustandekommen eines Vertrags nur für den Anspruch auf Leistungspflicht gilt und demnach die sonstigen, vertraglichen Pflichten nach

887 Dazu siehe z. B. BGH WM 1956, 1518, 1520; WM 1973, 67, 68 und 69; WM 1981, 787, 788; BGHZ 71, 386, 395; 76, 343, 349.

888 Dazu siehe 1. Teil 2. Abschnitt D.

wie vor wirksam sind[889]; d. h., die vorvertraglichen Pflichten entstehen bereits durch eine Vertragsanbahnung und „ab dem Zeitpunkt solcher Entstehung“ befinden sich diese Pflichten selbstständig. Dieser Grundgedanke an die Haftung aus culpa in contrahendo *Jherings* spielt auch für den vorliegenden Fall eine gleichbedeutsame Rolle; obwohl im vorliegenden Fall das in Anspruch genommene und gewährte, subjektive Vertrauen auf den Vertragsschluss berechtigterweise die Vertrauensbindung zwischen den Beteiligten zugrunde liegt, stellt dieses Vertrauen nur den Tatbestand desselben Vertrauensschuldverhältnisses dar, d. h., solches Vertrauen ist an sich kein Anspruch auf Vertragsschluss. Ab dem Zeitpunkt der Entstehung dieses Vertrauensschuldverhältnisses befinden sich folglich je nach unterschiedlicher Zielrichtung des im solchen Schuldverhältnis vorhandenen Vertrauens selbstständig bereits die verschiedenen, besonders rechtlich schutzwürdigen Inhalte des Vertrauens; hierbei bleiben solche Inhalte im Allgemeinen noch außerhalb des Abschlussanspruchs bestehen, *es sei denn*, die Stärke der Vertrauensbindung ist im BGB beispielsweise mindestens der Bindung aus einem Vorvertragsverhältnis fast gleich. Der Erstere stellt das Vertrauen basierend auf das Forterhalten vom Status quo des eigenen Vermögens als solches dar; der letztere Umstand stellt den Legitimationsgrund des Anspruchs auf Vertragsschluss dar und hierbei kann die „Aushandlung von wesentlichen Vertragspunkten *(Fall V)*“ als solcher in Betracht kommen.

b) Die Aushandlung der wesentlichen Vertragspunkte

i) Die Bedeutung „aller Punkte“ im Sinne des § 154 Abs. 1 BGB

Einer Auffassung nach sei ein Vertrauen im Fall des Abbruchs von Vertragsverhandlungen, unter Voraussetzung, dass die Bedeutung „aller wesentlichen Punkte“ eines Vertrags von solcher der „sämtlichen Punkte“[890] eines Vertrags Abstand nimmt, nur insofern als Vertrauenstatbestand zu qualifizieren, soweit „alle wesentlichen Punkte über den angestrebten Vertrag“ ausgehandelt werden; infolgedessen komme bei dieser Auffassung erst ab dem richtigen Zeitpunkt der Schadensersatzanspruch in Betracht.[891] Dieser Auffassung ist jedoch aus folgenden Gründen nicht zuzustimmen:

---

889 Zum Grundgedanken Jherings über das Rechtsinstitut der culpa in contrahendo siehe 2. Teil 2. Abschnitt B I.

890 Emmerich, § 7 Rn. 69.

891 Siehe Kakatsakis, S. 102 f. und Fn. 398) und zum Teil Soergel-Wiedemann, Vor § 275 Rn. 136.

Anzuknüpfen ist erst der Regelungsbereich nach § 241 Abs. 2 BGB in Verbindung mit § 311 Abs. 2 BGB und §§ 276, 280 Abs. 1 und 249 BGB „zuallererst" nicht an die Frage, ob ein Vertrag wirksam und endgültig zustande kommt, sondern an die Frage, ob im vorvertraglichen Stadium ein Schadensersatzanspruch aufseiten des Geschädigten anerkannt werden kann; in diesem Regelungsbereich kann der Anspruch auf Abschluss eines Vertrags nur „ausnahmsweise" in Betracht kommen und anerkannt werden.

Im Zusammenhang mit dem Zustandekommen eines Vertrags kann in der Regel die Formulierung von „allen wesentlichen Punkten" zumindest insofern direkt an die Entstehung des Vertrags anzuknüpfen sein, soweit diese durch die übereinstimmenden Rechtsfolgewillen von Verhandlungsparteien ausgehandelt werden; dort ist der Abschluss eines Vertrags allein als Formsache ausstehend[892]; bei der oben erwähnten Auffassung steht ebenfalls die Feststellung von „allen wesentlichen Punkten des zu schließenden Vertrages" dem Status quo gleich, in welchem die Verhandlungen zwischen den Beteiligten nicht mehr weiter ausgeführt werden müssen und „Unsinn" darstellen[893]; insofern führt die Feststellung von allen wesentlichen Punkten aufgrund der übereinstimmenden Rechtsfolgewillen zwischen den Verhandlungsparteien eines Vertrags „zuallererst" dazu, dass die Frage, ob der Vertrag wirksam und endgültig zustande kommt, den Vorrang vor der Frage hat, ob im vorvertraglichen Stadium ein Schadensersatzanspruch aus dem Abbruch von Vertragsverhandlungen anerkannt werden kann; insofern ist der vorliegende Fall paradoxerweise in erster Linie nicht an den Regelungsbereich von § 241 Abs. 2 BGB in Verbindung mit § 311 Abs. 2 BGB anzuknüpfen, sondern an solchen des § 154 BGB.

Schließlich ist die oben erwähnte Auffassung mindestens im Rahmen des Nichtabschlusses eines Vertrags und vor allem unter Betrachtung von Inhalten der Pflichten *(= Schutzpflichten = Rücksichtnahmepflichten)* aus § 241 Abs. 2 BGB in Verbindung mit § 311 Abs. 2 BGB sowie dem Regelungs- und Schutzbereich dieser Vorschriften nicht logisch, es sei denn, die Bedeutung von „allen Punkten" im Sinne des § 154 Abs. 1 BGB darf nicht solcher von „allen wesentlichen Punkten" gleichstehen; denn soweit erstens „alle Punkte" im Sinne des § 154 Abs. 1 BGB in der Regel „allen wesentlichen Punkten" gleichstehen und zweitens nach der oben erwähnten Auffassung die Aushandlung aller wesentlichen Punkte allein als einziger Maßstab für die Qualifizierbarkeit eines Vertrauens zum Tatbestand

892 Staudinger-Bork, § 154 Rn. 1 ff.; BeckOK/Gehrlein/Sutschet BGB § 154 Rn. 1 f.; gleichbedeutend Palandt-Ellenberger, § 154 Rn. 2; MünchKomm-Busche, 7. Aufl., § 154 Rn. 3.

893 Siehe Kakatsakis, S. 102 f.

des Vertrauensschuldverhältnisses im vorliegenden Fall akzeptiert wird, besteht noch die Möglichkeit, dass sogar dann kein Schadensersatzanspruch anerkannt werden kann, auch „wenn sich die Parteien von Verhandlungen trotz der noch offenen Punkte erkennbar vertraglich binden wollen und sich die bestehende Vertragslücke ausfüllen lässt“[894]; dort kann jedoch vielmehr nicht nur der Anspruch auf negatives Interesse beim Urteil des Nichtabschlusses eines Vertrags anerkannt werden, sondern auch der Anspruch auf Erfüllung der Leistung und demnach auf positives Interesse *(= Erfüllungsinteresse)* beim Urteil des Zustandekommens eines Vertrags[895].

Somit muss auszulegen sein, dass „alle Punkte“ eines Vertrags im Sinne des § 154 Abs. 1 BGB berechtigterweise allen wesentlichen Punkten eines Vertrags gleichstehen; ferner muss aus diesem Grund nur die Aushandlung aller wesentlichen Vertragspunkte nicht als einziger Maßstab für die Qualifizierbarkeit eines Vertrauens zum Tatbestand des Vertrauensschuldverhältnisses aus Vertragsverhandlungen anerkannt werden.

ii) Die Entscheidung aller wesentlichen Vertragspunkte

In *Fall V* kann ein Anspruch auf Vertragsschluss ausnahmsweise anerkannt werden; hierbei muss jedoch vorausgesetzt werden, dass alle wesentlichen Punkte über den angestrebten Vertrag bereits durch die übereinstimmenden Rechtsfolgewillen von Verhandlungsparteien ausgehandelt wurden und die endgültige Vereinbarung des Abschlusses zum richtigen Zeitpunkt des Abbruchs von Verhandlungen nur als Formsache ausstehend ist[896]; denn vor endgültigem Abschluss eines Vertrags bleiben die Möglichkeiten noch offen, in denen durch weitere Verhandlungsführung jedes Interesse wiederum ausgeglichen oder das

---

894 Diese Formulierung stammt aus Palandt-Ellenberger, § 154 Rn. 2.

895 Siehe z. B. BGH NJW 1997, 2671 und 1990, 1234; hierbei kann ohne Zweifel anerkannt werden, dass beim Urteil des Nichtabschlusses des angestrebten Vertrags trotz der noch offenen Vertragspunkte das Vertrauen auf den Abschluss desselben Vertrags bereits aufseiten des Anspruchstellers berechtigterweise erweckt wurde. Ferner siehe BGH NJW 1970, 1840, 1841: „Dass die Parteien sich noch nicht über alle Einzelheiten des abzuschließenden Vertrags geeinigt hatten, steht für sich allein der Schadensersatzpflicht nicht entgegen“; bei dieser Rechtsprechung sind „alle Einzelheiten des abzuschließenden Vertrags“ nach allgemeinem Verständnis als „alle wesentlichen Punkte“ des angestrebten Vertrags anzusehen. Siehe ebenfalls BGH NJW 1961, 169; bei dieser Rechtsprechung ist trotz der Vorlage des „Mustermietvertrags mit unklaren Inhalten“ die Schadensersatzpflicht des Vertrauenswerbers unter Betrachtung von einzelnen und konkreten Konstellationen anzuerkennen.

896 Küpper, S. 268 f.

Erfüllungsinteresse noch ausreichender konkretisiert wird oder wegen des Misserfolgs vom Interessenausgleich der angestrebte Vertrag zuletzt nicht zustande kommen kann.[897] Der Abschlussanspruch kann somit nur unter der Bestimmbarkeit[898] von allen wesentlichen Vertragspunkten sowie dem Ausstehen der endgültigen Vereinbarung als bloße Formsache anerkannt werden; insofern liegt der entscheidende Grund vornehmlich darin, weil anerkannt werden muss, dass unter dem Gesichtspunkt der Abwägung von Interessen mindestens in diesem Fall das Interesse des Vertrauenden an den Abschlussanspruch, dem die stärkere Vertrauensbindung zugrunde liegt, den Vorzug vor dem Interesse des Abbrechenden an den Verhandlungsabbruch hat. Diese Vorstellung geht davon aus, dass die in *Fall V* besonders vorhandene, stärkere Vertrauensbindung von Beteiligten theoretisch ganz der Bindung von Parteien in einem exzeptionellen Vorvertragsverhältnis ähnelt:

Eine Verpflichtung zum Abschluss späteren Hauptvertrags lässt sich bekanntermaßen durch den Vorvertrag begründen[899]; insofern kann der Kläger im Prozess den Anspruch auf Abschluss des Hauptvertrags geltend machen. Daher ist erst zu verstehen, dass die rechtliche Eigenschaft des Vorvertrags unter dem Grundsatz der Vertragsfreiheit[900] den vertraglichen Kontrahierungszwang darstellt[901]. Da der Vorvertrag ein Vertrag ist, wird grundsätzlich eine dafür wirksame, ausdrückliche Abschlussvereinbarung zwischen den Beteiligten vorausgesetzt, sodass ein Vorvertragsverhältnis und der sich daraus ergebende Anspruch auf Hauptvertragsschluss anerkannt werden. Trotzdem wird von den ganz herrschenden Meinungen akzeptiert, dass die mögliche Grenze eines Vorvertragsschlusses breiter als solche eines Hauptvertragsschlusses ist[902]; im Ergebnis kann ein wirksamer Vorvertrag insofern anerkannt werden, soweit alle wesentlichen Punkte eines „Hauptvertrags" bereits durch die Verhandlungen von Parteien als geeignet gesehen wurden und demnach der Inhalt des zustande kommenden Hauptvertrags mindestens „richterlich"[903] bestimmbar ist[904]; dort spielt die

---

897 Siehe etwa Küpper, S. 269.

898 Vgl. BGH NJW 1990, 1234; NJW-RR 1993, 139; BFH NJW 1984, 1655.

899 Vgl. BGH 102, 384, 388; Palandt-Ellenberger, Einf. v. § 145 Rn. 19.

900 Palandt-Ellenberger, Einf. v. § 145 Rn. 19.

901 Palandt-Ellenberger, Einf. v. § 145 Rn. 19.

902 BGH LM Nr. 3 zu § 705 BGB; WM 1956, 1518, 1520; LM Nr. 4 zu § 154 BGB; WM 1961, 1052; WM 1961, 1053, 1054; WM 1962, 114, 115; WM 1966, 89, 90; BGHZ 97, 147, 154; NJW 1986, 2822, 2823; NJW 1986, 2820; Henrich, S. 119 ff.

903 Küpper, S. 158.

904 Vgl. BGH NJW 1990, 1234; NJW-RR 1993, 139; BFH NJW 1984, 1655.

richterliche Auslegung im Prozess nur eine ergänzende Rolle[905] der fehlenden, endgültigen Vereinbarung als bloße Formsache für den Vorvertragsschluss.

Dieser soeben festgestellte, maßgebende Charakter des Vorvertrags zeigt vor allem, dass die Bindung aus dem Vorvertragsverhältnis ganz der Vertrauensbindung aus der Aushandlung von allen wesentlichen Vertragspunkten ähnelt; denn im Rahmen desselben Verhandlungsverhältnisses ist selbstverständlich vorauszusetzen, dass vor der tatsächlichen Erteilung der Aufklärung eines Abbruchgrundes von Verhandlungen bereits alle wesentlichen Punkte des angestrebten Vertrags ausgehandelt wurden und die Einigung des Abschlusses nur als bloße Formsache ausstehend ist. Insofern soll „das Interesse des Vertrauenden an den Abschlussanspruch auf angestrebten Vertrag“ berechtigterweise den Vorzug zumindest vor „dem Interesse desjenigen Abbrechenden an den Verhandlungsabbruch“ haben, der, wer von vornherein gar keinen Abschlusswillen hatte, ohne Korrektur aufseiten des anderen Teils das Vertrauen erweckte und weiterhin die Verhandlung führte und endlich diese Verhandlung die „Abschlussreife“ erreichen ließ *(Fall I)* oder nun erst nach der Aushandlung von allen wesentlichen Vertragspunkten die Aufklärung für einen Abbruchgrund von Verhandlungen tatsächlich erteilte *(Fall II, III und IV)*. Somit kann der Anspruch auf Vertragsschluss unter dem Gesichtspunkt dieser Abwägung von Interessen anerkannt werden.

III. Das Verhältnis des negativen Interesses zum positiven Interesse

Im Zusammenhang mit dem Umfang des Schadensersatzes aus dem Abbruch von Vertragsverhandlungen kommt das Verhältnis des negativen Interesses zum positiven Interesse infrage, und zwar die Beschränkungsmöglichkeit des Ersatzumfangs von negativem Interesse durch solchen des positiven Interesses; diese Frage kann im Allgemeinen nach demjenigen Grundsatz zu beantworten sein, dass der Anspruchsteller keine vermögensmäßig bessere Stellung geltend machen kann, als wenn er in Anlehnung daran das positive Interesse erhalten könnte, falls angestrebter Vertrag „ohne den zum Ersatz verpflichtenden Umstand“ zustande gekommen wäre[906]; denn in diesem Fall tritt der Anspruch auf Schadensersatz richtig an die Stelle des nicht zustande gekommenen Vertrags[907]. Unter dieser grundsätzlichen Betrachtung kann je nach einzelnem Fall davon gesprochen werden, ob sich der

905 Vgl. WM 1976, 180, 181; Larenz, Schuldrecht I, S. 86 f.

906 Vgl. BGHZ 49, 77, 82 f.; Esser/Schmidt, Schuldrecht, § 29 II 6, S. 443.

907 Vgl. BGH WM 1962, 347, 349; NJW 1983, 442, 444; BGHZ 99, 182, 201; Blomeyer, § 33 III 2 c, S. 197 f.; Gottwald, JuS 1982, S. 877, 884; Reinicke, S. 124 f.; Schmitz, S. 170 f.; Soegel-Wiedemann, Vor § 275 BGB Rn. 105.

Umfang des negativen Interesses auf solchen des positiven Interesses beschränkt; hierbei genügt es, dass man zur Lösung des *Fall I*, wie bereits festgelegt wurde, angemessen der Lösungsweise des folgenden *Fall II*, *III*, *IV* und *V* folgt.

Bei *Fall II* ist lediglich die Verletzung der rechtzeitigen Aufklärungspflicht problematisch: Dabei ist der Ersatzanspruch des Geschädigten zunächst an den Ausgleich der gescheiterten Informationserwartung anzuknüpfen[908], der sich nur in dem Umfang findet, in dem die Aufwendungen bei rechtzeitiger Erteilung der Aufklärung des triftigen Grundes nicht entbehrlich geworden **wären**. Die Aufwendungen stellen hier unter dem Gesichtspunkt des Zustandekommens des angestrebten Vertrags allein diejenigen Aufwendungen dar, die selbstverständlich durch den Vertragsschluss „amortisierbar" wären[909]. In diesem Sinne kann davon gesprochen werden, dass sich in *Fall II* die zum Ersatz verpflichtenden Aufwendungen auf den Umfang des positiven Interesses am Vertragsschluss beschränkt; das Risiko von den sonstigen Aufwendungen, die durch den Vertragsschluss nicht amortisierbar war und demnach über den Umfang des positiven Interesses am Vertragsschluss hinausging, trägt der Geschädigte eigenverantwortlich[910].

Bei *Fall III* und *IV*, in denen der Inhalt des eingegriffenen Vertrauens auf das Forterhalten vom Status quo des Vermögens abgestellt war, und bei *Fall V*, in dem der Anspruch auf Vertragsschluss anerkannt wird, kann diese Beschränkung berechtigterweise akzeptiert werden. Denn auf diese Fälle finden die anfangs erwähnten, grundsätzlichen Betrachtungen unmittelbar oder entsprechend Anwendung; somit kann der Kläger im Prozess sowohl bei *Fall III* und *IV* den Ersatz von den Aufwendungen geltend machen, die wegen des Bruchs des Vertrauens endgültig entbehrlich geworden waren und deren Umfang zugleich nicht über positives Interesse am Vertragsschluss hinausgeht, als auch bei *Fall V* das positive Interesse am Vertragsschluss. Der Grund liegt bekanntermaßen vor allem darin, dass der Anspruch des Geschädigten möglichst an die Stelle des angestrebten oder zustande gekommenen Vertrags tritt. Schließlich beschränkt sich bei *Fall III*, *IV* und *V* der Anspruch auf negatives Interesse oder Vertragsschluss unter dem Gesichtspunkt des Schadensersatzes im Ergebnis auf den Umfang des positiven Interesses.

Darüber hinaus kann im Zusammenhang mit dem Dauerschuldverhältnis der Grundsatz vom rechtmäßigen Alternativverhalten als „zeitlicher" Beschränkungsgrund des Ersatzumfangs in Betracht kommen[911]; dort kann der

---

908 Insbesondere im Zusammenhang mit dem Verschulden siehe 1. Abschnitt B II 3.

909 Siehe Küpper, S. 281.

910 Siehe Küpper, S. 281.

911 Siehe Küpper, S. 283 f.

Beklagte „sog. hypothetisches Recht zur ordentlichen Kündigung"[912] geltend machen, das nach dem Zustandekommen des angestrebten Vertrags anzuerkennen wäre. Hierbei spielt bekanntermaßen die Kündigungsfrist jedes Dauervertrags eine ausschlaggebende Rolle: Der Geschädigte kann bei einem dauernden Vertragsverhältnis allein in Anlehnung an die Kündigungsfrist des Vertrags seinen Anspruch geltend machen.[913] Von diesem Standpunkt aus kann bei dem Verhandlungsabbruch des Dauervertrags der Grundsatz vom rechtmäßigen Alternativverhalten auf *Fall I, II, III, IV* und *V* anwendbar sein; bei *Fall II* ist insbesondere zu verstehen, dass sich die beim wirksamen Dauervertrag amortisierbaren Aufwendungen im Ergebnis zeitlich auf die Kündigungsfrist beschränken und der Beschädigte das Risiko von den darüber hinausgehenden Aufwendungen eigenverantwortlich trägt[914].

IV. Die Beschränkungsmöglichkeit der Haftung nach § 276 BGB

Ferner kann die Frage gestellt werden, ob bei vorliegendem Fall ebenfalls die Milderung der Haftung im Sinne des § 276 BGB im Zusammenhang mit der Zurechenbarkeit in Betracht kommt; denn wie bereits festgestellt wurde, wird der Zurechnungsgrund im vorliegenden Fall „in Anlehnung an das Verschuldens- oder Veranlassungsprinzip" nach den voneinander abweichenden Unterfällen entsprechend verlangt. Schließlich wird in dogmatischer Hinsicht verstanden, dass die Vorschrift des § 276 BGB als „der allgemeine Haftungsmaßstab oder der die Haftung mildernde Maßstab" mindestens im Rahmen des vorliegenden Falles unter den folgenden zwei Gesichtspunkten bewertet werden kann:[915]

Der erste Gesichtspunkt besteht darin, dass die Anwendbarkeit des § 276 BGB grundsätzlich in Bezug auf diejenigen bestimmten Fälle der Verschuldenshaftung in Betracht kommt, die nicht mit der Erfüllung des Vertrags, sondern mit dem Abschluss des angestrebten Vertrags verknüpft wird, und dass es sich insofern nur um die Ersatzhaftung des Schadens aus der vorsätzlichen oder fahrlässigen Verletzung der Schutzpflichten als Nebenpflichten handelt, und dass die Vorschrift des § 276 BGB dabei nicht als der die Haftung mildernde Maßstab, sondern als der allgemeine Haftungsmaßstab gilt.

---

912 Diese Formulierung stammt aus Küpper, S. 283.

913 Siehe Küpper, S. 283.

914 Siehe Küpper, S. 283 f.

915 Siehe MünchKomm-Emmerich, 7. Aufl., § 311 Rn. 203; BeckOK/Gehrlein/Sutschet BG § 311 Rn. 111.

Der zweite Gesichtspunkt besteht dagegen darin, dass, wenn die Aufklärungspflichten, welche sich unmittelbar auf den Gegenstand des angestrebten Vertrags beziehen, verletzt werden, so die Vorschrift des § 276 BGB unter Betrachtung der einschlägigen Rechtsnormen berechtigterweise als der die Haftung mildernde Maßstab gelten kann.[916]

V. Mitverschulden

Wie in anderen Fällen der culpa in contrahendo[917], ist im Fall des Abbruchs von Vertragsverhandlungen ebenfalls das Mitverschulden gemäß § 254 BGB zu prüfen: Der Einwand des Mitverschuldens nach Abs. 1 dieser Vorschrift kann erst dann akzeptiert werden, wenn der Geschädigte z. B. zusammen mit dem Schädiger einen Fehler verursacht oder er den Fehler ohne Beseitigung liegen gelassen hat und dadurch im Ergebnis der Schädiger sich motivieren ließ, auf den Vertragsschluss unberechtigterweise zu verzichten.[918] Anerkannt werden kann zudem der Einwand des Mitverschuldens unter dem Gesichtspunkt des Gebotes der Schadensabwendung und Schadensminderung nach Abs. 2 S. 1 dieser Vorschrift in folgenden Fällen: Wenn der Geschädigte das Hindernis oder seinen Grund hätte kennen müssen, vom Schädiger übergangen zu werden[919], oder wenn der Geschädigte, obwohl eine frühere Zusicherung durch nachträgliche Umstände zweifelhaft zu sein schien, auf dieselben Umstände eingegangen ist[920].

Dagegen kann der Einwand des Mitverschuldens dann nicht anerkannt werden, wenn der Geschädigte selbst je nach einzelnen Verhandlungslagen die entsprechenden und angemessenen Maßnahmen vorgenommen hat[921]; zudem kann der Schädiger keinen Einwand des Mitverschuldens geltend machen, wenn der Geschädigte auf die falsche Erklärung des Schädigers, der ein Vertrauen in Anspruch genommen hat, vertraut und nur insofern er sorgfaltswidrig gehandelt hat[922].

---

916 Siehe z. B. § 521 BGB: Dieser Rechtsnorm nach hat der Schuldner nur Vorsatz oder „grobe Fahrlässigkeit" zu vertreten.

917 BGH NJW 1965, 812, 814; NJW 1972, 822, 824; BGHZ 99, 101, 109; Gottwald, JuS 1982, S. 877, 884.

918 BGH WM 1967, 798, 799; WM 1974, 508, 510.

919 Siehe Küpper, S. 285 und Fn. 96).

920 Siehe Küpper, S. 285 und Fn. 97).

921 BGH NJW 1986, 2243, 2245; WM 1974, 684; 1960, 432, 433; 1984, 205, 206.

922 BGH WM 1965, 287, 288; NJW 1977, 1536, 1537; WM 1978, 946, 948; BGH NJW 1982, 1095; WM 1986, 1047, 1048; NJW 1987, 1815, 1818. Folglich dürfe sich der Geschädigte grundsätzlich auf die Willenserklärung des festen Vertragsschlusses

C. Resümee

Unter Bezugnahme der tatbestandlichen Voraussetzungen der Schadensersatzhaftung aus dem Abbruch von Vertragsverhandlungen unterteilen sich die Erscheinungsformen des haftungsauslösenden Verhandlungsabbruchs durch das dem Vertrauen objektiv entgegenstehende Verhalten *(= das Fehlen eines triftigen Grundes)* oder das pflichtwidrige Verhalten *(= das schuldhafte Erwecken des Vertrauens und die Verletzung der rechtzeitigen Aufklärungspflicht)* im Sinne des in § 249 BGB geregelte, zum Ersatz verpflichtenden Umstandes, schließlich in *Fall I, II, III, IV* und *V*. In diesen Fällen ist der Umfang des Ersatzes grundsätzlich unter dem Gesichtspunkt einer reinen Auslegung des § 249 BGB über den Grundsatz der Naturalrestitution in Anlehnung an die beiden Begriffe des negativen und positiven Interesses zu berechnen; somit kommt bei *Fall I, II, III* und *IV* im Allgemeinen dasjenige negative Interesse als zum Ersatz verpflichtenden Aufwendungen in Betracht, welches die weiter bestehende, eigentliche Vermögenslage aufseiten des Geschädigten ist, die ihm nicht entgangen wäre, wenn er sich nach dem Vertrauenserwecken nicht auf die Weiterverhandlungen eingelassen hätte; dagegen kann bei *Fall V* das positive Interesse des Vertrauenden an den Abschlussanspruch anerkannt werden, der sich daraus ergibt, weil ‚aufgrund der Aushandlung von allen wesentlichen Punkten eines Vertrags' die in *Fall V* besonders vorhandene, stärkere Vertrauensbindung ganz der Bindung aus einem exzeptionellen Vorvertragsverhältnis ähnelt; bei *Fall I* kann aber auch das positive Interesse in Anlehnung an *Fall V* anerkannt werden. Ferner beschränkt sich bei allen bisher geprüften Fällen der Umfang des negativen Interesses in der Regel auf solchen des positiven Interesses, wobei ebenfalls der Einwand des Mitverschuldens zu prüfen ist.

ebenso unbeschränkt verlassen wie auf positive Auskunft dahin gehend, dass z. B. ein Vertragshindernis ohne Verspätung beseitigt werde, dazu siehe Ballerstedt, JZ 1964, 324, 325 f.

Ergebnis

In dieser Arbeit geht es um die Feststellung der rechtlichen Einordnung und des Umfangs der Schadensersatzhaftung aus dem Abbruch von Vertragsverhandlungen. Zusammenzufassen sind diese zwei Aufgaben im Ergebnis wie folgt:

Zunächst unterliegt die zivilrechtliche Haftung traditionell sowohl im römischen Recht als auch im BGB dem „dichotomischen Gedanken"; insofern bilden die Vertrags- und Deliktshaftung als rechtliche Einordnung von Rechtsfolgen der Haftung *de lege lata* die beiden Säulen für den Schadensersatz im Privatrecht; ferner unterscheiden sich die Rechtsfolgen je nach der Haftung. Unter dieser begrifflichen Betrachtung des dichotomischen Haftungssystems kann vornehmlich davon gesprochen werden, dass sowohl der zentrale Charakter jeder Haftung unter dem ursprünglichen und entwickelten Gesichtspunkt in der voneinander abweichenden Herkunft liegt, als auch, dass der Geschädigte durch die rechtliche Einordnung von Rechtsfolgen in die Vertragshaftung *(= außerdeliktische Haftung)* teilweise eine *vorteilhafte* Stelle einnehmen kann. Vor diesem Hintergrund ist ebenfalls zu betonen, dass sich die rechtliche Einordnung einer Haftung aus vorliegendem Fall danach richtet, ob eine Pflicht, die den Verhandlungsparteien eines Vertrags auferlegt wird, bereits im Stadium der Verhandlungsführung als erhöhte, schuldrechtliche Sorgfaltspflicht zu qualifizieren ist. Dies ist wiederum davon abhängig, was unter der ursprünglichen und entwickelten Rechtsnatur von den zwischen solchen Parteien vorhandenen Schutzpflichten verstanden wird. Bei dieser Abgrenzung der rechtlichen Einordnung einer Haftung soll hauptsächlich der vorvertragliche Schutz des reinen Vermögensinteresses in Betracht kommen.

Diese Unterscheidung zwischen der Vertrags- und Deliktshaftung setzt vorzugsweise die Anerkennung der Schadensersatzhaftung aus dem Abbruch von Vertragsverhandlungen voraus; hierbei kommen der Grundsatz der Vertragsfreiheit und ihre Schranke infrage. Freilich kann akzeptiert werden, dass sich die Vertragsfreiheit neben dem vertraglichen Rechtsverhältnis bereits im Vertragsrecht befindet; in heutiger Rechtsordnung ist die Vertragsfreiheit als Grundrecht naturgemäß durch das Grundgesetz garantiert; trotzdem ist sie nicht unbeschränkt zulässig. Hierbei gelten als konkrete Erscheinungsformen der Beschränkung der Vertragsfreiheit der unmittelbare und mittelbare Kontrahierungszwang. Beim Letzteren kann diejenige Rechtsnorm in Betracht kommen, welche die auf den Schadensersatz bezogenen, zivilrechtlichen Vorschriften darstellt. Wenn in der Verhandlungsführung eines Vertrags die eine Partei durch ihre Pflichtverletzung gegen die Rechtsgüter der anderen Partei verstößt, so ist dies als dasjenige Verhalten anzusehen, das über die Schranken der Vertragsfreiheit hinausgeht; der Abbruch von Vertragsverhandlungen ohne triftigen Grund ist eben dieser Fall; schließlich entsteht durch diese ungerechtfertigte Ausübung der Vertragsfreiheit die Schadensersatzhaftung.

Im Fall des Abbruchs von Vertragsverhandlungen kommt vor allem der Schutz von reinen Vermögensinteressen infrage. Diese reinen Vermögensinteressen können unter Betrachtung der deliktischen Generalklausel sowohl durch außerdeliktische Schutzpflichten als auch durch allgemeine Schutzpflichten geschützt werden. Dem BGB fehlt es jedoch an einer deliktischen Generalklausel. Somit ist die Anwendbarkeit des geltenden Deliktsrechts auf den vorliegenden Fall problematisch. Wie bereits festgestellt wurde, sind diese reinen Vermögensinteressen, wenn sie sich auch an die möglichste Reichweite der Auslegung anlehnen, nicht ausreichend im Schutzbereich von §§ 823 Abs. 1 und 2 sowie 826 BGB zu umfassen. Schließlich übernimmt der außerdeliktische Schutzbereich des BGB diese Aufgabe, und dabei können die außerdeliktischen Schutzpflichten in Betracht kommen.

Dem außerdeliktischen Schutz der reinen Vermögensinteressen im BGB dient herkömmlich das Rechtsinstitut der culpa in contrahendo. Die Theorie der culpa in contrahendo *Jherings* bietet den Grund an, warum im vorvertraglichen Stadium bereits die außerdeliktischen Schutzpflichten anerkannt werden sollen. Diese Schutzpflichten, die im BGB 1900 nicht verankert wurden, waren unter dem Grundgedanken *Jherings* mit der Schuldrechtsmodernisierung 2002 ins BGB schriftlich eingefügt worden. Im heutigen BGB kann deutlich davon gesprochen werden, dass sich die Schutzpflichten in Bezug auf den Fall des Abbruchs von Vertragsverhandlungen gemäß § 241 Abs. 2 BGB in Verbindung mit § 311 Abs. 2 Nr. 1 BGB offensichtlich aus dem Vertrauensschuldverhältnis ergeben, welches sich ebenfalls als „*rechtsgeschäftsähnliches Schuldverhältnis*“ bezeichnet; dabei ist freilich das in Anspruch genommene und gewährte Vertrauen auf den Vertragsschluss „entscheidend“. Die Verletzung der Schutzpflichten führt „unter dichotomischem Haftungssystem nach dem geltenden Recht“ zu der Vertragshaftung, welche „unter dem Gesichtspunkt der ursprünglichen und entwickelten Rechtsnatur einer Haftung“ auch als Vertrauenshaftung qualifiziert wird.

Vor diesem Hintergrund können die tatbestandlichen Voraussetzungen und der Umfang der Schadensersatzhaftung aus dem Abbruch von Vertragsverhandlungen festgestellt werden. Im vorliegenden Fall handelt es sich bekanntermaßen um ein rechtsgeschäftsähnliches Schuldverhältnis nach § 311 Abs. 2 Nr. 1 BGB. Hierbei sind „das Reziprozitätsverhältnis mit dem gegenseitig bedeutsamen

Verhalten zwischen den Verhandlungsparteien" und „der gemeinsam verfolgte, konkretisierbare Gegenstand des Vertrags" als die mindestens konkreten Tatsachen oder Mindestmerkmale erforderlich, um diese Vorschrift anzuwenden. Unter diesen Mindestmerkmalen muss das Vertrauen auf den Vertragsschluss von der einen Partei in zurechenbarer Weise aufseiten der anderen Partei zu erwecken sein, sodass dadurch ein Vertrauensschuldverhältnis zwischen den Parteien ausgestaltet wird. Im Rahmen des Vertrauensschuldverhältnisses darf jede Partei darauf vertrauen, dass die eigenen Vertrauensinteressen in der Verhandlungsführung von ihrem Partner nicht verletzt werden. Wenn die Verhandlung (überhaupt) von dem Vertrauenswerber „ohne triftigen Grund" abgebrochen wird und sich daraus ein Schaden ergibt, so steht der Schadensersatzanspruch dem Vertrauenden *(= Geschädigten)* zu. Da die Triftigkeit eines Grundes erst nach dem Abbruch von Verhandlungen in Betracht kommt, kann in diesem Sinne der Begriff des triftigen Grundes angemessen als „nachträglich in Betracht kommender, die Entlastung des Abbrechenden legitimierender Grund" zu definieren sein.

Im vorliegenden Fall ist es denkbar, dass sich die Erscheinungsformen des Verhandlungsbruchs je nach einzelnem Vertrauensverstoßen unterteilen lassen. Hierbei kommt das objektiv vertrauensentgegenstehende oder pflichtwidrige Verhalten in Betracht; der Erstere ist an das Fehlen des triftigen Grundes anzuknüpfen, der Letztere an schuldhaftes Erwecken des Vertrauens oder die Verletzung der rechtzeitigen Aufklärungspflichten. Schließlich unterteilen sich die Erscheinungsformen des Verhandlungsbruchs in *Fall I, II, III, IV* und *V*; anzuerkennen ist bei *Fall I, II, III* und *IV* das negative Interesse als zum Ersatz verpflichtende Aufwendungen, welche die weiter bestehende, eigentliche Vermögenslage aufseiten des Geschädigten ist, die ihm nicht entgangen wäre, wenn er sich nach dem Vertrauenserwecken nicht auf die Weiterverhandlungen eingelassen hätte; hingegen kann bei *Fall V* das positive Interesse des Vertrauenden an denjenigen Abschlussanspruch anerkannt werden, der sich daraus ergibt, weil ‚unter dem Gesichtspunkt der bereits durchgesetzten Aushandlung von allen wesentlichen Vertragspunkten' die in *Fall V* besonders vorhandene, stärkere Vertrauensbindung ganz der Bindung aus einem Vorvertragsverhältnis ähnelt; *Fall I* richtet sich aber auch angemessen nach dem *Fall V*. In *Fall I, II, III,* und *IV* beschränkt sich der Umfang negativen Interesses in der Regel auf solchen des positiven Interesses; der Einwand des Mitverschuldens ist in allen Fällen ebenfalls zu prüfen.

Literaturverzeichnis

Ballerstedt, Kurt: Anmerkung zum Urteil des BAG vom 7.6.1963 – 1 AZR 276/62 (LAG Berlin), in: JZ 1964, S. 324, 325–326 (zit.: Ballerstedt, JZ 1964).

– Zur Haftung für culpa in contrahendo bei Geschäftsabschluss durch Stellvertreter, in: AcP 151 (1950/51), S. 501–531 (zit.: Ballerstedt, AcP 151 (1950/1951)).

Bälz, Ulrich: Zum Strukturwandel des Systems zivilrechtlicher Haftung: Mangelschaden, Mangelfolgeschaden und weiterfressender Schaden – eine Aufgabe für den Gesetzgeber, Tübingen 1991.

Bar, Christian von: Verkehrspflichten: richterliche Gefahrsteuerungsgebote im deutschen Deliktsrecht, Köln 1980 (zit.: v. Bar, Verkehrspflichten).

– Vertragliche Schadensersatzpflichten ohne Vertrag?, in: JuS 1982, S. 637–645 (zit.: v. Bar, JuS 1982).

Bar, Christian von/*Zimmermann*, Reinhard: Grundregeln des Europäischen Vertragsrechts, Teil I und II: Kommission für Europäisches Vertragsrecht, Deutsche Ausgabe, München 2002 (zit.: v. Bar/Zimmermann, Europäisches Vertragsrecht).

Battes, Robert: Erfüllungsansprüche trotz beiderseits bewussten Formmangels?, in: JZ 1969, S. 683–691 (zit.: Battes, JZ 1969).

Baumgärtel, Gottfried: Beweislastpraxis im Privatrecht: die Schwierigkeiten der Beweislastverteilung und die Möglichkeiten ihrer Überwindung, Köln 1996.

Baumgärtel, Gottfried (Begr.): Handbuch der Beweislast: Bürgerliches Gesetzbuch, Schuldrecht Allgemeiner Teil §§ 241–432, 3. Auflage, Köln 2008 (zit.: Baumgärtel, Schuldrecht AT, Bearbeiter).

– Handbuch der Beweislast: Bürgerliches Gesetzbuch, Schuldrecht Besonderer Teil III §§ 812–853, 3. Auflage, Köln 2010 (zit.: Baumgärtel, Schuldrecht BT III, Bearbeiter).

Baur, Fritz: Zu der Terminologie und einigen Sachproblemen der „vorbeugenden Unterlassungsklage", in: JZ 1966, S. 381–383 (zit.: Baur, JZ 1966).

Berger, Moritz: Treu und Glauben und vorvertragliche Aufklärungspflichten im US-amerikanischen und deutschen Recht, Göttingen 2003.

Blomeyer, Arwed: Allgemeines Schuldrecht, 4. Auflage, Berlin 1969.

Bohrer, Michael: Die Haftung des Dispositionsgaranten: ein Beitrag zur Lehre von der negativen Vertrauenshaftung, Ebelsbach 1980.

Bretone, Mario: Geschichte des römischen Rechts: von den Anfängen bis zu Justinian. Aus dem Italienischen übersetzt von Brigitte Galsterer, München 1992.

Brox, Hans/*Walker*, Wolf-Dietrich: Allgemeines Schuldrecht, 39. Auflage, München 2015 (zit.: Brox/Walker, Schuldrecht AT).

– Besonderes Schuldrecht, 39. Auflage, München 2015 (zit.: Brox/Walker, Schuldrecht BT).

Bundesminister der Justiz (Hrsg.): Kommission zur Überarbeitung des Schuldrechts: Abschlussbericht der Kommission zur Überarbeitung des Schuldrechts, Köln 1992 (zit.: Abschlussbericht, 1992).

Busche, Jan: Privatautonomie und Kontrahierungszwang, Tübingen 1999.

Busse, Stefan/*Schierwagen*, Christina: Vertrauen, in: Sandkühler, Hans Jörg (Hrsg.): Europäische Enzyklopädie zu Philosophie und Wissenschaften, Bd. 4, R-Z, Hamburg 1990 (zit.: Busse/Schierwagen, Enzyklopädie).

Caemmerer, Ernst von: Wandlungen des Deliktsrechts, in: Caemmerer, Ernst von/Friesenhahn, Ernst/Lange, Richard (Hrsg.): Hundert Jahre deutsches Rechtsleben: Festschrift zum hundertjährigen Bestehen des deutschen Juristentages 1860–1960, Band 2, Karlsruhe 1960, S. 49–136 (zit.: v. Caemmerer, FS Juristentag).

Canaris, Claus-Wilhelm: Ansprüche wegen „positiver Vertragsverletzung“ und „Schutzwirkung für Dritte“ bei nichtigen Verträgen: zugleich ein Beitrag zur Vereinheitlichung der Regeln über die Schutzpflichtverletzungen, in: JZ 1965, S. 475–482 (zit.: Canaris, JZ 1965).

– Bankvertragsrecht, in: Staub, Hermann von (Begr.), Handelsgesetzbuch: Großkommentar, Bd. 3, Halbbd. 3, 3. Auflage, Berlin 1981 (zit.: Canaris, Bankvertragsrecht).

– Die Reichweite der Expertenhaftung gegenüber Dritten, in: ZHR 163 (1999), S. 206–245 (zit.: Canaris, ZHR 163 (1999)).

– Die Schadensersatzpflicht der Kreditinstitute für eine unrichtige Finanzierungsbestätigung als Fall der Vertrauenshaftung, in: Horn, Norbert/Lwowski, Hans-Jürgen/Nobbe, Gerd (Hrsg.): Bankrecht – Schwerpunkte und Perspektiven: Festschrift für Herbert Schimansky, Köln 1999, S. 43–66 (zit.: Canaris, FS Schimansky).

– Die Vertrauenshaftung im Deutschen Privatrecht, München 1971 (zit.: Canaris, Vertrauenshaftung).

– Die Vertrauenshaftung im Lichte der Rechtsprechung des Bundesgerichtshofs, in: Canaris, Claus-Wilhelm (Hrsg.): 50 Jahre Bundesgerichtshof, Festgabe aus der Wissenschaft, Bd. I, Bürgerliches Recht, München 2000, S. 129–197 (zit.: Canaris, FG 50 Jahre BGH I).

- Schuldrechtsreform 2002: Systematische Einführung, Diskussionsentwürfe, Begründung des Regierungsentwurfs, Stellungnahme des Bundesrates, Gegenäußerung der Bundesregierung, Bericht des Rechtsausschusses, München 2002 (zit.: Canaris, Schuldrechtsreform).
- Schutzgesetze – Verkehrspflichten – Schutzpflichten, in: Canaris, Claus-Wilhelm (Hrsg.): Festschrift für Karl Larenz zum 80. Geburtstag am 23. April 1983, München 1983, S. 27–110 (zit.: Canaris, FS Larenz).
- Verfassungs- und europarechtliche Aspekte der Vertragsfreiheit, in: Badura, Peter/Scholz, Rupert (Hrsg.), Wege und Verfahren des Verfassungslebens: Festschrift für Peter Lerche zum 65. Geburtstag, München 1993, S. 873–891 (zit.: Canaris, FS Lerche).

Coing, Helmut: Europäisches Privatrecht, Band I: Älteres gemeines Recht (1500–1800), München 1985 (zit.: Coing, Europäisches Privatrecht I).

- Europäisches Privatrecht, Band 2: 19. Jahrhundert (1800 bis 1914), München 1989 (zit.: Coing, Europäisches Privatrecht II).

Craushaar, Götz von: Der Einfluss des Vertrauens auf die Privatrechtsbildung, München 1969.

Däubler, Wolfgang/*Kittner*, Michael/*Klebe*, Thomas/*Wedde*, Peter (Hrsg.): BetrVG: Betriebsverfassungsgesetz: Kommentar für die Praxis mit Wahlordnung und EBR-Gesetz, 14. Auflage, Frankfurt a. M. 2014 (zit.: Däubler-Bearbeiter, BetrVG).

Dauner-Lieb, Barbara: Kodifikation von Richterrecht, in: Ernst, Wolfgang/Zimmermann, Reinhard (Hrsg.): Zivilrechtswissenschaft und Schuldrechtsreform. Zum Diskussionsentwurf eines Schuldrechtsmodernisierungsgesetzes des Bundesministeriums der Justiz, Tübingen 2001, S. 305–328.

Dernburg, Heinrich: Das Bürgerliche Recht des Deutschen Reichs und Preußens, Erster Band, Die allgemeinen Lehren, 3. Auflage, Halle a. S. 1906.

Deutsch, Erwin: Allgemeines Haftungsrecht, 2. Auflage, Köln 1996.

Diers, Ludwig: Ersatzansprüche Dritter bei culpa in contrahendo: kann eine Haftung für Verschulden bei Vertragsverhandlungen auch gegenüber weiteren an den Verhandlungen nicht unmittelbar beteiligten Personen begründet sein?, 1962.

Dölle, Hans: Außergesetzliche Schutzpflichten, in: ZgS 103 (1943), S. 67–107 (zit.: Dölle, ZgS 103 (1943)).

Eichler, Hermann: Die Rechtslehre vom Vertrauen: privatrechtliche Untersuchungen über den Schutz des Vertrauens, Tübingen 1950.

Emmerich, Volker: Das Recht der Leistungsstörungen, 6. Auflage, München 2005.

Erman, Walter (Begr.)/*Westermann*, Harm Peter/*Grunewald*, Barbara/*Maier-Reimer*, Georg (Hrsg.): Bürgerliches Gesetzbuch: Handkommentar mit AGG, EGBGB (Auszug), ErbbauRG, LPartG, ProdHaftG, VBVG, VersAusglG und WEG, Band I und II, 14. Auflage, Köln 2014 (zit.: Erman-Bearbeiter, 14. Aufl.).

Esser, Josef/*Schmidt*, Eike: Schuldrecht, Bd. 1, Allgemeiner Teil, 6. Auflage, Heidelberg 1984 (zit.: Esser/Schmidt, Schuldrecht).

Evans-von Krbek, Franziska-Sophie: Nichterfüllungsregeln auch bei weiteren Verhaltens- oder Sorgfaltspflichtverletzungen?, in: AcP 179 (1979), S. 85–152 (zit.: Evans-v. Krbek, AcP 179 (1979)).

Fichte, Johann Gottlieb: Versuch einer Kritik aller Offenbarung (1792), Hamburg 1983 (zit.: Fichte, Versuch).

– Grundlage des Naturrechts nach Prinzipien der Wissenschaftslehre, Hamburg 1991 (zit.: Fichte, Naturrecht).

Fikentscher, Wolfgang/*Heinemann*, Andreas: Schuldrecht, 10. Auflage, Berlin 2006 (zit.: Fikentscher/Heinemann, Schuldrecht).

Fitting, Karl (Begr.): Betriebsverfassungsgesetz: Handkommentar, 27. Auflage, München 2014 (zit.: Fitting, BetrVG).

Fleischer, Holger: Informationsasymmetrie im Vertragsrecht: eine rechtsvergleichende und interdisziplinäre Abhandlung zu Rechtsweite und Grenzen vertragsschlussbezogener Aufklärungspflichten, München 2001.

Flume, Werner: Allgemeiner Teil des Bürgerlichen Rechts, Zweiter Band, Das Rechtsgeschäft, 4. Auflage, Berlin 1992.

Frost, Maria: „Vorvertragliche" und „vertragliche" Schutzpflichten, Berlin 1981.

Frotz, Gerhard: Verkehrsschutz im Vertretungsrecht: zugleich ein Beitrag zur sozialen Verantwortung als Korrelat privatautonomer Gestaltungsfreiheit, Frankfurt/M. 1972.

Fuchs, Maximilian: Deliktsrecht: eine nach Anspruchsgrundlagen geordnete Darstellung des Rechts der unerlaubten Handlungen und der Gefährdungshaftung, 7. Auflage, Berlin 2009.

Gehrlein/Sutschet: in: Bamberger/Roth: Beck'scher Online-Kommentar BGB, 38. Edition, 2016 (zit.: BeckOK/Gehrlein/Sutschet BGB).

Gernhuber, Joachim: Das Schuldverhältnis: Begründung und Änderung, Pflichten und Strukturen, Drittwirkungen, Tübingen 1989.

Gloyna, Tanja: Vertrauen, in: Ritter, Joachim/Gründer, Karlfried/Gabriel, Gottfried (Hrsg.): Historisches Wörterbuch der Philosophie, Band 11: U-V, Darmstadt 2001 (zit.: Gloyna, Historisches Wörterbuch).

Gottwald, Peter: Die Haftung für culpa in contrahendo, in: JuS 1982, S. 877–885 (zit.: Gottwald, JuS 1982).

Grunewald, Barbara: Das Scheitern von Vertragsverhandlungen ohne triftigen Grund: zugleich eine Besprechung zum Urteil des BGH vom 17. 10. 1983 - II ZR 146/82, in: JZ 1984, S. 708–711 (zit.: Grunewald, JZ 1984).

Harke, Jan Dirk: Römisches Recht: von der klassischen Zeit bis zu den modernen Kodifikationen, München 2008.

Häsemeyer, Ludwig: Die gesetzliche Form der Rechtsgeschäfte, Frankfurt a. M. 1971.

Hausmaninger, Herbert/*Selb*, Walter: Römisches Recht, 7. Auflage, Wien 1994 (zit.: Hausmaninger/Selb).

Heinrichs, Helmut: Bemerkungen zur culpa in contrahendo nach der Reform – Die Tatbestände des § 311 Abs. 2 BGB, in: *Heldrich*, Andreas/*Prölss*, Jürgen/*Koller*, Ingo (Hrsg.): Festschrift für Claus-Wilhelm Canaris zum 70. Geburtstag, München 2007, S. 421–442 (zit.: Heinrichs, FS Canaris).

Henke, Horst-Eberhard: Der Begriff „Schuldverhältnis“, in: JA 1989, S. 186–193 (zit.: Henke, JA 1989).

Henkel, Wolfram: Vorbeugender Rechtsschutz im Zivilrecht, in: AcP 174 (1974), S. 97–144 (zit.: Henkel, AcP 174 (1974)).

Henrich, Dieter: Vorvertrag, Optionsvertrag, Vorrechtsvertrag: eine dogmatisch-systematische Untersuchung der vertraglichen Bindung vor und zu einem Vertragsschluss, Tübingen 1965.

Herholz, Felix: Das Schuldverhältnis als konstante Rahmenbeziehung: (Ein Rechtsgrund für negative Interessenansprüche trotz Rücktritt und Wandlung), in: AcP 130 (1929), S. 257–324 (zit.: Herholz, AcP 130 (1929)).

Hildebrandt, Heinz: Erklärungshaftung: ein Beitrag zum System des bürgerlichen Rechtes, Berlin 1931.

Hobbes, Thomas: Vom Menschen, Vom Bürger, Elemente der Philosophie II/III, Ausgabe des Felix Meiner Verlags, Hamburg 1977.

Höfling, Wolfram: Vertragsfreiheit: eine grundrechtsdogmatische Studie, Heidelberg 1991.

Hohloch, Gerhard: Vorvertragliche Haftung nach culpa-in-contrahendo-Grundsätzen auch zugunsten Dritter? - BGHZ 66, 51, in: JuS 1977, S. 302–306 (zit.: Hohloch, JuS 1977).

Honsell, Heinrich: Römisches Recht, 6. Auflage, Berlin 2006.

Huber, Ulrich: Zur Dogmatik der Vertragsverletzungen nach einheitlichem Kaufrecht und deutschem Schuldrecht, in: Ficker, Hans Claudius/König, Detlef/Kreuzer, Karl F./Leser, Hans G./Frhr. Marshall von Bieberstein, Wolfgang/Schlechtriem, Peter (Hrsg.): Festschrift für Ernst von Caemmerer zum 70. Geburtstag, Tübingen 1978, S. 837–872 (zit.: Huber, FS v. Caemmerer).

Ilbertz, Wilhelm: Bundespersonalvertretungsgesetz: mit Wahlordnung unter Einbeziehung der Landespersonalvertretungsgesetze: Kommentar, 12. Auflage, Stuttgart 2012.

Jakobs, Horst Heinrich/*Schubert*, Werner: Die Beratung des Bürgerlichen Gesetzbuchs: in systematischer Zusammenstellung der unveröffentlichten Quellen: Recht der Schuldverhältnisse III, §§ 652 bis 853, Berlin 1983 (zit.: Jakobs/Schubert).

Jansen, Nils: Die Struktur des Haftungsrechts: Geschichte, Theorie und Dogmatik außervertraglicher Ansprüche auf Schadensersatz, Tübingen 2003.

Jarass, Hans D./*Pieroth*, Bodo: Grundgesetz für die Bundesrepublik Deutschland: Kommentar, 12. Auflage, München 2012 (zit.: Jarass/Pieroth, Grundgesetz).

Jauernig, Othmar (Begr.)/*Stürner*, Rolf (Hrsg.): Bürgerliches Gesetzbuch: mit Allgemeinem Gleichbehandlungsgesetz (Auszug): Kommentar, 15. Auflage, München 2014 (zit.: Jauernig-Bearbeiter).

Jhering, Rudolph von: Culpa in contrahendo oder Schadensersatz bei nichtigen oder nicht zur Perfection gelangten Verträgen in: Jahrbücher für die Dogmatik des heutigen römischen und deutschen Rechts in: Jhering-Jahrbücher, 4. Band, 1861, S. 1–112 (in: Culpa in contrahendo/Die positiven Vertragsverletzungen, Verlag Gehlen/Bad Homburg v. d. H./Berlin/Zürich, 1969, S. 7 ff.).

Kaiser, Dagmar: Schadensersatz aus culpa in contrahendo bei Abbruch von Verhandlungen über formbedürftige Verträge, in: JZ 1997, S. 448–453 (zit.: Kaiser, JZ 1997).

Kakatsakis, Spyridon: Die culpa in contrahendo nach neuem Schuldrecht, Tübingen 2007.

Kaser, Max: Das römische Privatrecht, Erster Abschnitt, Das altrömische, das vorklassische und klassische Recht, 2. Auflage, München 1971 (zit.: Kaser, Das römische Privatrecht I).

– Das römische Privatrecht, Zweiter Abschnitt, Die nachklassischen Entwicklungen, 2. Auflage, München 1975 (zit.: Kaser, Das römische Privatrecht II).

Keller, Moritz: Schuldverhältnis und Rechtskreisöffnung: von der Lehre der culpa in contrahendo zum Rücksichtnahmeschuldverhältnis der §§ 311 Abs. 2 und Abs. 3 BGB, Berlin 2007.

Kern, Bernd-Rüdiger: Genugtuungsfunktion des Schmerzensgeldes – ein pönales Element im Schadensrecht?, in: AcP 191 (1991), S. 247–272 (zit.: Kern, AcP 191 (1991)).

Kleindiek, Detlef: Deliktshaftung und juristische Person: zugleich zur Eigenhaftung von Unternehmensleitern, Tübingen 1997.

Kluge, Friedrich (Begr.): Etymologisches Wörterbuch der deutschen Sprache, 24. Auflage, Berlin 2002 (zit.: Kluge-Bearbeiter, Etymologisches Wörterbuch).

Köndgen, Johannes: Selbstbindung ohne Vertrag: zur Haftung aus geschäftsbezogenem Handeln, Tübingen 1981.

Kötz, Hein/*Wagner*, Gerhard: Deliktsrecht, 12. Auflage, München 2013 (zit.: Kötz/Wagner, Deliktsrecht).

Krawitz, Thomas: Schutz vorvertraglicher Investitionen: Zur Haftung beim Scheitern von Vertragsverhandlungen, Berlin 2015.

Krebs, Peter: § 3 B Schutzpflichten, insbesondere: § 241 Abs. 2, in: Dauner-Lieb, Barbara u. a. (Hrsg.), Das Neue Schuldrecht: ein Lehrbuch, Heidelberg 2002 (zit.: Krebs, in: Das Neue Schuldrecht).

– Sonderverbindung und außerdeliktische Schutzpflichten, München 2000 (zit.: Krebs, 2000).

Kress, Hugo: Lehrbuch des Allgemeinen Schuldrechts, München 1929.

Kreuzer, Karl-Friedrich: Anmerkung zu BGH, Urteil v. 28. 1. 1976 – VIII ZR 246/74, in: JZ 1976, S. 778–781 (zit.: Kreuzer, JZ 1976).

Kuhlmann, Kai: Leistungspflichten und Schutzpflichten: ein kritischer Vergleich des Leistungsstörungsrechts des BGB mit den Vorschlägen der Schuldrechtskommission, Berlin 2001.

Küpper, Wolfgang: Das Scheitern von Vertragsverhandlungen als Fallgruppe der culpa in contrahendo, Berlin 1988.

Larenz, Karl: Allgemeiner Teil des deutschen bürgerlichen Rechts, 6. Auflage, München 1983 (zit.: Larenz, AT 1983).

– Bemerkungen zur Haftung für „culpa in contrahendo", in: Beiträge zum Zivil- und Wirtschaftsrecht: Festschrift für Kurt Ballerstedt zum 70. Geburtstag am 24. Dezember 1975, Berlin 1975, S. 397–419 (zit.: Larenz, FS Ballerstedt).

– Culpa in contrahendo, Verkehrssicherungspflicht und „sozialer Kontakt", in: MDR 1954, S. 515–518 (zit.: Larenz, MDR 1954).

– Entwicklungstendenzen der heutigen Zivilrechtsdogmatik, in: JZ 1962, S. 105–110 (zit.: Larenz, JZ 1962).

– Lehrbuch des Schuldrechts, Erster Band, Allgemeiner Teil, 14. Auflage, München 1987 (zit.: Larenz, Schuldrecht I).

Larenz, Karl/*Canaris*, Claus-Wilhelm: Lehrbuch des Schuldrechts, Zweiter Band, Besonderer Teil, 2. Halbband, 13. Auflage, München 1994 (zit.: Larenz/Canaris, Schuldrecht II/2).

Lehmann, Michael: Vertragsanbahnung durch Werbung: eine juristische und ökonomische Analyse der bürgerlich-rechtlichen Haftung für Werbeangaben gegenüber dem Letztverbraucher, München 1981.

Leonhard, Franz: Allgemeines Schuldrecht des BGB, Erster Band, München 1929.

Liebs, Detlef: Römisches Recht: ein Studienbuch, 3. Auflage, Göttingen 1987.

Loewenheim, Ulrich/*Meessen*, Karl M./*Riesenkampff*, Alexander (Hrsg.): Kartellrecht, Band 2: GWB Kommentar, München 2006 (zit.: Loewenheim, Kartellrecht).

Looschelders, Dirk: Schuldrecht: Allgemeiner Teil, 7. Auflage, Köln 2009.

Lorenz, Stephan: Der Schutz vor dem unerwünschten Vertrag: eine Untersuchung von Möglichkeiten und Grenzen der Abschlusskontrolle im geltenden Recht, München 1997.

Lorenz, Stephan/*Riehm*, Thomas: Lehrbuch zum neuen Schuldrecht, München 2002 (zit.: Lorenz/Riehm).

Luhmann, Niklas: Vertrauen: ein Mechanismus der Reduktion sozialer Komplexität, 2. Auflage, Stuttgart 1973.

Lüsing, Jan: Die Pflichten aus culpa in contrahendo und positiver Vertragsverletzung: Über die Rechtsnatur von Schutzpflichten und die Begründung von Leistungspflichten vor Vertrag, Baden-Baden 2010.

Mayer-Maly, Theo: Römisches Privatrecht, Wien/New York 1991.

Medicus, Dieter: Schuldrecht: Ansprüche auf Schadensersatz, in: JuS 1986, S. 665–673 (zit.: Medicus, JuS 1986).

– Zur Anwendbarkeit des Allgemeinen Schuldrechts auf Schutzpflichten, in: Heldrich, Andreas/Prölss, Jürgen/Koller, Ingo/u.a. (Hrsg.): Festschrift für Claus-Wilhelm Canaris zum 70. Geburtstag, Band I, München 2007, S. 835–855 (zit.: Medicus, FS Canaris).

Medicus, Dieter/*Lorenz*, Stephan: Schuldrecht I, Allgemeiner Teil: ein Studienbuch, 21. Auflage, München 2015 (zit.: Medicus/Lorenz, Schuldrecht AT).

Medicus, Dieter/*Petersen*, Jens: Bürgerliches Recht: eine nach Anspruchsgrundlagen geordnete Darstellung zur Examensvorbereitung, 25. Auflage, München 2015 (zit.: Medicus/Petersen, Bürgerliches Recht).

Mielke, Klaus: Die Voraussetzungen der Haftung des rechtsgeschäftlich bestellten Stellvertreters für culpa in contrahendo, Düsseldorf 1963.

Müller, Lothar A.: Schutzpflichten im Bürgerlichen Recht, in: JuS 1998, S. 894–898 (zit.: Müller, JuS 1998).

Müller-Graff, Peter-Christian: Die Geschäftsverbindung als Schutzpflichtverhältnis: am Beispiel unentgeltlicher Leistungen, in: JZ 1976, S. 153–156 (zit.: Müller-Graff, JZ 1976).

Münchener Kommentar zum Bürgerlichen Gesetzbuch

– Band 1, Allgemeiner Teil, §§ 1–240, 7. Auflage 2015 (zit.: MünchKomm-Bearbeiter, 7. Aufl.).

– Band 2, Schuldrecht, Allgemeiner Teil, §§ 241–432, 7. Auflage 2016 (zit.: MünchKomm-Bearbeiter, 7. Aufl.).

- Band 5, Schuldrecht, Besonderer Teil III, §§ 705–853, 6. Auflage 2013 (zit.: MünchKomm-Bearbeiter, 6. Aufl.).

Nipperdey, Hans Carl: Kontrahierungszwang und diktierter Vertrag, Jena 1920.

Nirk, Rudolf: Culpa in contrahendo – eine richterliche Rechtsfortbildung – in der Rechtsprechung des Bundesgerichtshofs, in: Nipperdey, Hans Carl/Hefermehl, Wolfgang (Hrsg.): Festschrift für Philipp Möhring zum 65. Geburtstag 4. September 1965, München 1965, S. 385–418 (zit.: Nirk, FS Möhring).

Palandt, Otto (Begr.): Bürgerliches Gesetzbuch: mit Nebengesetzen insbesondere mit Einführungsgesetz (Auszug) einschließlich Rom I-, Rom II- und Rom III-Verordnungen sowie Haager Unterhaltsprotokoll und EU-Erbrechtsverordnung, Allgemeines Gleichbehandlungsgesetz (Auszug), Wohn- und Betreuungsvertragsgesetz, BGB-Informationspflichten-Verordnung, Unterlassungsklagengesetz, Produkthaftungsgesetz, Erbbaurechtsgesetz, Wohnungseigentumsgesetz, Versorgungsausgleichsgesetz, Lebenspartnerschaftsgesetz, Gewaltschutzgesetz, 75. Auflage, München 2016 (zit.: Palandt-Bearbeiter).

Petermann, Franz: Psychologie des Vertrauens, 3. Auflage, Göttingen 1996.

Picker, Eduard: Positive Forderungsverletzung und culpa in contrahendo – Zur Problematik der Haftung „zwischen" Vertrag und Delikt, in: AcP 183 (1983), S. 369–520 (zit.: Picker, AcP 183 (1983)).

Pouliadis, Athanassios K.: Culpa in contrahendo und Schutz Dritter: Betrachtungen zur Rechtsprechung des BGH unter rechtsvergleichender Berücksichtigung des griechischen Rechts, Berlin 1982.

Raab, Thomas: Die Bedeutung der Verkehrspflichten und ihre systematische Stellung im Deliktsrecht, in: JuS 2002, S. 1041–1048 (zit.: Raab, JuS 2002).

Raiser, Ludwig: Das Recht der Allgemeinen Geschäftsbedingungen, Bad Homburg v. d. H. 1935 (zit.: Raiser, 1935).

- Vertragsfreiheit heute, in: JZ 1958, S. 1–8 (zit.: Raiser, JZ 1958).

Reinicke, Dietrich: Rechtsfolgen formwidrig abgeschlossener Verträge, Bad Homburg vor der Höhe 1969.

Rosenberg, Leo/*Schwab*, Karl Heinz/*Gottwald*, Peter: Zivilprozessrecht, 15. Auflage, München 1993 (zit.: Rosenberg, Zivilprozessrecht).

Rümelin, Max: Schadensersatz ohne Verschulden: Rede, gehalten bei der akademischen Preisverteilung am 6. November 1910, Tübingen 1910.

Schapp, Jan: Empfiehlt sich die „Pflichtverletzung" als Generaltatbestand des Leistungsstörungsrechts?, in: JZ 2001, S. 583–589 (zit.: Schapp, JZ 2001).

Schmidt, Eike: Zur Dogmatik des § 278 BGB: zugleich einige kritische Bemerkungen zur geplanten Reform des § 831 BGB, in: AcP 170 (1970), S. 502–533 (zit.: Schmidt, AcP 170 (1970)).

Schmitz, Erich: Dritthaftung aus culpa in contrahendo, Berlin 1980.

Schmoeckel, Mathias/*Rückert*, Joachim/*Zimmermann*, Reinhard (Hrsg.): Historisch-kritischer Kommentar zum BGB, Band II, Schuldrecht: Allgemeiner Teil, §§ 241–431, 1. Teilband: vor § 241–§ 304, Tübingen 2007 (zit.: HKK-Bearbeiter).

Schubert, Werner(Hrsg.): Anlagen: Entwürfe eines Bürgerlichen Gesetzbuchs (Kommissions-Entwurf von 1885–1887 und Erster BGB Entwurf von 1887), Entwurf eines Einführungsgesetzes zum Bürgerlichen Gesetzbuch von 1888, Berlin 1986 (zit.: Schubert, Anlagen).

Schulz, Fritz: Geschichte der römischen Rechtswissenschaft, Weimar 1961.

Schulze, Reiner (Hrsg.): Bürgerliches Gesetzbuch: Handkommentar, 7. Auflage, Baden-Baden 2012 (zit.: HK-BGB/Bearbeiter).

Schwitanski, Heinz-Georg: Deliktsrecht, Unternehmensschutz und Arbeitskampfrecht: Versuch einer systemorientierten Harmonisierung, Berlin 1986.

Singer, Reinhard: Verbot widersprüchlichen Verhaltens, München 1993.

Soergel, Hans Theodor: Bürgerliches Gesetzbuch mit Einführungsgesetz und Nebengesetzen.

- Band 2, Schuldrecht 1, §§ 241–432, 12. Auflage 1990 (zit.: Soergel-Bearbeiter).
- Band 12, Schuldrecht 10, §§ 823–853, 13. Auflage 2005 (zit.: Soergel-Bearbeiter).

Stammler, Rudolf: Das Recht der Schuldverhältnisse in seinen allgemeinen Lehren: Studien zum Bürgerlichen Gesetzbuche für das Deutsche Reich, Berlin 1897.

Staudinger, Julius von (Begr.): Staudingers Kommentar zum Bürgerlichen Gesetzbuch mit Einführungsgesetz und Nebengesetzen.

- Erstes Buch, Allgemeiner Teil, §§ 134–163, Neubearbeitung 2003 (zit.: Staudinger-Bearbeiter).
- Zweites Buch, Recht der Schuldverhältnisse, Einleitung zu §§ 241 ff.; §§ 241–243, Neubearbeitung 2015 (zit.: Staudinger-Bearbeiter).
- Zweites Buch, Recht der Schuldverhältnisse, §§ 311, 311a, 312, 312a-f (Vertragsschluss), Neubearbeitung 2013 (zit.: Staudinger-Bearbeiter).
- Zweites Buch, Recht der Schuldverhältnisse, §§ 826–829, Neubearbeitung 2014 (zit.: Staudinger-Bearbeiter).

Stoll, Hans: Tatbestände und Funktionen der Haftung für culpa in contrahendo, in: Ficker, Hans Claudius/König, Detlef/Kreuzer, Karl F./Leser, Hans G./Frhr. Marshall von Bieberstein, Wolfgang/Schlechtriem, Peter (Hrsg.): Festschrift für Ernst von Caemmerer zum 70. Geburtstag, Tübingen 1978, S. 435–474 (zit.: Hans Stoll, FS v. Caemmerer).

– Vertrauensschutz bei einseitigen Leistungsversprechen, in: Jakobs, Horst Heinrich/Knobbe-Keuk, Brigitte/Picker, Eduard/Wilhelm, Jan (Hrsg.): Festschrift für Werner Flume zum 70. Geburtstag: 12. September 1978, Erster Band, Köln 1978, S. 741–773 (zit.: Hans Stoll, FS Flume).

Stoll, Heinrich: Abschied von der Lehre von der positiven Vertragsverletzung: Betrachtungen zum dreißigjährigen Bestand der Lehre, in: AcP 136 (1932), S. 257–320 (zit.: Heinrich Stoll, AcP 136 (1932)).

– Rezension von Heinz Hildebrandt, Erklärungshaftung: ein Beitrag zum System des bürgerlichen Rechts, in: JW 1933, S. 34–36 (zit.: Heinrich Stoll, JW 1933).

Stürner, Rolf: Der Anspruch auf Erfüllung von Treue- und Sorgfaltspflichten, in: JZ 1976, S. 384–392 (zit.: Stürner, JZ 1976).

Thiele, Wolfgang: Leistungsstörung und Schutzpflichtverletzung, in: JZ 1967, S. 649–657 (zit.: Thiele, JZ 1967).

Thom, Anna Bérénice: Ähnliche geschäftliche Kontakte i. S. v. § 311 Abs. 2 Nr. 3 BGB als Voraussetzung für das Entstehen einer Sonderverbindung, Frankfurt a. M. 2010.

Wagner, Gerhard: Grundstrukturen des Europäischen Deliktsrechts, in: Zimmermann, Reinhard (Hrsg.), Grundstrukturen des Europäischen Deliktsrecht, Baden-Baden 2003, S. 189–340 (zit.: Wagner, Grundstrukturen).

Weber, Martin: Haftung für in Aussicht gestellten Vertragsabschluss, in: AcP 192 (1992), S. 390–435 (zit.: Weber, AcP 192 (1992)).

Weimar, Wilhelm: Kann der Abbruch von Verkaufs- und Mietverhandlungen eine Schadensersatzpflicht begründen?, in: ZMR 1966, S. 161–162 (zit.: Weimar, ZMR 1966).

Wertenbruch, Johannes: Zur Haftung aus culpa in contrahendo bei Abbruch von Vertragsverhandlungen, ZIP 2004, S. 1525–1531 (zit.: Wertenbruch, ZIP 2004).

Wessels, Johannes (Begr.)/*Beulke*, Werner/*Satzger*, Helmut (Fortg.): Strafrecht, Allgemeiner Teil: die Straftat und ihr Aufbau, 44. Auflage, Heidelberg/Hamburg 2014 (zit.: Wessels, Strafrecht).

Wieacker, Franz: Römische Rechtsgeschichte: Quellenkunde, Rechtsbildung, Jurisprudenz und Rechtsliteratur, München 1988.

Zimmermann, Reinhard: The Law of Obligations: Roman Foundations of the Civilian Tradition, Cape Town 1993 (zit.: Zimmermann, Obligations).

www.ingramcontent.com/pod-product-compliance
Ingram Content Group UK Ltd.
Pitfield, Milton Keynes, MK11 3LW, UK
UKHW021905290926
8980IPUK00015B/1069

9 783631 729816